Dürfen wir
so bleiben, wie
wir sind?

Jürgen Wiebicke

Dürfen wir
so bleiben, wie
wir sind?

Gegen die Perfektionierung des Menschen –
eine philosophische Intervention

Kiepenheuer & Witsch

MIX
Papier aus verantwor-
tungsvollen Quellen
FSC® C083411
www.fsc.org

Verlag Kiepenheuer & Witsch, FSC®-N001512

Umschlaggestaltung: Rudolf Linn, Köln
Umschlagmotiv: © Leo Leowald, Köln
Autorenfoto: © Bettina Fürst-Fastré
Gesetzt aus der Scala
Gesamtherstellung: CPI books GmbH, Leck
ISBN 978-3-462-04584-0

Inhalt

Meinen Eltern, die noch ein Auge dafür haben,
die Veränderungen dieser Welt im Gemüsebeet zu bemerken

Vorwort

Man stelle sich vor, wie ein Zeitgenosse des 22. Jahrhunderts sich über ein Kreuzworträtsel beugt, in dem nach einem veralteten Wort für menschliche Selbstüberschätzung gefragt wird. Ratlos starrt er auf die fünf leeren Buchstabenkästchen. Er kommt nicht drauf. Was daran liegt, dass das gesuchte Wort bereits Generationen vor ihm ausgemustert wurde, und zwar zu Beginn des 21. Jahrhunderts. Für die damaligen Debatten interessieren sich jetzt nur noch die Philosophiehistoriker. Weil es mit der Waagerechten nicht klappen will, versucht es der Rätselfreund zunächst mit der Senkrechten. Dort wird er nach dem besten Freund des Menschen gefragt. Ohne zu zögern, notiert er: Roboter. Mit dem letzten Buchstaben, dem R, hat er nun den dritten Buchstaben des gesuchten Worts in der Waagerechten. Doch immer noch will der Groschen nicht fallen. Den letzten Buchstaben hätte er auch schon, wenn er in der Senkrechten ein anderes Wort für Embryo fände. Das ist nun wirklich nicht schwer: Zellhaufen natürlich. Er trägt das E ins letzte Kästchen ein, und nun hat er die Lösung: Menschliche Selbstüberschätzung nannte sich damals »Würde«. Merkwürdiges Wort, denkt er. Muss schon immer ein bisschen altertümlich geklungen haben.

Zurück in unsere Zeit, in der noch nicht entschieden ist, ob das Wort Würde mit Stolz verteidigt oder als Ausdruck von Überheblichkeit kritisiert werden muss. »Die Würde des Menschen ist unantastbar«, steht im Grundgesetz. Tatsächlich hängt sie in der Luft – und sie steht auf dem Spiel. In der Luft hängt die Würde des Menschen, weil sich längst nicht mehr von selbst versteht, wo sie herkommt, wem wir sie eventuell zu verdanken hätten. »Die Würde des Menschen ist unantastbar« klingt wie ein Halbsatz. Die Hälfte davor wird vermisst. Es ist ein Lückentext, der erst einmal gefüllt werden müsste, bevor zweifelsfrei behauptet werden kann: *Deshalb* ist die Würde des Menschen unantastbar.

Früher schien die Sache klar. Da war es unstrittig, dass der Mensch etwas ganz Besonderes ist. Nicht die Menschheit, sondern jeder Einzelne: Krone der Schöpfung, jeder von Gott angeschaut und beim Namen genannt, jeder Einzelne zählt, egal, ob arm oder reich, stark oder schwach. Menschliches Leben ist heilig. Deshalb wird sein Ende auch betrauert, weil da immer einer geht, der einzigartig ist und nicht einfach ersetzbar. Es macht einen Unterschied, ob ein Mensch stirbt oder eine Ameise. Streng genommen stirbt die Ameise gar nicht, das können nur Menschen. Tiere verenden. Ein schönes Beispiel dafür, dass die Sprache Spiegel unseres hierarchischen Denkens ist. In unseren moralischen Intuitionen, also den Entscheidungen, die wir ohne langes Nachdenken treffen, in den Gesetzen, auch in den turmhohen Gedankengebäuden der Philosophen war bislang fest verankert, dass der Mensch oben auf einem Sockel steht. Nur er kann denken, nur er kann sprechen, nur er versteht es immer wieder neu als Wunder, wenn ein neues Menschenkind zur Welt kommt. Menschen haben Biografien, Tiere leben bloß. Menschen darf man nicht essen, Tiere schon. Menschen bauen Kathedralen, Ameisen bauen Haufen. So ist die Ordnung der Welt, alles so von Gott gewollt. Sagen die, die menschliche Würde von ihm her begründen, als Gabe.

Aber diese Begründung ist nicht mehr konsensfähig, deshalb hängt die Würde in der Luft. Sie muss ohne Letztbegründung auskommen und wird dennoch auch von vielen verteidigt, die prima ohne Gott leben. Aus der Überlegung heraus, wie viel wir riskierten, wenn wir die Idee der menschlichen Würde preisgeben würden. Dann wäre nicht nur die Würde weg, sondern auch die Unantastbarkeit. Menschen pochen in der Regel besonders auf ihre Würde, wenn ihre Rechte bedroht sind. Gerade die Schwachen sind auf sie angewiesen.

Doch die Würde hängt nicht nur in der Luft, sondern steht tatsächlich längst auf dem Spiel, sie ist philosophisch gewissermaßen einer Zangenbewegung ausgesetzt: Auf der einen Seite gewinnt die Idee an Zustimmung, der Würde ihre menschliche Exklusivität zu nehmen. Runter vom Sockel mit den Menschen, auch Tieren wird zunehmend Würde zugesprochen. Der Mensch ist bloß ein Tier unter Tieren. Mitunter wird gesagt, dass das Leben eines Komapatienten oder eines Embryos, womöglich sogar eines behinderten

Neugeborenen, eher angetastet werden könne als das eines Menschenaffen. Damit hängt die Würde vom rechten Zeitpunkt ab: Am Anfang und am Ende des menschlichen Lebens kann sie beschnitten werden. Auf der anderen Seite blühen die Fantasien des Technofuturismus. Der ist davon überzeugt, Würde hin oder her, dass der Mensch nicht so bleiben kann, wie er ist. Er muss an seinen Mängeln arbeiten, sich permanent optimieren. Computer werden ja auch immer besser. Nach dieser Vorstellung stehen wir am Anfang des Weges hin zu einem posthumanen Zeitalter, in dem der Mensch klüger, glücklicher und unverletzlicher sein wird als heute. Diese Visionen werden wir im Folgenden näher kennenlernen.

Die Philosophie zu Besuch im Labor

Der Zukunftsoptimismus in den Biowissenschaften, in der Nanoforschung und in der Informatik hat in der Philosophie hier und da ansteckend gewirkt. Überhaupt hat sich das Berufsbild von Philosophen radikal gewandelt. Früher war ihr Arbeitsplatz der Lehnstuhl. Möglichst unbeeinflusst von den Dingen dieser Welt haben sie über die Dinge an sich nachgedacht. Philosophen im Lehnstuhl nahmen es gelassen hin, wenn ihnen vorgehalten wurde, ihrem Denken fehle die empirische Grundlage. Ihre Antwort lautete dann: Einer muss ja im verdunkelten Raum mit verbundenen Augen nach der schwarzen Katze suchen. Wir können uns nicht nur an die sichtbare Seite dieser Welt halten. Ihre Souveränität bezogen diese Philosophen aus dem Selbstverständnis, ihre Disziplin sei die Mutter aller Wissenschaften, während in den Einzeldisziplinen nur die Erbsen gezählt würden. Heute läuft es andersherum: Naturwissenschaftler mit einem starken Selbstbewusstsein, dass in ihren Labors die eigentliche, harte Arbeit der Forschung geleistet werde, diktieren den Philosophen ihre Agenda.

Sie stellen sie vor die Alternative, entweder im Lehnstuhl zu verharren, dann aber um den Preis, von den harten Wissenschaften für irrelevant gehalten zu werden, oder aber den Biochemikern, Neurowissenschaftlern, Altersforschern – kurz, den Revolutionären unserer Zeit – bei ihrer Arbeit über die Schulter zu schauen. Nicht selten ist mit dieser Einladung die Erwartung verbunden, von Philosophen ethische Unbedenklichkeitszertifikate zu erhalten.

Die Stunde der Ethik als eine der zentralen Disziplinen der Philosophie schlägt dann, wenn sich nichts mehr von selbst versteht. »Ein philosophisches Problem«, so der berühmte Satz von Ludwig Wittgenstein, »hat die Form: Ich kenne mich nicht aus.« Dieser Satz trifft ziemlich genau ein momentan sehr verbreitetes Lebensgefühl: Wir tappen alle im Dunklen. Wir registrieren, dass das alte System unserer moralischen Überzeugungen nicht mehr richtig passen will zu den neuen Herausforderungen, die sich uns in großem Tempo ständig stellen. Zugleich versuchen wir verzweifelt, die alten Begriffe zu retten. So sagen wir etwa: Das ist doch unnatürlich, wenn uns einer etwas erzählen will über die schöne neue Welt von morgen, in der wir vielleicht einen Chip im Hirn tragen werden, der uns helfen wird, Fremdsprachen in Windeseile zu erlernen. Und fangen uns prompt den berechtigten philosophischen Konter ein, dass die Unterscheidung zwischen natürlich und künstlich beim Menschen noch nie funktioniert hat. Seitdem unsere Vorfahren von den Bäumen geklettert sind, haben sie nichts anderes getan, als sich permanent zu verändern. Sie haben eine Natur des Menschen nicht einfach als gegeben hingenommen, sondern sie immerzu neu gestaltet.

Wann also hätte die Künstlichkeit des Menschen ihren Anfang nehmen sollen? Mit der ersten Brille auf der Nase? Dem ersten künstlichen Hüftgelenk? Oder vielleicht mit der tiefen Hirnstimulation, die es Parkinsonkranken ermöglicht, zwischen zwei verschiedenen Bewusstseinszuständen per Knopfdruck hin- und herzupendeln? Mit all diesen Künstlichkeiten leben Menschen bereits. Trotzdem würden wir nicht zögern, sie weiterhin Mensch zu nennen.

Beliebt in der Philosophie ist das Paradoxon von Theseus und seinem Schiff. Theseus, der fleißige Zimmermann, tauscht nach und nach alle Einzelteile seines Schiffes aus, bis er den Punkt erreicht, an dem kein einziges Teil mehr vom Tage der Schiffstaufe übrig geblieben ist. Unterdessen hat ein anderer Schiffbauer all die Einzelteile, die Theseus ausgebaut hat, wieder zusammengezimmert. Welches von den beiden ist nun wirklich das Schiff von Theseus? Bezogen auf den Menschen, der zunehmend als eine Art Baukasten verstanden wird, bei dem prinzipiell jedes originale Einzelteil durch ein

Duplikat ersetzt werden kann, wäre dann die Theseus-Frage, ob es einen erkennbaren Kipppunkt gibt, von dem an aus einem humanen ein posthumanes Wesen geworden wäre mit einer neuen Identität, einer neuen Persönlichkeit. Auch dies sind alte Begriffe, die nicht mehr richtig passen wollen. Womöglich werden wir diesen Punkt gar nicht bemerken. In unserer Alltagssprache hat sich die Wahrnehmung, dass wir dabei sind, unser Wesen radikal zu verändern, längst eingenistet. Wir benutzen zunehmend technizistische Begriffe, wenn wir vom menschlichen Körper sprechen. Da ist von Mensch-Maschine-Schnittstellen die Rede, vom Gehirn als Denkapparat, von einer gelöschten Festplatte, wenn die Erinnerung fehlt. Halb fasziniert, halb erschrocken lesen wir von den Experimenten der Hirnforscher, die Schädel unter Strom setzen, um Gehirne zu tunen. Zwei Milliampere auf die Elektroden am Kopf des Scharfschützen im Simulator, und prompt sind seine Sinne geschärft und er trifft doppelt so oft. Ob er noch der Gleiche ist, wenn er abends zu seiner Frau zurückkehrt?

»Ich kenne mich nicht mehr aus.« Dieses Gefühl stellt sich auch ein, wenn Bioethiker an die Arbeit der Umwertung aller Werte gehen. Dann ist das, was gestern noch verboten war, heute nicht nur erlaubt, sondern plötzlich sogar moralische Pflicht. Ein Beispiel dafür ist die Selektion. Lange Zeit war dies ein verbotenes Wort, heute feiern sich manche Ethiker selbst dafür, wie unbefangen und tabufrei sie damit umgehen.

Selektion heißt, die Möglichkeiten der Reproduktionsmedizin zu nutzen, um zwischen besserem und schlechterem Leben zu unterscheiden. Mit der Präimplantationsdiagnostik haben Ärzte und Eltern die Chance, sich nach einem genetischen Check den vermeintlich besten unter den Embryonen auszusuchen, bevor er in den Leib der Mutter transferiert wird. Prinzipiell ist alles angerichtet, um den Zufall aus der Welt zu schaffen. Das menschliche Leben muss nicht mehr mit einer genetischen Lotterie beginnen, Eltern könnten ihre eigenen Wünsche, ihre Vorstellungen von Lebensqualität bei der Auswahl des Favoriten unter den Embryos zur Geltung bringen.

Die Idee der Selektion lautet, ein Urteil über den Wert des künftigen Lebens zu fällen. In Deutschland sind wir in solchen Dingen noch skrupulös. Es gibt noch ein starkes Bewusstsein für die Gefahr, auf eine moralische Rutschbahn zu geraten, wenn solche Praktiken erlaubt werden. Folglich blicken Bioethiker, die sich liberal nennen, mit begehrlichen Augen in den angelsächsischen Raum, wo man hier und da schon einen Schritt weiter ist. Während in Deutschland die Befürworter der PID das Argument stark gemacht haben, mit dieser Technik könne schweres Leid vermieden werden, und damit auch erfolgreich waren bei der gesetzlichen Öffnung der ersten Tür, treibt eine Denkfabrik in Oxford bereits die Idee voran, dass es bei der PID nicht bloß um die Auswahl gesunder Kinder gehe, sondern um eine Art Bestenauslese.

Zur Umwertung der Werte gehört die Erfindung neuer Begriffe. Die beiden Oxforder Bioethiker Julian Savulescu und Guy Kahane haben das sogenannte »Prinzip der prokreativen Benefizienz« in die Welt gesetzt, das seitdem heftig diskutiert wird. Es besagt, dass Eltern bei der Selektion unter ihren möglichen Kindern sich für dasjenige entscheiden sollten, das am begabtesten ist zu einem besseren Leben. Wohlgemerkt, sie sollen nicht nur selektieren dürfen, ihr Handeln wird nicht bloß hingenommen. Die Selektion nach diesem Prinzip gilt nun als Ausweis von Moralität. Eltern, die keinen »moralischen Defekt« haben, würden so handeln, meinen Kahane und Savulescu. Sie machen uns mit dem Gedanken vertraut, dass es doch naheliegt, wenn Eltern, die ohnehin nur das Beste für ihr Kind wollen, sich von vornherein für das beste unter ihren möglichen Kindern entscheiden. Moralisch gute Eltern streben doch immer danach, die Lebenschancen ihrer Nachkommen zu optimieren. Wenn sie schlau sind, bekommen sie ihre Kinder zu einem passenden Zeitpunkt, wenn die Paarverhältnisse stimmen, und nicht beim ersten Sex mit 15. Auch dies sei Selektion, meinen die Oxforder.

Diese Denkfigur ist ein schönes Beispiel dafür, dass moralische Grundrechenarten plötzlich nicht mehr gelten sollen. Haben wir es bislang als Ausdruck elterlicher Gerechtigkeit betrachtet, im Verhältnis zu den eigenen Kindern nicht nach unterschiedlichen Begabungen zu gewichten, das Maß der Zuwendung nicht davon abhängig zu machen, soll nun das Gegenteil gelten. Schon der potenziell Beste soll die Nase vorn haben. Es gilt die Steigerungslogik. Die Zukunft soll dem eugenisch optimierten Menschen gehören. Denn die PID ist ja nur eines von vielen humanwissenschaftlichen Optimierungsprogrammen, die derzeit durchgespielt werden und Ethiker herausfordern. Von ihnen wird in diesem Buch die Rede sein.

Der Geist der Konkurrenzgesellschaft

Zu den Merkwürdigkeiten unserer Zeit gehört der Widerspruch, dass im politischen Raum die utopischen Energien erschöpft zu sein scheinen, während sie in den Forschungslabors blühen. Der Revolutionär des 21. Jahrhunderts trägt einen weißen Kittel, keine Arbeitermütze. Die kommenden Revolutionen, die unser Leben grundlegend verändern sollen, sieht man zuerst unterm Mikroskop. Der Kapitalismus mag zwar unaufhörlich Krisen produzieren und zum Himmel schreiende Ungerechtigkeiten, aber etwas Besseres will uns einfach nicht mehr einfallen. Wir leben, zumindest vorerst, in der besten aller Welten, auch wenn sich längst ein tiefes Unbehagen eingeschlichen hat, ob es mit dieser Welt und ihrem Lebensstil auf Dauer gut gehen kann. Aber dieses Unbehagen ist eben in seinem Charakter depressiv. Umbrüche werden als Verhängnis gedeutet, das sich ohnehin nicht abwenden lässt, nicht als Befreiung. Worunter wir gegenwärtig leiden, so die Diagnose des Sozialphilosophen Oskar Negt, sei eine »chronische Unterernährung« an produktiver Fantasie. Utopische Lebensentwürfe, die auf eine andere Gesellschaft gerichtet sind, gelten als verbrannt. Wir graben lieber nach seltenen Erden für die nächste Handy-Generation, statt nach Fantasierohstoffen. Das überschreitende, auf Veränderung der bestehenden Verhältnisse gerichtete Denken, das nach Ernst Bloch zur conditio humana gehört, produziert gegenwärtig eher ein völlig losgelöstes Ich als ein starkes Wir. Techno-Futuristen stellen sich den neuen Menschen als optimiertes Ego vor, nicht als Kollektivwesen in einer kommunistischen Herde.

»Diese Freiheit nehm ich mir«, rief vor Jahren eine Schönheit der Werbung und zog dabei triumphierend eine Kreditkarte aus dem Bikinihöschen. Vermutlich ohne es zu wissen, haben damals die Werbetexter der Dame einen philosophischen Leitsatz des Liberalismus in den Mund gelegt, der seitdem häufig variiert wird. Denn auch in der Philosophie haben inzwischen oftmals die Deregulierer das Sagen. Sie bemühen in nahezu jeder ethischen Kontroverse die sogenannte »negative Freiheit«. Keine Gesellschaft soll dem Individuum reinreden dürfen, was es tun oder lassen soll. Der weltanschaulich neutrale Staat darf seinen Bürgern keine Beschränkungen auferlegen, die auf einer spezifischen Moral beruhen, weil ja jeder unter Moral etwas anderes versteht. Wenn also eine Frau ihre Eier verkaufen oder ihre Gebärmutter vermieten will – bitte schön. Solange jemand bereit ist, für den Dienst der Leihmutterschaft zu zahlen, wird der Markt es über den Preis richten. Wenn ein Mann seine Niere nicht spenden, sondern verkaufen will und auf diese Weise das Leben eines Zahlungskräftigen gerettet werden kann – wer wollte so etwas verbieten? Im liberalen Rechtsstaat gilt der Grundsatz: Alles ist erlaubt, solange es anderen nicht schadet.

Dies mag in bestimmten Situationen plausibel sein. Allerdings sollte philosophisches Denken nicht damit aufhören, dass ein Verbot des Verbots ausgesprochen wird, wie es in der liberalen Tradition häufig geschieht. Denn zur Freiheit gehört wesentlich, dass sie nicht nur genommen, sondern auch gegeben wird. Sie wird nicht verkauft und bezahlt, sondern verschenkt. Erfahrungen von Freiheit machen wir häufig dort, wo wir aus freien Stücken Bindungen eingehen. In der Liebe, in der Freundschaft, in der Familie, in geselligen Zusammenhängen. Wie wir diese Lebenskreise auch in einem politischen Sinne größer ziehen könnten, müsste Gegenstand utopischer Fantasie sein. Sonst laufen wir Gefahr, es uns in der kleinen Idylle zu gemütlich zu machen. Liberale Ethik, die individuelle Autonomie so stark macht, dass sie zum Dogma wird, läuft dagegen Gefahr, den Menschen als genuin soziales Wesen aus dem Blick zu verlieren. Denn wer würde ernsthaft behaupten, dass wir in dieser Gesellschaft derzeit unter einem eklatanten Mangel an individuellen Freiheitsrechten leiden?

Es ist doch eher andersherum: Ausgerechnet in Zeiten der Autonomie, das ist ein Paradoxon unserer Zeit, drohen wir unsere Freiheit im Sozialen zu verlieren. Wenn Bioethiker unter der Flagge individueller Rechte sämtliche Optimierungsprogramme aus den Forschungslabors durchwinken, dann passt das prima zum Geist der Konkurrenzgesellschaft. Der will uns täglich einflüstern, dass wir immer noch ein bisschen besser sein müssen, um mithalten zu können. Optimierung klingt nach Optimismus. Das Wort steht für eine säkularisierte Variante ehemals religiöser Heilsideen. Es darf wieder an den neuen Menschen geglaubt werden. Das Streben nach Vollkommenheit hat bloß die Bühne gewechselt. Jetzt sollen es die Forscher für uns richten.

Was war der Mensch?

Dürfen wir so bleiben, wie wir sind? Vor dem Horizont der beschriebenen Machbarkeitsfantasien ist dies eine seltsame Frage. Sie artikuliert eine Sehnsucht, die leider oder auch zum Glück völlig vergeblich ist. Denn niemals wollten Menschen einfach so bleiben, wie sie sind. Stillstand bedeutet ja Tod. Peter Sloterdijk hat in seinem Buch »Du musst dein Leben ändern« den Menschen als »übendes Wesen« beschrieben. Immerzu sind wir bestrebt, unsere Fertigkeiten zu trainieren, neue Begabungen zu testen. Seit Jahrtausenden nutzen Menschen mentale und physische Anthropotechniken, um sich zu verbessern. Wer diese Arbeiten an sich selbst vernachlässigt, der Mensch ohne Sehnsucht also, verfehlt sich selbst. Es ist, so Sloterdijk, der »finale Spießer«, der so bleiben will, wie er ist. Aber Sloterdijk hat dabei großen Wert auf die Unterscheidung gelegt, dass es heißt »Du musst *dein* Leben ändern« und nicht »Du sollst *das* Leben verändern«, etwa durch genetische Manipulation der Biologie des Menschen. Der übende Mensch spricht diesen Imperativ zu sich selbst. Ich bin es, der mehr aus sich machen will. Es ist kein äußerer Zwang, der mich hart trainieren lässt.

Mit der Frage »Dürfen wir so bleiben, wie wir sind?« wird dagegen um Erlaubnis gebeten, wenigstens für einen Moment stillstehen zu dürfen. Wer so fragt, kann nicht mehr. Das Tempo der Veränderung ist zu schnell, die äußeren Zwänge sind zu erdrückend. Da mag es hilfreich sein, einen Moment innezuhalten und zu schauen, was derzeit in den Laboren der Philosophie geschieht.

Es ist erstaunlich, dass in unserer Gesellschaft zwei parallele Diskurse über Optimierung geführt werden, die nicht miteinander verschränkt sind. Der eine ist der technisch-naturwissenschaftliche Diskurs, der den Menschen als mangelhafte Software betrachtet, die neu programmiert werden muss. Der andere Diskurs handelt vom erschöpften Ich, von einer Gesellschaft der Müdigkeit, die die Optimierungsschrauben längst doof gedreht hat. Wir spüren, dass beide Diskurse zusammengehören. Wäre der flexible Mensch des globalen Kapitalismus seelisch noch bei Kräften, würde er gar nicht die Sehnsucht verspüren, wenigstens für einen Augenblick noch so bleiben zu können, wie er ist. Philosophen, die den Lehnstuhl verlassen haben, lesen heute Beipackzettel von Psychopharmaka, sie fragen

15

Biogerontologen, wie lange es noch dauern wird, bis die ersten Menschen ihren 200. Geburtstag feiern werden, ob das tatsächlich ein Grund zum Feiern wäre, und sie überlegen gemeinsam mit Ingenieuren, wie man Robotern moralisches Verhalten beibringen kann. Dies sind nur einige Beispiele für philosophische Fragestellungen, an die Sokrates und Kant noch nicht im Traum gedacht haben. Seit 2500 Jahren lautet die Frage der Anthropologie: Was ist der Mensch? Wenn die Futuristen mit ihren Visionen recht behalten, muss sie in absehbarer Zeit umformuliert werden: Was war der Mensch?

In diesem Buch geht es um die ethischen Großbaustellen unserer Zeit. Auf jeder wird auch darum gerungen, ob die Würde des Menschen noch als Fundament taugt. Auch ihre Verteidiger werden einräumen müssen, dass Menschen sich selten so verhalten, wie es dem stolzen Wort entsprechen würde. Denn die andere Seite der Medaille ist, dass ausgerechnet das Wesen, das sich seiner grandiosen Einzigartigkeit rühmt, noch keinen Weg gefunden hat, sich selbst zu beschränken. Ein britischer Ökonom hat ausgerechnet, dass das Durchschnittseinkommen in den ersten 1800 Jahren nach der Geburt von Jesus um die Hälfte gestiegen ist. Ein solches Wachstum schaffen wir mittlerweile locker in einem Vierteljahrhundert. Und jeder Mathematiker weiß, dass heute jedes vermeintlich winzige Mehr ein Riesenschritt ist, weil die Ausgangsbasis inzwischen schwindelerregend hoch ist. Zweihundert Jahre nachdem Menschen begonnen haben, ein neues Erdzeitalter einzuläuten, in dem kein Fleck auf dieser Welt mehr unbeeinflusst sein soll von menschlichen Begehrlichkeiten, ist der Planet in einem fürchterlichen Zustand. Jeder, der Augen hat zu sehen, und Ohren, um die Prognosen der Klimaforschung zu hören, kennt längst die Antwort auf die Frage, ob wir Wohlhabenden im Westen so bleiben dürfen, wie wir sind. Ethiker interessieren sich deshalb besonders für die Frage, warum es im Alltag eine Lücke gibt zwischen Einsicht und praktischer Konsequenz. Wir wissen zwar, was zu tun wäre, lassen es aber trotzdem. Und sie haben, wie wir sehen werden, inzwischen interessante Modelle zur Klimaethik entwickelt.

Aber noch erleben wir Klimakonferenzen als müde Routine, globale Gerechtigkeit bei der Verteilung knapper Ressourcen ist momentan nicht mehr als eine utopische Fantasie. Es scheint so, als müssten wir uns den Anspruch auf Würde erst noch verdienen.

1

Das Menschentier

Der französische Philosoph Jacques Derrida hat die Szene beschrieben, wie er morgens im Badezimmer seiner Katze begegnet. Das Tier im Pelz, der Philosoph nackt. Derrida registriert den aufmerksamen Blick des vertrauten Tieres, und er schämt sich. Mit diesem merkwürdigen Gefühl der Scham beginnt sein Nachdenken über Menschen und Tiere. Arthur Schopenhauer mochte lieber Hunde. Aber auch er war der Überzeugung, dass der Mensch durch das Tier beschämt wird. Hier der Mensch mit all seiner Heimtücke, der das gesellschaftliche Rollenspiel perfekt gelernt hat und sich jederzeit verstellen kann. Dort das ehrliche Gesicht des Hundes, das kein Misstrauen verdient. Von Schopenhauer wird die Anekdote erzählt, dass er seinen Pudel »Du Mensch« geschimpft hat, wenn das Tier nicht folgen wollte.

Beiden Philosophen ist gemeinsam, dass sie den Gedanken der anthropologischen Differenz infrage stellen. Die Annahme eines grundlegenden Unterschiedes zwischen Mensch und Tier. Derrida hält diese Unterscheidung für Metaphysik, also für ein Gedankengebäude, an das man bloß glauben kann, das aber kein empirisch sicheres Fundament hat. Die Gegenüberstellung von Geist und Körper, Gut und Böse, Gott und Schöpfung sind für ihn lauter Beispiele für die menschliche Neigung, sich das Denken einfacher zu machen, indem man Gegensätze konstruiert. Nach dieser Logik wird immer die eine Seite privilegiert und die andere Seite herabgewürdigt, sodass eine Welt aus plus und minus entsteht. In diese Reihe gehört dann auch die Opposition Mensch versus Tier. Um diese Konstruktion aufzulösen, spricht Derrida von sich selbst als »dem Tier, das ich also bin«.

Hier wird René Descartes vom Kopf auf die Füße gestellt. Cogito ergo sum, ich denke, also bin ich, hieß ja gerade: Ich denke, also bin ich kein Tier. Descartes verstand Tiere als Maschinen, als seelenlose Automaten. Mit ihm begann vor 350 Jahren die für die westliche

Denktradition typische Trennung von Geist und Körper, die für den Menschen eine Sonderstellung reklamierte. Schopenhauer war der erste Philosoph, der diese Mauer eingerissen hat. Er verwarf Anfang des 19. Jahrhunderts das Ideal vom vernunftgeleiteten Menschen, sah ihn stattdessen von einem dunklen Trieb gesteuert, den er Wille nannte. Und das war selbstverständlich kein freier Wille. Statt nach dem entscheidenden Unterschied zwischen Tier und Mensch zu fahnden, konzentrierte sich Schopenhauer auf die in seinen Augen entscheidende Gemeinsamkeit: Beide sind leidensfähig. Das würden heute nur noch wenige bestreiten, jedenfalls nicht für die sogenannten »höheren Tiere«.

Gleichwohl dürfte die Auffassung, den Menschen als Tier zu betrachten, als Art unter Arten, den Intuitionen der meisten unter uns nach wie vor widersprechen. Wenn wir ehrlich sind, betrachten wir uns wohl doch als einzigartige »Subjekte«. Vielleicht sogar immer noch als Krone der Schöpfung. Wir besuchen unsere haarigen Verwandten im Zoo und amüsieren uns, wenn die Affen sich gegenseitig lausen. Wir haben den Hund an der Leine, nicht er uns. Wir können uns nackt vor das Aquarium setzen, und trotzdem will sich die Scham nicht einstellen, die Derrida im Badezimmer beim Anblick seiner Katze gepackt hat. Wobei auch er wusste, dass der Mensch das einzige Tier ist, das um seine Nacktheit weiß, sonst könnte er sich ja nicht schämen. Kurzum, der Philosoph, der sich als Tier begreift, steht unter Verdacht, ein Exzentriker zu sein.

Mensch = Tier + X

Das Verblüffende an der derzeitigen Debatte in der Philosophie ist die Tatsache, dass die Positionen von Schopenhauer und Derrida vom Rand in die Mitte gewandert sind. Die bis vor Kurzem als absonderlich betrachtete Haltung ist plötzlich mehrheitsfähig. Das hat mit der sogenannten naturalistischen Wende in der Philosophie zu tun. Früher betrachteten sich Philosophen als allein verantwortlich, die berühmte Frage von Kant zu beantworten: »*Was ist der Mensch?*« Und meist kam dabei die Gleichung heraus, die der Tierphilosoph Markus Wild so aufgestellt hat: Mensch = Tier + X.

Das Interesse war stets anthropologisch. Der Mensch blickt aufs Tier, um etwas über sich selbst zu erfahren, und stellt fest: Ein Spiegel ist das nicht. Denn es fällt immer zuerst das Trennende ins Auge, nicht die Gemeinsamkeit. Entscheidend ist dieses X. So wurde der Mensch als vernünftiges Tier definiert, als Tier, das spricht, als Tier, das eine Seele hat oder Staaten bildet, als das einzige Wesen im Reich der Tiere, das philosophiert. Der kleine Unterschied namens X war also in Wahrheit ein riesengroßer, alles entscheidender. Eine bestimmte Fähigkeit, die nur der Mensch hat, sollte ihn für die ersehnte Sonderstellung in der Natur qualifizieren.

Diese Haltung war in der Geschichte der Philosophie seit der griechischen Antike einigermaßen unangefochten, bis plötzlich vor einigen Jahren die Biologen die Deutungshoheit gewannen. Jetzt sehen sie sich zuallererst in der Rolle, die Frage zu beantworten, was der Mensch sei. Die sogenannten Lebenswissenschaften betrachten sich heute als Leitwissenschaft, und die Philosophie zeigt sich davon beeindruckt. Das ist die naturalistische Wende: Philosophen schauen darauf, was Primatenforscher über die Verwandtschaft zwischen Mensch und Affe herausfinden. Sie lassen sich von Neurowissenschaftlern die Funktionsweisen menschlicher und tierischer Hirne erklären. Für die berühmten grauen Zellen im Gehirn interessieren sich Biologen, Mediziner und Psychologen und pflegen in den Neurolabors eine enge wissenschaftliche Zusammenarbeit. Philosophen, die ihnen dabei über die Schulter schauen, stellen fest, dass inzwischen fast alle Kriterien infrage stehen, die bislang als exklusiv menschlich galten. Nun versuchen sie, daraus Konsequenzen zu ziehen für ein neues Bild vom Menschen. Unsere kulturellen und psychischen Eigenschaften, auf die wir uns so viel einbilden, werden in dieser Lesart nüchtern als biologisch determiniert betrachtet.

Wer dagegen heute den Menschen noch auf einen Sockel stellen will, argumentiert aus der Defensive heraus. Die Beweislast hat sich umgekehrt. Affenforscher provozieren Philosophen mit dem Befund, dass Mensch und Schimpanse 98,4 Prozent ihres Genmaterials gemeinsam haben (in manchen Forschungsberichten nur 95 Prozent), und fragen sie, wie aus den verbleibenden 1,6 Prozent ernsthaft der große Unterschied konstruiert werden solle. Neurowissenschaftler suchen in Tierhirnen danach, ob bestimmte beim menschlichen Denken aktivierte Areale fehlen, finden keins und schließen daraus, dass die Hardware für das Denken bei beiden gleichermaßen vorhanden ist. Es vergeht momentan keine Woche, ohne dass ein neues Tier einen spektakulären Intelligenztest besteht. Der Unterschied zwischen ihnen und uns scheint kleiner zu sein, als lange gedacht. Man erinnert sich an den alten Gedanken des englischen Philosophen John Locke aus dem 17. Jahrhundert, dass kluge Tiere und dumme Menschen mehr gemeinsam haben als dumme und kluge Menschen. Aber eines werden auch die Naturalisten nicht leugnen können: dass der Mensch das einzige Tier ist, das über die anthropologische Differenz nachdenkt und kluge Theorien aufstellt. Auch wenn neuerdings die Gemeinsamkeiten herausgestellt werden, sind es doch immer noch wir allein, die sich den Kopf darüber zerbrechen. Das Tier schweigt beharrlich.

Der Schriftsteller Johann Peter Hebel hat sich 1808 die Frage gestellt, was der Molch denkt, der unten im Brunnen sitzt. Die Antwort musste er sich logischerweise selbst geben. »Solch ein Tierlein in seiner verschlossenen Brunnenstube hat ein geheimliches Leben und Wesen, sieht nie die Sonne auf- oder untergehen, erfährt nichts davon, dass der Prinz von Brasilien nach Amerika ausgewandert ist und dass die englischen Waren auf dem festen Lande verboten sind, weiß nicht, ob's noch mehr solche Brunnenstuben in der Welt gibt oder ob die seinige die einzige ist, und ist doch in seinem nassen Elemente des Lebens froh, hat keine Klage und keine Langeweile.« Das ist nett formuliert, aber philosophisch unhaltbar. Über das innere Erleben des Molches wissen wir nichts. Die Versuchung war immer groß, Tiere zu anthropomorphisieren, also unsere Gefühle auf sie zu übertragen.

Wir werden wohl niemals die Frage des amerikanischen Philosophen Thomas Nagel beantworten können, die er vor vierzig Jahren formuliert hat, um auf die Grenzen der Wissenschaft aufmerksam zu machen: »What is it like to be a bat – wie ist es, eine Fledermaus zu sein?« Naturforscher wissen viel über die Physiologie dieses faszinierenden Tiers. Sie können beeindruckend beschreiben, dass Fledermäuse die Fähigkeit besitzen, Ultraschall wahrzunehmen. Aber obwohl wir mit ihnen in einer gemeinsamen Welt leben, die wir uns, genau wie die Fledermaus, durch sinnliche Wahrnehmung zu erschließen versuchen, bleibt der Schlüssel zu ihrem subjektiven Empfinden für uns verborgen. Auch kein Hirnforscher, der neuronale Prozesse bei Fledermäusen von außen beobachtet, kann wissen, was es bedeutet, ein solches Lebewesen zu sein.

Was uns zudem von der Fledermaus trennt, ist die Tatsache, dass wir neben der gemeinsamen Welt, die wir mit der Fledermaus teilen, zugleich in einer zweiten Welt leben, von der das Tier nichts weiß. Der Marburger Philosoph Reinhard Brandt hat diese zweite Welt, in der wir die äußeren Dinge in Objekte der Erkenntnis verwandeln, am Beispiel der Wahrnehmung von Temperatur beschrieben:»Wir spüren die Kälte, aber wir erkennen in ihr zugleich die Ursache der Vereisung des Flusses; kein Tier weiß, was eine Ursache ist. Kein Tier kann sich wundern.« Das Staunen aber ist bekanntlich der Anfang aller Philosophie.

Staunen über Tiere

An einem Morgen im Jahr 1960 beobachtete die Affenforscherin Jane Goodall einen Schimpansen, der sich über einen Termitenhügel beugte.»Er nahm Grashalme, zupfte sie sich zurecht und fischte damit nach Termiten. Ich dachte sofort: Das ist der Beginn von Werkzeugherstellung.« Goodall betrachtete sich als Zeugin eines historischen Moments der Wissenschaft, denn bis dahin galt der Gebrauch von Werkzeug als exklusive menschliche Eigenschaft. Steht nicht der Faustkeil am Anfang der Technikgeschichte, die in gerader Linie bis zum iPad führt und uns aus dem Tierreich herauskatapultiert hat? Goodall benachrichtigte ihren Kollegen, den Anthropologen Louis Leakey, und der antwortete per Telegramm mit dem berühmten Satz:»Jetzt müssen wir entweder ›Mensch‹ neu definieren oder ›Werkzeug‹ neu definieren oder Schimpansen als Menschen akzeptieren.« Von heute aus betrachtet, könnte man über so viel Pathos schmunzeln. Seitdem haben nämlich Tiere weitaus beeindruckendere Belege für ihre Intelligenz geliefert.

1999 trat der Hund Rico in der Fernsehshow»Wetten, dass …?« auf. Der Border Collie verblüffte damit, dass er die Namen von 77 Spielzeugen kannte. Nannte man eines, wurde es von Rico geholt. Offenbar hatte Rico Spaß am Lernen, denn fünf Jahre später konnte er noch 120 Namen mehr.

Wissenschaftler des Max-Planck-Instituts für evolutionäre Anthropologie in Leipzig trauten dem Fernsehbild nicht und wollten

Rico lieber selbst testen. Der Hund besaß tatsächlich eine sensationelle Lernfähigkeit für Sprache, konnte Wörter so schnell speichern wie ein Kleinkind. Auch sein Erinnerungsvermögen war beeindruckend. Man konnte dem Hund einen bestimmten Gegenstand, dessen Namen er gerade gelernt hatte, ein paar Wochen vorenthalten, und trotzdem gelang es Rico hinterher wieder, Gegenstand und Wort korrekt miteinander in Verbindung zu bringen. Zu globaler Prominenz hat es auch Alex gebracht, ein Graupapagei, der seine Wünsche auf Englisch ausdrücken konnte. Dreißig Jahre lang hat er an der Seite der Psychologin Irene Pepperberg gelebt, die ihn darauf trainierte, verschiedene Gegenstände, Formen und Farben zu unterscheiden. Nahm sie beispielsweise eine grüne Schüssel und eine grüne Tasse und fragte den Papagei, was daran gleich sei, antwortete Alex:»Color«, die Farbe. Und was ist verschieden?»Shape«, sagte Alex, die Form. Wenn er Hunger verspürte, krächzte er:»will Traube«. Die genannten drei, Schimpanse, Hund und Papagei, sind offensichtlich doch nicht bloß instinktgesteuerte Maschinen.

Schon Charles Darwin war davon überzeugt, dass man überall im Tierreich Intelligenz finden kann. Unsere eigene verdanken wir ja schließlich, evolutionsgeschichtlich betrachtet, den Denkleistungen unserer tierischen Vorfahren. Selbst Regenwürmern schrieb Darwin eine Portion Intelligenz zu. Stunde um Stunde hat er ihre Wühlarbeit beobachtet. Schließlich gelangte er zu der Auffassung, dass Regenwürmer Entscheidungen treffen, womit sie ihre Tunnel abdichten. Aber sind Regenwürmer tatsächlich urteilsfähig? Ist das Krächzen des Papageis Sprache? Warum kommt Alex auch nach dreißig Jahren Training nicht über den Zweiwortsatz hinaus? Begreift der Schimpanse sein Werkzeug als Werkzeug?

Der Tierphilosoph Markus Wild hat darauf hingewiesen, dass es im Tierreich nichts Besonderes ist, besonders zu sein. Das Überleben in der ökologischen Nische hängt wesentlich davon ab, ob eine Art imstande ist, die eine, entscheidende Kompetenz zu entwickeln, die andere Arten nicht haben. Infrage steht heute die Auffassung, dass der Mensch so außerordentlich besonders ist, dass er sich in einem oder mehreren zentralen Merkmalen von allen Tieren zugleich unterscheidet. Von der Antwort auf diese Frage hängt ab, ob die anthropologische Differenz noch gilt, oder ob es zwischen Mensch und Tier nur graduelle, aber keine prinzipiellen Unterschiede gibt.

Der Affe in uns

Alex, der inzwischen verstorbene Graupapagei, war gewiss schlau, aber andere Vögel sind auch nicht dumm. Sie können miteinander kommunizieren, sie haben ein Gedächtnis für ihre Verstecke von Lebensmitteln, sie legen sich Landkarten im Gehirn an. Trotzdem kämen wir nicht auf die Idee, uns mit einem Vogel zu vergleichen. Im Zoo zieht es uns zu den Primaten, weil wir gelernt haben, dass das unsere Verwandtschaft ist. Vorbei die Zeit, als Darwins Abstammungslehre noch als Kränkung verstanden worden ist. Wir alle haben die Bilderreihe im Kopf vom gebückt schleichenden Affenmenschen, der sich stufenweise zum aufrechten Gang erhebt. Volker Sommer, Professor für evolutionäre Anthropologie in London, verlässt sogar die Ebene des Vergleichs und begreift sich selbst als Säugetier im Allgemeinen und Primaten im Besonderen:»Ich bin bekennender Menschenaffe.« Er amüsiert sich über Antinaturalisten, die den großen Unterschied retten wollen.

Nachdem für viele Forscher mit Jane Goodalls Beobachtungen der Schimpansen am Termitenhügel das Argument vom exklusiv menschlichen Werkzeuggebrauch widerlegt war, wurde die Latte für die Menschenaffen höher gelegt und der Intelligenztest verschärft. Können sie Werkzeuge ebenso wie Menschen auch vorausschauend für zukünftigen Gebrauch anfertigen? Können sie verschiedene Werkzeuge logisch hintereinander einsetzen? Der Affenforscher Sommer meint, dass die Tiere all diese Prüfungen bestanden haben, er hält Primaten für Kulturwesen. Zwar bauen Affen keine Kathedralen, und sie wissen vermutlich auch nicht um ihre Sterblichkeit, aber»religionsähnliche Praktiken« kennen sie schon. Sommer ist aufgefallen, dass in Affengesellschaften Traditionen existieren, die irrational wirken, aber offenbar wichtig sind für die soziale Identität in der Horde. Sommer führt als Beispiel den Umgang mit Wasser an: Schimpansen in Westafrika nehmen gern ein Bad im Teich, Schimpansen in Ostafrika sind wasserscheu. Schimpansen verspeisen fast überall Termiten, nur nicht in Nigeria, obwohl sie dort überall zu finden sind. Es existieren offenbar unterschiedliche lokale Affen-

23

Kulturen. Wären Schimpansen Menschen, meint Sommer, dann würden derartige Tabus als magische Praktiken einer Naturreligion gelten.

Was darauf wohl Sigmund Freud geantwortet hätte? Der Psychoanalytiker hat sich ja viele Gedanken über die Entstehung von Zivilisation gemacht. Vermutlich würde er den Schimpansen zuallererst abverlangen, auf ihr zügelloses Sexualleben zu verzichten. Kein Fortschritt ohne Tabus. Freuds These war, dass Zivilisation durch Sublimierung des Instinkts entsteht. Wer sich aus der Herrschaft der Naturkräfte lösen wolle, müsse ein Über-Ich entwickeln. Andernfalls würden die Söhne weiterhin ihre Väter abschlachten. Die Macht der Biologie endet laut Freud also dort, wo die Moral beginnt.

Sigmund Freud ist lange tot, seine Kulturtheorie heftig umstritten, aber das Moralargument ist bis heute eine Trumpfkarte der Antinaturalisten. Sie reklamieren einen unüberbietbaren moralischen Status für den Menschen und nennen ihn: Würde. Tiere darf man als Sachen behandeln, Menschen nicht. Wir stellen füreinander einen absoluten Wert dar, der nicht verrechenbar ist oder es zumindest nicht sein sollte. Die Unantastbarkeit der menschlichen Würde hat es ja sogar bis ins Grundgesetz geschafft, von Tieren ist da nicht die Rede. Unsere menschliche Würde ist in dieser Lesart an zwei Kompetenzen gebunden, die Tieren abgesprochen werden: Handlungsfreiheit und Moralfähigkeit.

Das Tier lebt vor sich hin. Der Mensch führt ein Leben, kann einen Lebensplan verfolgen. Zugleich kann er daran scheitern und moralische Ansprüche verfehlen. Der Mörder steht vor dem Menschengericht, aber niemand käme auf die Idee, einen Schimpansen für die Tötung eines Artgenossen zur Verantwortung zu ziehen. Freilich bestreiten manche Neurowissenschaftler auch die Handlungsfreiheit des Menschen. Wenn sie recht hätten, müssten Richter über ihr Berufsbild nachdenken, weil die Idee der Strafe an Verantwortungsfähigkeit und Freiheit gekoppelt ist. Mensch und Tier wären dann auch in diesem Punkt nicht wesentlich voneinander unterschieden. Aber noch betrachten wir den Menschen nicht als determinierte Biomaschine, die einfach ihr Lebensprogramm abspult. Wir betrachten den Menschen als frei und verfahren vor Gericht nach der Praxis, dass einem Angeklagten ein Fehlverhalten tatsächlich vorgeworfen werden kann. Was passieren würde, wenn wir die Idee der Handlungsfreiheit aufgäben, können sich selbst Hirnforscher nicht ausmalen.

Gleichwohl hat die Moralfraktion den Punktgewinn noch nicht in der Tasche. Denn sie wird einräumen müssen, dass die Welt nicht so ist, wie philosophische Moralisten sie gerne hätten. Kants kategorischer Imperativ »Handle nur nach derjenigen Maxime, durch die du zugleich wollen kannst, dass sie ein allgemeines Gesetz werde« mag argumentativ noch so bestechend sein, aber im Alltag halten wir uns häufiger nicht daran. Vom Wissen um die Falschheit einer Handlung ist es ein weiter Weg bis zur konkreten Verhaltensänderung. Und es ist umstritten, ob zweieinhalb Jahrtausende Moralphilosophie die Welt verbessert haben. Vorsicht also, wenn die Latte für Tiere so hoch gelegt wird, auch der Mensch könnte sie reißen.

Wiederum ist es ein Affenforscher, der das Moralargument naturalistisch zerlegt, der Niederländer Frans de Waal. Eine seiner Thesen lautet, dass die Menschlichkeit älter ist als die Menschheit. Wir haben die Moral nicht mühsam kulturell erworben und sie auf unsere zweifelhaften Naturanlagen draufgepackt, um die Bestie Mensch zu zähmen, sondern Moral hat sich aus diesen biologischen Anlagen selbst entwickelt. Wer nach den Wurzeln moralischen Handelns suchen will, muss unsere haarige Verwandtschaft beobachten. Frans de Waal erzählt dazu gerne die Geschichte von seinen Kapuzineräffchen. Die mögen Gurken, aber noch viel lieber Trauben. Beobachtet der Affe mit den Gurken, dass sein Nachbar Trauben vorgesetzt bekommen hat, wird er die Gurken aus Protest verschmähen. Das ist nichts anderes als simpler Neid. Verblüffend ist allerdings, dass auch beim umgekehrten Experiment die Nahrungsaufnahme verweigert wird. Der bevorzugte Affe lehnt die schmackhaften Trauben ab, weil sein Nachbar nur die Gurken bekommen hat. Frans de Waal meint, dass Affen und Menschen Gruppentiere sind mit einer hohen Empfindlichkeit gegen Ungerechtigkeit. Wir sind sehr kooperativ, »manchmal kriegerisch, aber überwiegend friedliebend«. Wenn wir gut handeln, dann aus dem Grund, dass wir mit anderen Emotionen teilen. Leidet jemand in unserer Nähe, dann leiden wir mit. Genauso wie wir uns von seinem Lachen oder Gähnen anstecken lassen. Die Stimmungsübertragung ist ein wesentlicher Teil der Empathie, der einfühlenden Reaktion, die de Waal für die Basis menschlicher und nicht menschlicher Moral hält.

Immanuel Kant hätte diesen Vergleich von Mensch und Affe ent-
rüstet zurückgewiesen, denn er war ja der Überzeugung, dass wir
unsere Emotionen gerade auf Abstand halten müssen, um moralisch handeln zu können. Dem Mitleid hat Kant keine Bedeutung
für sittliches Handeln eingeräumt. In Frans de Waals Theorie von
den evolutionären Grundlagen der Moral gilt die Vorstellung, wir
müssten uns für alles Leid der Welt verantwortlich fühlen, als
höchst unrealistisch. Eine derart übersteigerte Moral würde uns
überfordern. Zwar sei das moralische Verhalten bei Menschen
stärker entwickelt als bei Nichtmenschen, aber wir bewegten uns
doch in einem gemeinsamen Kontinuum, nicht in zwei getrenn-
ten Welten. Zwischen Mensch und Menschenaffe, meint der Primatenforscher, besteht ein gradueller, kein qualitativer Unterschied.
Wir würden immer zunächst an uns und dann an die Gesellschaft
denken und die Reichweite der Empathie sei begrenzt. Auch wenn
wir die Grenzen unseres Zusammengehörigkeitsgefühls erweitern
könnten, würde es für das Gruppentier Mensch wohl nicht für eine
globale Moral und den ewigen Frieden reichen. Affenforscher sind
keine Idealisten.

Der Fingerzeig ins Nichts

Im Mittelalter waren Philosophen noch der Meinung, dass nur der
Mensch lachen kann. Kürzlich wurden aber 800 junge Primaten
in deutschen und malaysischen Zoos systematisch durchgekitzelt.
Nach einer computergestützten Analyse der Frequenz der Lachlaute
kam heraus, dass vor allem Schimpansen und Bonobos menschen-
typisch melodiös lachen. Wieder eine geteilte Emotion, ein gemein-
samer Ursprung. Forscher datieren ihn zehn bis sechzehn Millionen
Jahre zurück. Allerdings kennen wir bis heute keinen Affen, der die
Kunst des Witze-Erzählens beherrschen würde. Und damit sind wir
beim letzten Ass im Ärmel der philosophischen Fraktion, die Tieren
die Denkfähigkeit abspricht, dem Sprachargument. Ohne Sprache
kein Denken, so die These des analytischen Philosophen Donald
Davidson, der Tieren Rationalität abgesprochen hat. Ich benötige
den Begriff von einem Gedanken, um überhaupt denken zu können.
Davidson erklärt dies am Phänomen der Überraschung. Wenn

jemand der Überzeugung ist, noch eine Münze in der Hosentasche zu haben, dann nachschaut und nichts findet, ist er überrascht. Er macht sich den Gegensatz bewusst zwischen dem, was er zuvor geglaubt hat, und der Tatsache der leeren Hosentasche. Er hat plötzlich zwei Überzeugungen: eine ehemalige und eine aktuelle. Die Überraschung ist die Voraussetzung, um zwischen wahr und falsch unterscheiden zu können. Wer Überraschung empfindet, kommt zu einer »Überzeugung über seine Überzeugung«. Man kann aber nur eine Überzeugung haben, wenn man weiß, was eine Überzeugung ist. Wenn man einen Begriff von ihr hat. Rationalität hängt für Davidson an der Fähigkeit zur sprachlichen Kommunikation. Sobald wir Sprache besitzen, sind wir nicht mehr an Reize von außen gebunden. Wir können über Dinge reden, die noch gar nicht existieren, Pläne schmieden und Ziele setzen. Tiere können das nicht.

Auch Martin Heidegger hat die anthropologische Differenz an die Fähigkeit zu sprechen geknüpft. »Die Sprache ist das Haus des Seins«, lautet sein berühmtes Rätselwort. Gemeint war, dass wir uns durch Sprache in der Welt einrichten, uns durch sie unsere Welt überhaupt erst schaffen. »Der Stein ist weltlos, das Tier ist weltarm, der Mensch ist weltbildend.« Der Stein liegt, wo er liegt, und es ist ihm egal, ob das auf dem Mond ist oder auf der Erde. Das Tier lebt und überlebt in seiner Nische. Es ist gebunden an die Verhältnisse, die es dort vorfindet. Aber dem Menschen steht die ganze Welt offen. Wenn er will, kann er dieses Haus des Seins überall errichten.

In der Geschichte der Menschheit muss es einen kulturellen Wagenheber-Effekt gegeben haben, der uns aus dem Tierreich hinauskatapultiert hat. Vermutlich war es die Fähigkeit zu sprechen. Ein Erwachsener kann einem Kind mit wenigen Worten erklären, wie es den Hammer halten soll, Schimpansen müssten dafür monatelang zuschauen. Sobald ein Einzelner eine neue Methode gefunden hat, um ein Problem zu lösen, erlernen andere sie blitzschnell hinterher und behalten sie so lange bei, bis wiederum jemand mit einer überzeugenderen Lösung kommt. Ohne sprachliche Kommunikation würden diese Entwicklungssprünge nicht funktionieren. Michael Tomasello, Verhaltensforscher am Max-Planck-Institut für evolutionäre Anthropologie in Leipzig, hält diese sogenannte kumulative kulturelle Evolution für einzigartig.

Der Mensch ist das einzige Tier, das nachweislich Änderungen von Verhaltensweisen in Serie produziert. Und stets werden diese Verhaltensweisen immer komplexer. Tomasello hat in Intelligenztests Schimpansen und Orang-Utans mit Kleinkindern verglichen. Dabei kam heraus, dass Menschen von Geburt an nicht schlauer sind. Aber schon Zweijährige übertreffen Schimpansen bei Weitem mit ihren sozial-kognitiven Fähigkeiten. Der berühmte Kaspar Hauser, der ohne Sprache aufgewachsen ist, hätte diesen Vorsprung nicht geschafft. »Wir haben im Laufe der Evolution einen Weg gefunden, unsere individuellen Fähigkeiten zu einer Art Gruppenintelligenz weiterzuentwickeln.«

Nun kann man spekulieren, in welchem historischen Moment unserer Frühgeschichte dieser Wagenheber-Effekt eingesetzt hat. Es gibt dazu ein interessantes Gedankenexperiment des Philosophen Reinhard Brandt im Anschluss an die anthropologischen Forschungen von Tomasello. Demnach könnte alles damit begonnen haben, dass eine Frühmenschenhorde von den Bäumen im Urwald geklettert ist, um die Weite der Savanne kennenzulernen. Plötzlich zeigt einer auf ein fernes Etwas, vielleicht ein Raubtier. Dieser ausgestreckte Arm ist das kleine Wunder. Mit einer schlichten Geste des Zeigens muss da jemand die Fähigkeit besessen haben, die Gruppe auf etwas aufmerksam zu machen, das den Nahbereich überschreitet. Den Fingerzeig ins Nichts beherrschen Affen bis heute nicht, es sein denn, er wird ihnen von Menschen beigebracht. Streckt einer von ihnen den Arm aus, schauen die anderen auf die Fingerspitze, nicht auf das ferne Objekt. Dieser erste Fingerzeig des Frühmenschen war also ein Appell, Aufmerksamkeit zu teilen. Im nächsten Schritt wurde der sichtbare Zeigegestus von Lauten begleitet. Im dritten Schritt entstand die Möglichkeit zum kritischen Einwand. Einer aus der Horde zeigt auf etwas, ein anderer sagt »Nein«. Die Unterscheidungsfähigkeit zwischen wahr und falsch und ihr sprachlicher Ausdruck sollen der erste Schritt des Menschen zur Freiheit gewesen sein. Eine schöne Theorie, leider fehlen die Zeitzeugen, um sie noch etwas glaubhafter zu machen.

Jedenfalls ist die Welt in dem Moment eine andere geworden, als der Mensch den aufrechten Gang und das Sprechen gelernt hat. Es gibt seitdem auf diesem Planeten ein Lebewesen von »exzentrischer Positionalität«, wie der philosophische Anthropologe Helmuth Plessner es ausgedrückt hat. Während die anderen Lebewesen aus ihrer organischen Mitte heraus leben, in ihrer weltarmen Nische, *führen* Menschen ein Leben. Ihnen ist zwar auch eine Natur vorgegeben. Aber die haben Menschen Schritt für Schritt verändert und werden dies auch weiterhin tun. Zwischen diesen beiden Polen Natürlichkeit und Künstlichkeit bewegt sich der moderne Mensch kontinuierlich vom ersten Pol immer weiter weg und strebt dem zweiten zu. Das Moment der Künstlichkeit wird in unserer Lebensform immer dominanter. Das kann nur heißen, dass Menschen den Tieren immer unähnlicher werden. Plessners Prinzip der »natürlichen Künstlichkeit« sorgt also dafür, dass die anthropologische Differenz beständig wächst, der Graben zwischen ihnen und uns immer tiefer wird. Affen werden niemals Wolkenkratzer bauen, aber unsere werden immer höher.

Das schönste Beispiel für »natürliche Künstlichkeit« findet sich in der Küche. Wären wir Tiere, könnten wir uns draußen am Wegesrand vollstopfen, wenn wir hungrig sind. Wir tun es aber nicht, sondern essen lieber zu Hause am Tisch mit Messer und Gabel. Das Kochen der Nahrung ist für uns keine Frage des Überlebens. Wir wollen nicht bloß leben, sondern gut leben. Vielleicht ist die Küche der Ort, an dem sich die anthropologische Differenz noch am schwersten widerlegen lässt. Roh oder gekocht, das macht den Unterschied, so die These des Kulturanthropologen Claude Levi-Strauss. Kein anderes Lebewesen stellt sich freiwillig für drei Stunden an den Herd, um ein Essen zuzubereiten, das in einem Bruchteil der Zeit verputzt wird. Der Mensch ist das einzige Tier, das andere Tiere in die Pfanne haut.

Menschenrechte für Menschenaffen?

Der Kulturkritiker Rupert Sheldrake hat einmal bemerkt, dass es in der westlichen Welt nur noch zwei Kategorien von Tieren gibt. »Die einen verwöhnen wir mit Haustierfutter, die anderen werden dazu verarbeitet.« In Deutschland gibt es allein über fünf Millionen Hunde. Ihre Besitzer legen im Gespräch über dem dampfenden Teller Eide darüber ab, zu welchen Intelligenzleistungen ihre Tiere fähig sind, und verspeisen gleich darauf die knusprige Brust einer Pute, die in ihren letzten Tagen im Käfig mit gebrochenen

Knochen gelebt hat, weil ihr Körper so schwer gemästet worden ist, dass sie ihn nicht mehr tragen konnte. Mit der industrialisierten Nahrungsmittelproduktion ist die lange Zeit gewohnte Nähe zum Tötungsvorgang verschwunden. Und seitdem erst langen wir so richtig hemmungslos zu. Alle Hinweise auf den Zusammenhang zwischen Fleischkonsum und Welthunger, zwischen Rinderzucht und Klimawandel geraten immer dann in Vergessenheit, wenn wir das diskret ausgeleuchtete, zartrosa Fleisch in der Kühltheke sehen. Da wird auch das menschliche Fleisch schwach.

Allerdings werden auch Vegetarier nicht leugnen können, dass der Fleischkonsum zur Menschheitsgeschichte gehört. Wir wären nie out of Africa gekommen, wenn unsere Vorfahren nicht Tiere gejagt hätten. Der Religionswissenschaftler Walter Burkert hat darauf hingewiesen, dass schon früh die Götter bemüht worden sind, um das Fleischessen zu legitimieren. Offenbar gab es das schlechte Gewissen von Anfang an. Bei Tisch erzählte man sich Geschichten darüber, wie die Götter dadurch geehrt würden, dass man Tiere schlachtet. Also das Essen des Fleischs als eine Art Gottesdienst. Burkert vermutet, dass das Tieropfer dazu diente, den Schrecken des Blutvergießens zu bannen. Beim gemeinsamen Mahl würden wir die Angst überwinden, dass wir von Menschen getötet werden oder selbst töten. Gemessen an unserem heutigen maßlosen Fleischkonsum, müssten wir folglich voller Angst sein.

Aristoteles dürfte allerdings bei Tisch noch ohne solche Sorgen zugelangt haben. Er war überzeugt von einer hierarchischen Ordnung der Natur. Die Pflanzen sind für die Tiere da, die Pflanzen und Tiere wiederum für den Menschen. Weil Tiere ohne Vernunft sind, so Aristoteles, können sie auch nicht das Ziel menschlichen Lebens erreichen, die Glückseligkeit. In der Ethik ist kein Platz für sie, weil sie nicht tugendfähig sind. Auch in der vielleicht bedeutendsten Gerechtigkeitstheorie unserer Zeit, in John Rawls »Theory of justice«, dürfen Tiere nicht mit am Verhandlungstisch sitzen, wenn Menschen die Bedingungen ihres Zusammenlebens aushandeln. Rawls räumt zwar ein, dass es Tieren gegenüber Pflichten des Mitleids und der Menschlichkeit gibt, aber sie sind keine gleichberechtigten Mitglieder seiner Gerechtigkeitsgemeinschaft. Wer nicht sprechen kann, hat keine Stimme. Tiere sind nicht fähig, Verträge abzuschließen.

Die Machtfrage ist damit geklärt. Nun stellt sich allein die Frage, ob es für den Menschen klug sein könnte, die eigene Herrschaft gegenüber den Tieren freiwillig zu beschränken. Mit den Worten von Immanuel Kant: »Gewaltsamkeit und Grausamkeit gegen die Tiere ist der Pflicht des Menschen gegen sich selbst inniglich entgegengesetzt.« Hier wird Tierschutz also zur Charakterfrage. Wer der Heuschrecke ein Bein ausreißt, beschädigt sich selbst. Tierquälerei ist nicht zuallererst deshalb verboten, weil die arme Kreatur leidet, sondern weil der Mensch zu verrohen droht.

Gegen diese Haltung, aus einer Position der Macht heraus generös Rücksicht zu nehmen, hat der australische Philosoph Peter Singer Einspruch erhoben. Er betrachtet sie als Einstellung von Sklavenhaltern. 1975 erschien sein Buch »Animal Liberation«, und damit hat die philosophische Debatte über Tierrechte Fahrt aufgenommen. Zum ersten Mal erfuhr eine breitere Öffentlichkeit, was auch in einem politischen Sinne auf dem Spiel steht, wenn die anthropologische Differenz fällt, wofür sich Singer starkgemacht hat. Warum, so seine Frage, soll die Fixierung von Unterschieden zwischen Menschen und Tieren immer zu der Schlussfolgerung führen, Tiere seien minderwertig und hätten keinen Anspruch auf moralische Anerkennung? Singer sieht die meisten Menschen geprägt von Vorurteilen gegenüber Angehörigen anderer Arten und nennt dies »Speziesismus«. Wer das Vorurteil pflege, menschliches Leid sei moralisch anders zu beurteilen als das Leid von Tieren, der sei »Speziesist«. Plötzlich sahen sich die Vertreter des klassischen Humanismus, der dem Menschen eine Sonderstellung einräumt, in die gleiche Ecke gestellt wie Rassisten oder Sexisten. Und so war die Verwendung des Begriffs »Speziesist« auch durchaus gemeint: als Moralkeule.

Singers Tierethik läuft darauf hinaus, die moralische Gemeinschaft zu erweitern. Die Interessen aller empfindungsfähigen Lebewesen sollen in einer »moralischen Gemeinschaft der Gleichen« berücksichtigt werden. Singer interessiert sich nicht mehr primär für die Frage, ob Tiere denken oder sprechen können, sondern ob sie leidensfähig sind. An dieser Frage entscheidet sich, wie sie zu behandeln sind, welche Ansprüche Tiere haben. Mit seinem »Great Ape Project« fordert Singer unter großem Applaus der Tierrechtsbewegung, die in ihm ihre Galionsfigur sieht, Grundrechte, die bisher

Menschen vorbehalten sind. Das Recht auf Leben, das Recht auf Freiheit, das Verbot von Folter.

Wohlgemerkt soll dies nur ein Anfang sein. Sind die Menschenrechte für Menschenaffen erst durchgesetzt, könnte der Kreis um andere Tierarten erweitert werden. Der amerikanische Philosoph Thomas White hat bereits vorgeschlagen, auch Delfine als Personen zu betrachten. Als notwendige Kriterien für den Status als Person betrachtet er folgende Merkmale: Sie leben, sie haben ein Bewusstsein, sie können sich ängstigen und Schmerz empfinden, sie zeigen Gefühle und sind sich ihrer selbst bewusst, sie erkennen und behandeln andere Personen als solche. Das sind gewiss umstrittene Thesen über den Geist der Delfine. So wie es Biologen gibt, die philosophieren, gibt es inzwischen eben auch Philosophen, die biologisieren.

Die Verfechter des Gleichheitsgedankens werden allerdings einen Widerspruch nicht auflösen können. Ihre moralische Gemeinschaft der Gleichen ist in Wahrheit eine Klassengesellschaft. Die einen, nämlich wir Menschen, sind moralische Akteure, die anderen, nämlich die Tiere, sind bloß moralisch zu berücksichtigen. Und schon ist die alte Grenze zwischen Mensch und Tier durch die Hintertür wieder da.

Bei Peter Singer kommt noch ein weiteres Problem von höchster moralischer Brisanz hinzu. Nach seinem ersten Schritt: nicht nur Menschen sind Personen, folgt als zweiter Schritt: nicht alle Menschen sind Personen. Singer hält daher die Tötung von geistig behinderten Neugeborenen und von Wachkoma-Patienten in bestimmten Fällen für gerechtfertigt. An dieser Stelle offenbart sich die große Gefahr der Tierrechtsbewegung. Wer Menschen und Tiere auf eine Stufe stellt, verabschiedet sich vom Gedanken der Menschenwürde. Der Tierrechtsphilosoph Tom Regan hat auf die Frage, wen er zuerst aus einem kenternden Boot retten würde, ein Baby oder einen Hund, geantwortet: »Wenn es ein geistig zurückgebliebenes Baby wäre und ein gescheiter Hund, würde ich den Hund retten.«

Was dürfen wir Tieren antun?

Unter den Philosophen, die sich heute für die Frage interessieren, was den Menschen vom Tier unterscheidet, gibt es wohl niemanden, der argumentieren würde, alles sei dem Menschen erlaubt. René Descartes hat mit seiner Position, Tiere seien empfindungslose Maschinen, keine Nachfolger gefunden. Die Auffassung, dass auch Tiere einen moralischen Status haben, ist inzwischen weithin Konsens. Der Schutz der Tiere ist als Staatsziel im Grundgesetz fixiert. Umstritten ist nur, ob sie den gleichen moralischen Status haben wie Menschen. Auch teilen die meisten Philosophen den Befund, dass unser Umgang mit Tieren hoch problematisch geworden ist. Max Horkheimer zum Beispiel hat mit Blick auf die Schlachthöfe von der »Tierhölle« gesprochen. Wir haben sie im Kellergebäude der menschlichen Gesellschaft gut versteckt. Alleine in Deutschland werden pro Jahr mehr als 63 Millionen Schweine, Rinder und Schafe geschlachtet. Schon ihr erbärmliches Leben davor müsste uns eigentlich den Heißhunger verderben, tut es merkwürdigerweise aber nicht. In unseren Fußgängerzonen sieht man Veganer, die mit dem Slogan werben: »Bring Liebe in deinen Kühlschrank.« Sie fordern Konsum mit Gefühl. Ob das geeignete Begriffe sind, um unser Verhältnis zu den Tieren zu klären? Arthur Schopenhauer wäre gewiss einverstanden gewesen, obwohl er selbst Fleischgerichte nicht verschmäht hat.

Für ihn ist jede echte moralische Handlung durch Mitleid motiviert. Die Identifikation mit den Leiden des anderen ist die Quelle aller Tugend. Menschenliebe äußert sich darin, der leidenden Kreatur zu helfen. Schopenhauer ist mit seiner Mitleidsethik eine Art Säulenheiliger des Tierschutzes.

Aber auch hier gibt es einen Haken, denn das Mitleid ist ja ein Gefühl. Aber wer will einem anderen vorschreiben, ein bestimmtes Gefühl zu haben? Wer will jemanden dafür kritisieren, dass sich bei ihm beim Ausreißen des Heuschreckenbeins kein Gefühl des Mitleids regt? Gefühle alleine reichen wohl nicht. Nötig ist eine Haltung, die Albert Schweitzer »Ehrfurcht vor dem Leben« genannt hat. Kein Mensch entkommt der Tatsache, als Lebendiger von anderem Lebendigen leben zu müssen, folglich machen wir uns unweigerlich schuldig.»Um Dasein zu erhalten, muss ich mich des Daseins, das es schädigt, erwehren«, schreibt Schweitzer. »Ich werde zum Verfolger des Mäuschens, das in meinem Haus wohnt, zum Mörder des Insekts, das darin nisten will, zum Massenmörder der Bakterien, die mein Leben gefährden können.« Aber allein der Mensch, und damit kehrt das Moralargument zurück, ist fähig und verpflichtet, den Schaden zu begrenzen. Wer den Menschen tatsächlich bloß als Tier unter Tieren betrachtet, müsste in der Konsequenz das Schnitzel XXL auf dem Teller als natürlichen Egoismus akzeptieren und auf Moralappelle verzichten. Die beiden Tierethiker Heike Baranzke und Hans Werner Ingensiep kommen zu der nur scheinbar paradoxen Schlussfolgerung: »Daher liegt alle Hoffnung der Tiere in der Menschlichkeit des Menschen.«

Im Primatenstuhl

Der Schweizer Albrecht von Haller galt seinen Zeitgenossen im 18. Jahrhundert als hochmoralischer Mann. Er hat zum Beispiel philosophische Lehrgedichte über den Ursprung des Übels geschrieben. Von Tierversuchen war darin nicht die Rede, obwohl von Haller davon viel zu berichten gehabt hätte. Das tat er lieber an anderer Stelle. Medizinische Lehrbücher schienen ihm ein geeigneterer Platz für die Beschreibung seiner Experimente zu sein als moralische Traktate. Vermutlich war der seinerzeit sehr berühmte Universalgelehrte aus der Epoche der Aufklärung gänzlich frei von moralischen Skrupeln, als er beispielsweise einer Katze das Kniegelenk mit Schwefelsäure gefüllt hat. Von Haller war neugierig zu wissen, in welchem Moment der hoch ätzende Stoff das Tier verrückt vor Schmerz macht. So erfuhr er etwas über das Nervensystem. Die Anatomie hat dem Schweizer viel zu verdanken: Er war der Erste, der den Verlauf der Arterien im menschlichen Körper darstellen konnte.

Heutzutage hätte Albrecht von Haller es mit Protesten von Tierschützern zu tun, die seine Arbeit würden vereiteln wollen. So wie beispielsweise sein wissenschaftlicher Nachfahre, der Neurobiologe Andreas Kreiter von der Universität Bremen, der übrigens keineswegs Schwefelsäure spritzt. Seine Experimente mit Affen sind seit Jahren Gegenstand eines erbitterten Streits um Tierschutz und Forschungsfreiheit. Kreiter forscht an Makaken, die wohlgemerkt nicht zu unseren engsten Verwandten, den besonders geschützten Menschenaffen, gehören, um mehr über die Funktion des Gehirns zu verstehen. Er betrachtet seine Arbeit als Grundlagenforschung, die eines Tages helfen könnte, Heilungsmethoden etwa für Epilepsie oder Parkinson zu entwickeln. Kreiter muss seine Makaken in einem Zoo halten, der einem Hochsicherheitstrakt ähnelt, weil er inzwischen reichlich Bekanntschaft mit der Militanz von Tierschützern gemacht hat, die eine Zeit lang auch seine Familie bedrohten.

Kreiters Versuchsaffen haben allesamt eine Schädeloperation hinter sich, bei der ihnen ein Metallbolzen implantiert wurde, mit dessen Hilfe sie sich fest auf dem sogenannten Primatenstuhl fixieren lassen. Dort sitzen die Makaken vor einem Bildschirm mit einem Trinkschlauch im Mund, bekommen Aufgaben gestellt und werden für richtige Lösungen mit einem Schuss Apfelsaft belohnt. Tierschützer kritisieren, dass die Affen vor dem Versuch längere Zeit nichts zu trinken bekommen, damit sie zur Mitarbeit beim Experiment motiviert sind. Außerdem stören sie sich daran, dass Kreiter den Makaken hauchdünne Elektroden für seine Messungen ins Hirn sticht, was allerdings nach Ansicht des Neurobiologen keine Schmerzen verursacht.

Die Unversöhnlichkeit, mit der dieser Streit geführt wird, steht exemplarisch für ein weitverbreitetes Unbehagen, das unseren Umgang mit Tieren insgesamt betrifft. Andreas Kreiter sieht beim Thema Tierversuche Doppelmoral im Spiel. Er verweist mit Recht darauf, dass bei der Nahrungsmittelproduktion und Schädlingsbekämpfung, bei der Haustierhaltung und im Sport zum Teil deutlich belastendere Nutzungen von Tieren weithin akzeptiert sind. Warum sollte die Tötung von Schweinen zum Zwecke des Fleischkonsums ethisch zu rechtfertigen sein, die Tötung von Mäusen am Ende eines Versuchs zur Erforschung der Ursachen von Krebs aber nicht? Kreiter versucht, den moralischen Spieß umzudrehen. Er stellt seinen Kritikern die Frage, ob ein Verbot seiner Arbeit mit Makaken nicht moralisch inakzeptabel wäre, wenn damit die Möglichkeit verwehrt würde, schwere Erkrankungen des menschlichen Gehirns zu heilen. Diese Argumentationsfigur wird von Befürwortern von Tierversuchen häufig verwandt, ist aber in mehrfacher Hinsicht problematisch.

Zunächst einmal gilt es zu unterscheiden, ob wir das Leid eines

Wesens bloß passiv zulassen oder ob wir einem Wesen Leid aktiv zufügen. Die Tierethikerin Ursula Wolf hat darauf bestanden, dass Letzteres grundsätzlich moralisch bedenklicher sei. Es ist die Natur, die Menschen an Alzheimer und Parkinson leiden lässt. Aber es sind wir selbst, die Tiere im Versuch leiden lassen. Ursula Wolf bestreitet, dass es den ethischen Konflikt, den Kreiter aufbaut, überhaupt gibt. Tierschützer verursachen keine Krankheiten.

Die zweite Schwierigkeit von Kreiters Argumentation besteht in der zeitlichen Differenz. Grundlagenforschung, wie er sie mit seinen Halbaffen betreibt, ähnelt einer Entdeckungsreise in unbekanntem Gelände. Er kann die Nützlichkeit seines Forschungsprojekts erhoffen oder erwarten, aber keinesfalls im Voraus garantieren. Tatsächlichem und sofortigem Leid, das in vielen Tierexperimenten bewusst in Kauf genommen wird (allerdings mit ganz anderen Versuchsaufbauten als im Falle von Andreas Kreiter, der ja überzeugt davon ist, kein Leid zuzufügen), steht also nur ein unbestimmter möglicher Nutzen für den Menschen in der Zukunft gegenüber. Womöglich leistet sich die Grundlagenforschung selbst einen Bärendienst, wenn sie sich darauf einlässt, der Gesellschaft vage Versprechungen über einen hypothetischen Nutzen zu machen. Denn oftmals erbringen ja die Erkundungen im offenen Forschungsgelände ganz unerwartete, überraschende Ergebnisse. Die Freiheit des Grundlagenforschers besteht auch und gerade darin, sich von seinen eigenen Hypothesen und Vorannahmen trennen zu können, wenn die wissenschaftlichen Resultate anders ausfallen als erwartet. Wird die eigene Arbeit von vornherein unter einem Nutzen-Kalkül betrieben, müsste ein Tierexperimentator sich folglich ein Scheitern vorhalten lassen, wenn am Ende doch nicht der medizinische Durchbruch in Gestalt einer neuen Therapiemöglichkeit für den Menschen steht.

Wer die zeitliche Differenz zwischen dem Leid eines Versuchstiers heute und dem möglichen Nutzen für die Menschen in der Zukunft für ethisch bedeutsam hält, wird dem Experimentator die Frage stellen müssen, wie er für sich die Zeitspanne zwischen der eigenen Forschung und ihrer Anwendung zu Therapiezwecken einschätzt. Die Antwort des Forschers darauf kann logischerweise nur höchst spekulativ sein.

Schließlich ergibt sich noch eine dritte grundsätzliche Schwierigkeit, wenn man den Kosten für das Tier den Nutzen für den

Menschen gegenüberstellt. Dieser Argumentationsfigur liegt als Vorannahme das Bild einer Waage zugrunde. Die ethische Entscheidung für oder gegen Tierversuche wird dann als Güterabwägung aufgefasst. Was sich in den beiden Waagschalen befindet, soll sich in irgendeiner Weise miteinander verrechnen lassen. Wer sich für dieses Modell Güterabwägung starkmacht, hat sich, möglicherweise ohne es zu wissen, philosophisch bereits festgelegt, bevor die beiden Waagschalen überhaupt zu pendeln beginnen. Denn diese Idee einer Quantifizierbarkeit von Kosten und Nutzen, Wohl und Übel entstammt der utilitaristischen Tradition, die unter Ethikern höchst umstritten ist. Ihre Leitidee ist, dass alle Handlungen gut sind, die das Glück in der Welt mehren und das Leid mindern. Ihr Ziel ist »das größtmögliche Glück für die größtmögliche Zahl«. Wer etwa davon überzeugt ist, dass es nicht nur eine Würde des Menschen, sondern auch eine weiter gefasste Würde der Kreatur gibt, wie es etwa in der Verfassung der Schweiz formuliert ist, wird sich dagegen verwahren, eine solche Rechnung überhaupt aufzumachen. Nach dieser Lesart dürfen die Interessen von Menschen und Tieren nicht gegeneinander abgewogen werden.

Ein zweiter Einwand gegen das Modell der Güterabwägung lautet: Wer das Glück des Menschen und das Leid des Tiers miteinander in Beziehung bringt, als konkurrierende Güter auffasst, vergleicht Äpfel mit Birnen. Es gibt nach dieser Auffassung keinen sinnvollen, allgemein verbindlichen Maßstab, nach der diese Waage messen könnte. Denn was sollte das für eine Recheneinheit sein, die, sagen wir, fünfhundert »verbrauchte« Tiere in einer bestimmten Versuchsanordnung als akzeptabel quantifiziert, fünftausend aber nicht? In einer Ethikkommission, die über einen entsprechenden Tierversuchsantrag zu entscheiden hat, wird sich das Interesse der Gruppe durchsetzen, die am Tisch besonders zahlreich vertreten ist. Was als Nutzen für den Menschen gilt und als Schaden für das Tier, ist Auslegungssache und zudem kulturabhängig. In Südkorea wird ein Tierversuch leichter genehmigt als in Deutschland.

Wer das Bild von der Waage verwirft, weist den Gedanken zurück, dass es sich bei der Entscheidung über Tierversuche überhaupt um ein echtes moralisches Dilemma handelt. Denn das Wesen des Dilemmas besteht ja darin, dass wir lediglich die Wahl zwischen zwei Übeln haben. Keinen dritten Weg, der unsere Hände sauber lässt.

Die Tierethikerin Ursula Wolf etwa bestreitet die der Waage-Theorie zugrunde liegende Behauptung, dass man nicht beides gleichzeitig vermeiden könne: das Leid von Menschen und das Leid von Tieren. Schließlich sei der Tierversuch nicht die einzige Möglichkeit, Fortschritte in der Medizin zu erzielen. Ursula Wolf sieht sich einem Mitleidskonzept verpflichtet, das es nicht hinnehmen will, wenn aus einem konkreten Leid eine abstrakte Zahl wird. Es ist immer die einzelne Maus, die Qualen erleidet. Wolfs Leidensbegriff ist an Individuen gebunden. Den durchzuhalten gegen die Herrschaft der Statistik dürfte schwierig sein. In Deutschland steigt die Zahl der Versuchstiere stetig an: von 1,8 Millionen im Jahr 2000 auf fast drei Millionen im Jahr 2010. Mäuse, Ratten und Fische werden am häufigsten eingesetzt. Über ein Viertel der Versuchstiere ist inzwischen gentechnisch verändert, was neue Probleme mit sich bringt. Vor allem vermenschlichte Mäuse spielen in der experimentellen Forschung eine große Rolle. Sie dienen zum Beispiel als Versuchskörper, um den Verlauf menschlicher Krankheiten durchspielen zu können. Eine natürliche Maus ist dem Menschen physiologisch zu unähnlich, um beispielsweise an ihr studieren zu können, wie eine Chemotherapie auf menschliche Krebszellen einwirkt. Die gentechnisch veränderte Maus enthält dagegen menschliche organische Bestandteile. An solchen Tieren wird auch geprüft, ob Chemikalien oder Arzneimittel giftig sind, und sie werden als Rohstofflager zur Transplantation von Organen, Geweben und Zellen genutzt.

Tierethik

Die Tierethikerin Arianna Ferrari hält Experimente mit gentechnisch manipulierten Tieren für besonders problematisch. Einmal, weil zur Herstellung einer einzigen vermenschlichten Maus viele andere Tiere gebraucht werden, die an Versuchen selbst gar nicht teilnehmen, aber trotzdem belastet und schließlich getötet werden. Für die künstliche Befruchtung werden Spendertiere und Leihmütter benötigt, Männchen werden sterilisiert, Weibchen hormonell behandelt, bevor das Genkonstrukt in embryonale Stammzellen übertragen werden kann. Und das ist gerade mal der Anfang, denn erst in der dritten Generation weist die auf diese Weise produzierte vermenschlichte Maus die gewünschten Genmerkmale auf, die für die Experimente geeignet sind. Auf jede erfolgreich hergestellte Maus kommen häufig mehrere Fehlversuche, weshalb Tiere auf Vorrat produziert werden.

Ein zweites Problem sieht Ferrari im erhöhten Risiko für gentechnisch veränderte Tiere, Störungen zu erleiden. Eine noch relativ ungeprüfte Technik liefert als Kollateralschaden gesundheitliche Beeinträchtigungen. Gemessen am Verhalten von nicht manipulierten Artgenossen wurden bei vermenschlichten Mäusen vermehrt Stress- und Angstphänomene beobachtet. Sie vernachlässigen ihre Körperpflege, neigen häufig zu Aggressionen, die Rangordnung in der Horde gerät durcheinander. Zudem werden die Tiere, wenn ein bestimmtes Krankheitsbild erwünscht ist, absichtlich so hergestellt, dass sie bereits mit Missbildungen geboren werden. Die Produktion genmanipulierter Tiere liegt im Übrigen in der Hand einiger weniger Hersteller, die für einen globalen Markt arbeiten.

Die stetig steigende Zahl der Tierversuche nicht nur in Deutschland bringt ihre Befürworter in die Schwierigkeit, das sogenannte 3R-Prinzip, das eigentlich als ethische Richtschnur gedacht ist, weiterhin glaubwürdig vertreten zu können. Es gehört zu den in den vergangenen Jahrzehnten entwickelten Kriterien für Genehmigungsbehörden, anhand derer Tierversuchsanträge auf moralische Vertretbarkeit hin überprüft werden sollen. Das erste der drei R steht für »Replace«: Wann immer möglich, sollen Tierversuche durch alternative Modelle ersetzt werden, etwa durch Computersimulationen oder Zellkulturen. Das zweite R, »Reduce«, steht für den Appell, die Zahl der eingesetzten Tiere im Versuch so klein wie möglich zu halten. Das Prinzip »Refine« schließlich, das dritte R, ist die Zielvorgabe, Versuchsaufbauten so zu verändern, dass die Belastung für die Tiere sinkt.

Das 3R-Prinzip, bereits 1959 von dem Zoologen William Russel und dem Mikrobiologen Rex Burch entwickelt, gilt bis heute als internationaler ethischer Goldstandard in der tierexperimentellen Forschung. Seit einiger Zeit bemühen sich Wissenschaftler, die vorher zumeist im Verborgenen geforscht und die Öffentlichkeit gemieden haben, verstärkt darum, den häufig emotional aufgeladenen Kampagnen von Tierversuchsgegnern einen eigenen ethischen Standpunkt öffentlich entgegenzuhalten. 700 europäische Forscher haben 2010 die sogenannte »Baseler Deklaration für Experimente an Tieren« unterzeichnet und verpflichten sich darin zu Verantwortung und Transparenz. Es ist gleichwohl offenkundig, dass sich in dieser Kontroverse zwei Lager gegenüberstehen, die kaum miteinander gesprächsfähig sind. Die einen verweisen darauf, dass ohne Tierversuche zum Beispiel keine lebenserhaltenden Antibiotika hätten entwickelt werden können. Die anderen führen medizinische Skandale an, um zu zeigen, dass Tierexperimente nicht nur ethisch nicht vertretbar, sondern in ihren Ergebnissen auch nicht auf den Menschen übertragbar seien. Auch unter Philosophen, die sich mit Tierethik beschäftigen, scheint eine Konsensbildung fast ausgeschlossen.

Der Streit dreht sich auch hier um die Frage, welchen moralischen Status Tiere im Vergleich zum Menschen haben. Zwar gibt es keine ernsthafte Stimme, die bestreiten würde, dass Tiere gewisse Ansprüche auf Schutz besitzen. Aber wie weit diese Ansprüche reichen, und mit welchen Begründungen sie außer Kraft gesetzt werden können, ist Gegenstand einer inzwischen seit Jahren geführten Kontroverse, die unversöhnlich ausgetragen wird. Tierversuchsgegner haben neben Ursula Wolf als prominenten Mitstreiter Tom Regan an ihrer Seite, der den Ansatz verfolgt, allen empfindenden Lebewesen das gleiche Recht zuzubilligen: mit Respekt behandelt zu werden und nicht bloß als Ressource für andere. »Das Beste, was wir tun können, wenn es um die Verwendung von Tieren in der Wissenschaft geht, ist, sie nicht zu verwenden«, schreibt Regan. Er sieht in Tierversuchen routinemäßigen und systematischen Mangel an Respekt.

Auch Peter Singer kritisiert die unterschiedliche Gewichtung von menschlichen und tierlichen Interessen. Alle Lebewesen, die in gleicher Weise über das Interesse an Lebenserhaltung und Schmerzfreiheit verfügen, haben für ihn den gleichen moralischen Status. Bei Singer führt diese Denkfigur zu einem spektakulären Dreh: Er vergleicht menschliche Embryonen mit Mäusen. Weil Embryonen noch nicht über die genannten Interessen verfügen, hält Singer es für unproblematischer, mit ihnen zu experimentieren. Versuche an Mäusen, die Leid verursachen, seien hingegen ein moralisches Übel. Wir werden später sehen, was das für Folgen hat, wenn man Menschen in bestimmten Grenzsituationen des Lebens den Status als Person abspricht.

Der Schweizer Tierethiker Jean-Claude Wolf hält Versuche für moralisch unzulässig, weil Tiere nicht zustimmungsfähig sind. Tiere verstehen nicht die Risiken eines Experiments für ihr eigenes Wohl, anders als Menschen, die freiwillig an Versuchen teilnehmen und vorher unabdingbar über mögliche Gefahren aufgeklärt werden müssen. Moralisch akzeptabel seien daher nur Experimente mit Menschen auf der Basis freiwilliger und informierter Zustimmung.

Philosophen, die diese Tierrechtsposition vertreten, genießen zwar mitunter hohe publizistische Aufmerksamkeit, aber der Preis für ihre Radikalität scheint praktische Einflusslosigkeit zu sein, wenn ethische Theorie und gesellschaftliche Praxis derart auseinanderklaffen. Fast jeder Informierte, die Experimentatoren eingeschlossen, sieht inzwischen die moralische Problematik. Trotzdem wollen nur wenige auf Tierversuche gänzlich verzichten. Näher an der Alltagspraxis sind folglich die Positionen von Tierethikern, die bestimmte moralische Standards etablieren wollen, Versuche aber nicht generell für unvertretbar halten. Sie bestehen darauf, dass Menschen gegenüber anderen Menschen größere Verantwortung zu tragen haben als gegenüber Tieren.

Der Tübinger Ethiker Ottfried Höffe beispielsweise warnt davor, unsere »Sympathiekapazitäten« zu überschätzen. Sie seien begrenzt und dürften nicht an Artfremde verschwendet werden. Im Zweifel haben menschliche Interessen Vorrang. Höffe besteht allerdings darauf, dass belastende Tierexperimente stets den Charakter einer Ausnahme behalten müssen, und hält den Schutz von Tieren für eine Frage der Gerechtigkeit. Weil Menschen Tiere domestiziert, sie also von sich abhängig gemacht haben, stünden Menschen ihnen gegenüber in einer größeren Verantwortung als gegenüber wild lebenden Tieren. Das Verhältnis ist hierarchisch, nicht gleichrangig. Aber gerecht müssen wir nicht nur denjenigen gegenüber sein, die uns auf Augenhöhe begegnen, Gerechtigkeit beruht nicht auf Gleichrangigkeit, sondern auf einer »Pflicht der Wechselseitigkeit«. Es wäre spannend, die Züchter von transgenen Mäusen danach zu fragen, was sie unter einem gerechten Verhalten gegenüber ihren Geschöpfen verstehen. Denn ein höheres Maß an Domestikation, als Tiere eigens herzustellen, um sie anschließend im Experiment verbrauchen zu können, ist ja schwer vorstellbar.

41

Gibt es eine moralische Checkliste?

Welcher Ethiker traut sich nun, konkreter zu werden bei der Frage, ob bestimmte Tierversuche moralisch vertretbar sein können? Denn es ist das eine, Grundsatzdebatten über das ideale Verhältnis zwischen Mensch und Tier auszutragen, aber es ist etwas völlig anderes, Praxisnormen für konkrete Entscheidungen in Ethikkommissionen zu definieren. Wer dorthin berufen ist und sich darauf beschränkt, allgemein über den moralischen Status von Tieren zu referieren, wird wohl kaum Gehör finden. Der Tierethiker Dieter Birnbacher zum Beispiel bezieht sich zustimmend auf den britischen Moralphilosophen Richard Hare, der zwischen zwei verschiedenen Ebenen der Moral unterschieden hat: Es gibt ideale Normen, und es gibt Praxisnormen. Vereinfacht gesagt sind die einen für die hohe Luft gedacht, für den Diskurs der Philosophen, und die anderen für die Mühen der Ebene im Alltag. Idealen Normen liegt eine Vorstellung von Menschen zugrunde, die nicht nur durch und durch moralisch sind, sondern obendrein bestens informiert und absolut unparteiisch. Richard Hare nennt sie »Normen für Erzengel«.

Praxisnormen sind dagegen auf Menschen zugeschnitten, die ethisch unvollkommen sind. Wer nach Praxisnormen sucht, wird sich von der Vorstellung verabschieden, eine bestimmte ethische Theorie, nämlich die eigene, um jeden Preis verteidigen zu müssen. Stattdessen rückt die Suche nach denkbaren Kompromissen in den Blick, nach möglichst einfachen Prinzipien für den grauen moralischen Alltag. Man könnte es theoretische Abrüstung nennen, die auf der Praxisebene selbst von Vertretern radikaler Positionen häufig freiwillig vorgenommen wird. Dieter Birnbacher führt als Beispiel Albert Schweitzer an. In dessen Ethik der »Ehrfurcht vor dem Leben« wird eine hierarchische Unterscheidung zwischen verschieden hoch entwickelten Lebewesen in der Theorie nachdrücklich zurückgewiesen. Schweitzer hätte sich dagegen verwahrt, eine Rangordnung zwischen Mensch und Tier zu akzeptieren. Aber in seiner Klinik in Lambarene in Gabun, Albert Schweitzers Praxismodell für eine andere Medizin, sind trotzdem vorwiegend Menschen versorgt worden, hat Schweitzer im Zweifelsfall einem Leprakranken dann doch den Vorrang vor einem verletzten Tier gegeben.

Umgekehrt können Tierethiker womöglich auf der theoretischen

Ebene zu dem Schluss kommen, dass es in seltenen Fällen ethisch gerechtfertigt sein mag, Tieren auch starke Schmerzen zuzufügen. Wenn nämlich auf diese Weise mit hoher Wahrscheinlichkeit eine ansonsten tödlich verlaufende Krankheit des Menschen durch Entwicklung einer neuen Therapie abgewendet werden könnte. Folgt man dieser theoretischen Betrachtung, wäre es falsch, eine absolute Grenze definieren zu wollen, bis zu der Tieren Leid maximal zugefügt werden darf. Denn es wäre ja denkbar, dass der höher gewertete Nutzen, nämlich die Rettung von Menschenleben, nur mit höheren Kosten für das Versuchstier erreichbar wäre, die jenseits dieser Schmerzgrenze liegen. Aber auf der Praxisebene dürfte es schwierig sein, den Nachweis zu führen, dass all diese Bedingungen vor Beginn des Versuchs tatsächlich erfüllt sind.

Birnbacher plädiert daher dafür, eine absolute Grenze zu definieren, auch wenn in der Folge möglicherweise bestimmte menschliche Krankheiten unerforscht und unbehandelt bleiben könnten. Als Beispiele für nicht zu rechtfertigendes Leid nennt er Tierversuche, bei denen schwere Verbrennungen zugefügt oder chirurgische Eingriffe ohne Betäubung durchgeführt werden. Außerdem schlägt Birnbacher vor, bei der Grundlagenforschung strengere Maßstäbe anzulegen als bei Tierversuchen zu medizinischen Zwecken und zur Überprüfung schädlicher Stoffe, weil bei den letztgenannten die menschlichen Interessen offenkundiger sind. Nach dieser Systematik dürfte ein Grundlagenforscher keine Experimente durchführen, bei denen Tieren etwas Lebensnotwendiges entzogen wird. Er dürfte sie auch nicht verstrahlen, verbrennen oder vergiften. Der Chemiker, der die Gefährlichkeit von Alltagsprodukten testen will, dürfte es dagegen schon. Birnbacher hofft, mit der Formulierung solch konkreter Praxisnormen zumindest einen Minimalkonsens herbeiführen zu helfen.

Doch wie schwierig das ist, zeigt beispielhaft der Streit um eine EU-Verordnung namens REACH. Sie regelt für die kommenden Jahre die toxikologische Untersuchung von Chemikalien, die in Dingen des täglichen Gebrauchs enthalten sind. Bevor aber der Nachweis geführt werden kann, dass etwa ein bestimmter Weichmacher Diabetes auslösen kann, sind bereits zahlreiche Versuchstiere gestorben. Radikale Tierrechtler wie etwa die Organisation PETA kritisieren REACH als das weltweit größte Tierversuchsprogramm.

Die EU-Kommission rechnet damit, dass dafür etwa neun Millionen Versuchstiere benötigt werden. Unterstützung für die umstrittenen Chemikalientests bekommt sie dabei ausdrücklich von Umweltschützern. Der BUND und der World Wide Fund For Nature, WWF, wollen Tierversuchsstudien heranziehen, um Verbote von gefährlichen Stoffen voranzubringen. Sie halten es für einseitig, nur an das Schicksal der Versuchstiere zu denken. Schließlich sei die Belastung der Umwelt durch ungeprüfte Chemikalien ein einziger globaler Tierversuch.

Umweltschützer gegen Tierschützer und kein Konsens nirgends. Ein Teil der Arbeit von Philosophen besteht darin, Klarheit in der Verwendung von Begriffen herzustellen. Tierversuchsethiker, die dabei die geltenden Gesetze heranziehen, können eigentlich nur in Verzweiflung geraten. Das deutsche Tierschutzgesetz ist nämlich begrifflich so vage, dass fast alle konkurrierenden ethischen Konzepte sich darin wiederfinden könnten. »Niemand darf einem Tier ohne vernünftigen Grund Schmerzen, Leiden oder Schäden zufügen«, heißt es in Paragraf 1. Was aber ein vernünftiger Grund sein kann, Leid doch zuzufügen, darüber werden Tom Regan und Dieter Birnbacher selten einig sein. »Versuche an Wirbeltieren dürfen nur durchgeführt werden, wenn die zu erwartenden Schmerzen, Leiden oder Schäden der Versuchstiere im Hinblick auf den Versuchszweck ethisch vertretbar sind«, steht in Paragraf 7. Gutachter, die über entsprechende Anträge in Ethikkommissionen diskutieren und entscheiden müssen, wünschen sich von den Philosophen, dass der Begriff »ethische Vertretbarkeit« mit Leben gefüllt wird. Am liebsten hätten sie eine verbindliche moralische Checkliste für ihre Güterabwägung, ein sogenanntes Ethiktool.

Inzwischen haben sich einige Philosophen daran versucht, solche Listen zu entwickeln. Auch hier lauert wieder das altbekannte Problem: Hinter dem jeweiligen Ethiktool steht in der Regel ein bestimmtes ethisches Ideal, eine Grundsatzposition, die nicht auf allgemeine Zustimmung rechnen darf. Oder aber das Tool ist so angelegt, dass auf eine Moraltheorie ausdrücklich verzichtet und stattdessen auf gesellschaftlich akzeptierte Einstellungen hingewiesen wird. Doch wozu braucht man dann noch den Sachverstand von Ethikern? Sie könnten ihre Arbeit dann gleich an Meinungsforscher delegieren.

Die Bremer Tierethikerin Dagmar Borchers kritisiert die Neigung vieler Kollegen, nur ganz allgemein zum Problem des Tierversuchs Position zu beziehen, in Fragen der Praxis aber zu kneifen. Sie erinnert an die Forderung Edmund Husserls, ein Philosoph müsse bereit sein, »die großen Scheine seiner universalen Thesen ins Kleingeld sachnaher Detailanalysen zu wechseln«. Borchers befürchtet eine intellektuelle Stagnation in der angewandten Ethik, wenn Philosophenkollegen sich untereinander nicht für ihre Lösungsvorschläge kritisieren, sondern die argumentative Basis, also das jeweilige ethische Ideal des Konkurrenten, zerpflücken. Dann seien irgendwann viele schöne Grundlagentheorien zum Verhältnis zwischen Mensch und Tier versammelt, die sich alle widersprechen, aber in den Ethikkommissionen herrsche trotzdem weiter Ratlosigkeit. Wenn fast allen Beteiligten sowieso klar sei, dass es auch in Zukunft aus guten Gründen Tierversuche geben werde, dann müsse man alle argumentative Kraft daransetzen, möglichst strenge Kriterien durchzusetzen. Ob man dies als Utilitarist oder Kantianer, als Theologe, Mitleidsethiker oder Anthropozentrist tue, sei zweitrangig.

Viel entscheidender als die einzelnen Spiegelstriche in den moralischen Checklisten dürfte ohnehin sein, dass wir dabei sind, unsere Sprechweise über Tiere grundsätzlich zu verändern. Wenn nicht alles täuscht, hat sich auf diesem Gebiet die moralische Sensibilität in der Gesellschaft zuletzt deutlich verändert. Jedes öffentliche Gespräch über Tierversuche (und das gilt natürlich auch für Massentierhaltung und Fleischkonsum) schärft das Bewusstsein dafür, dass die Instrumentalisierung von Tieren für menschliche Interessen prinzipiell begründungspflichtig ist. Wer ihnen etwas antut, sollte genau wissen, was er tut. Wir wissen inzwischen viel mehr über Tiere, und mit diesem Wissen ist auch der Respekt vor ihnen gewachsen. Trotzdem werden sie Fremde für uns bleiben, selbst wenn wir mit ihnen unter einem Dach leben. Der Mensch ist kein Tier mehr, er war es mal.

2

Der Kampf um den schönen Tod

Beim Sterben ist jeder auf Hilfe angewiesen, es sei denn, er fällt auf dem Bürgersteig tot um. Die Hilfe reicht vom Trost der Angehörigen bis zum ärztlichen Beistand, der inzwischen von vielen sogar gefürchtet wird. Was medizintechnologisch möglich ist, das Überleben auch in Grenzsituationen, muss nicht unbedingt auch das Beste für den Sterbenden sein. Dass wir bei diesem Thema zumindest potenziell alle betroffen sind, wir um unsere Trostbedürftigkeit wissen und Schreckensbilder von hilflosen Kreaturen an Schläuchen und Apparaten im Kopf haben, dürfte der wesentliche Grund sein, warum ethische Debatten über die Sterbehilfe so unerbittlich geführt werden. Das ist bei den Kontroversen um Stammzellen- und Embryonenforschung zwar ähnlich, aber dort führen die Ethik-Profis ihren Streit weitgehend unter sich aus.

Es scheint, als ob die Sterbehilfe ein Feld ist, auf dem sich entscheidet, welches Bild eine Gesellschaft von sich selbst haben will. Auch hier geht es um die Würde des Menschen, allerdings ist die Schlachtordnung unübersichtlich, weil beide Lager für sich in Anspruch nehmen, um sie zu kämpfen. Sterbehilfe-Befürworter sehen die Würde des Patienten verletzt, wenn seine Bitte um einen schnellen Tod zurückgewiesen wird. Sterbehilfe-Gegner wiederum verteidigen das Tötungsverbot auch in solchen Ausnahmesituationen, weil dieses Tötungsverbot für sie Ausdruck einer Würde ist, die nur dem Menschen zukommt. Einem Tier, das verendet, mag man den Gnadentod schenken dürfen. Aber Menschen verenden nicht, sie sterben und gelten als unantastbar bis zum letzten Atemzug.

In regelmäßigen Abständen verdichtet sich diese Kontroverse zu einem Bild. Zum konkreten Antlitz eines schwer leidenden Menschen, der, sofern er es noch kann, öffentlich bekundet, sterben zu wollen, aber nicht zu dürfen, oder aber Angehörige bezeugen diesen mutmaßlichen Willen an seiner statt. Dann erfährt eine inzwischen globale Öffentlichkeit von »grausamen« Ärzten, die dem Hilflosen das vermeintliche Recht auf Euthanasie, auf einen schönen Tod verweigern.

Medienleute wissen, dass solche Erregungsangebote immer funktionieren, und Sterbehilfeaktivisten wissen, dass deshalb Medienleute immer für spektakuläre Leidensfälle zu gewinnen sind. Sie suchen wieder und wieder nach der einzelnen, zum Himmel schreienden Not, um gesellschaftliche Regeln insgesamt zu verändern: hier der hilflose Einzelne, dort ein medizinisches Komplott, das sich gegen ihn verschworen hat. Mit diesem starken Kontrast werden stets aufs Neue hochschießende Emotionen ausgelöst. Noch Jahre später erinnert man sich an Namen, die in Windeseile Prominenz erlangten: Terri Schiavo, die Frau aus Florida, die 15 Jahre lang im Wachkoma gelegen hatte und deren Mann vor Gericht gegen die Fortführung der Behandlung klagte und in erbittertem Streit mit den Eltern der Patientin lag. Ihr Schicksal war Gegenstand einer Kontroverse, an der sich sogar der damalige amerikanische Präsident und der Papst beteiligten. Oder Vincent Humbert, ein junger Franzose, der nach einem Autounfall gelähmt, blind und stumm war, aber noch hören und den rechten Daumen bewegen konnte. Mit den wenigen Mitteln der Kommunikation, die ihm noch verblieben waren, bat er den damaligen französischen Präsidenten um Zulassung der aktiven Sterbehilfe. Seine Mutter wurde verhaftet, nachdem sie versucht hatte, ihren Sohn zu töten. Schließlich Piergiorgio Welby, der in einem Video beim italienischen Staatspräsidenten flehentlich das Recht auf ein selbstbestimmtes Sterben einforderte, kurz vor seinem drohenden Ersticken.

Diese Formen des öffentlichen Sterbens von zuvor völlig Unbekannten dokumentieren eindrucksvoll, dass es angesichts der Fortschritte in der Intensivmedizin häufig nicht mehr reicht, im Angesicht des Todes eine Haltung des Geschehenlassens zu entwickeln. Das Ende des Lebens hängt mehr und mehr von Entscheidungen ab. Heute wird bereits anders gestorben als noch eine Generation zuvor. Damit liegt die Gefahr der ethischen Überforderung in der Luft, denn es ist häufig unklar, auf wessen Schultern diese Entscheidungen lasten. Im komplizierten Beziehungsdreieck Patient, Angehörige und Ärzte werden Verantwortlichkeiten hin- und hergespielt, herrscht oftmals die Sehnsucht nach klarer Unterscheidungsfähigkeit zwischen schwarz und weiß, wo doch zur letzten Lebensphase meist viele Grautöne gehören. Der Sonne und dem Tod kann man nicht ins Auge sehen, sagt das Sprichwort. Wer es versucht, sieht hinterher noch weniger und muss die Augen zusammenkneifen.

Die Sterbehilfe-Szene

Viele Diskussionen über das Sterben im Zeitalter der Hochleistungs-medizin sind geprägt von dem Gedanken, dass es schon mal ein-facher gewesen sei, den Löffel abzugeben. Der modernen Medizin mit ihren kalten Apparaturen wird der Vorwurf gemacht, Leben und Tod, die doch zueinander gehörten, scharf getrennt zu haben. Das ist tiefromantisch gedacht und übersieht das Leid früherer Ge-nerationen, die kein Morphiumpflaster kannten und häufig elend krepierten.

Was wir verloren haben, ist erstens die Gewissheit, dass es lohnt, sein Kreuz auf sich zu nehmen. Das mag früher leichterge-fallen sein, weil den Sterbenden mit seiner Umgebung die Über-zeugung verband, dass der Tod immer nur das Vorletzte ist. Eine anstrengende Passage auf einer Reise in eine andere Welt, in der der Mensch erlöst ist. Denn zu glauben hieß ja, den Tod für besieg-bar zu halten. Wer heute von einem möglichen Sinn des Leidens spricht, wird kaum mehr verstanden, gilt manchen gar als gefühl-los oder grausam.

Zweitens fehlt die Sicherheit des Rituals: Der Sterbende ist häufig nicht mehr eingebettet in eine soziale Umgebung, die weiß, was zu tun ist. Mehr und mehr wird auch in Verlassenheit gestorben. Der heutige Tod muss, weil sich nichts mehr von selbst versteht, moralisch gestaltet werden, und wir haben die Wahl, ob wir dies als Freiheit oder Zwang empfinden. Weil es aber Moral in der sä-kularen Gesellschaft nur im Plural gibt, scheint die Suche nach Konsens beim Sterbehilfethema so aussichtslos. Es ist ein Feld, auf dem leidenschaftliche Kulturkämpfe ausgetragen werden zwischen weltanschaulichen Parteien, die ihr jeweiliges Menschenbild durch-zusetzen versuchen.

So haben etwa Vertreter des Vatikans im Falle von Terri Schiavo auf das Entfernen ihrer Magensonde völlig überzogen mit einem Mordvorwurf reagiert. Dabei gilt die Beendigung von künstlicher

Ernährung weithin als passive Sterbehilfe, die zwar umstritten, aber immerhin legal ist. Umgekehrt inszenieren Aktivisten der Sterbehilfeszene ihre Kampagnen als mutigen Freiheitskampf gegen vermeintlich mächtige Obrigkeiten aus Kirche und bevormundendem Staat und unterbreiten hochproblematische Angebote zur Selbsttötung. Noch vor Kurzem schien es undenkbar, dass ein eingetragener Verein in Deutschland ein jährliches Weißbuch herausgibt, in dem alle Fälle von Suizid dokumentiert sind, bei denen Vereinsmitglieder Beihilfe geleistet haben. Im Jahr 2011 waren es 21.

Der Verein »Sterbehilfe Deutschland« sieht sich getragen von einer gesellschaftlichen Mehrheit in Deutschland, was schwer zu überprüfen ist. Häufig zitiert wird eine Umfrage aus dem Jahr 1996 unter niedergelassenen Ärzten, von denen angeblich jeder Dritte bereit sei, aktive Sterbehilfe aus humanitären Gründen zu leisten. Tatsächlich haben die westlichen Gesellschaften innerhalb weniger Jahrzehnte einen atemberaubenden Wertewandel erlebt. Die Grundsätze einer international vernetzten Right-to-die-Bewegung haben seit Beginn der Siebzigerjahre beständig an Zustimmung gewonnen. Philosophen haben dazu wegweisende Beiträge geleistet.

Im Jahr 1997 haben einige der prominentesten zeitgenössischen Philosophen aus den USA, unter ihnen Thomas Nagel, Ronald Dworkin und John Rawls, in einem Manifest die Legalisierung aktiver Sterbehilfe gefordert. Anlass waren seinerzeit zwei spektakuläre Fälle, die der Supreme Court, der oberste Gerichtshof in den Vereinigten Staaten, zu entscheiden hatte. Schwerstkranke Patienten und ihre Ärzte hatten versucht, das Recht zur Tötung auf Verlangen einzuklagen.

Die Philosophen haben den Klägern mit einem Dreisatz, einer klassisch liberalen Argumentation, den Rücken gestärkt. Erstens hat jeder das Recht, über das eigene Leben zu entscheiden und nach eigenen religiösen oder philosophischen Überzeugungen zu leben oder eben auch zu sterben. Fragen der persönlichen Lebensführung gehen den Staat nichts an. Folglich hat der Staat auch zu akzeptieren, wenn ein Individuum, das von Krankheit und Schmerzen geplagt ist, das eigene Leben als wertlos betrachtet. Zweitens hat der Staat aber das Recht und die Pflicht, Menschen vor einer spontanen Tat, die irreversibel ist, zu schützen. Einen Selbstmord unter emotionalem Druck oder in einem Zustand der Unzurechenbarkeit zu verhindern, kann gerechtfertigt sein. Dies bedeutet aber drittens nicht, dass ein wohlinformierter Patient, der in seinem Sterbewunsch frei und beständig ist, zum Weiterleben gezwungen werden darf. Zur Beendigung seines Lebens soll er auch die Dienste anderer in Anspruch nehmen dürfen.

Man sieht hier bereits, dass bei der Frage nach der Berechtigung von Sterbehilfe ein jahrtausendealter philosophischer Klassiker untergründig immer mitverhandelt wird: ob ein Mensch das Recht hat, sich selbst zu töten. Gestritten wird darüber seit der Antike. Ob das Leben sich lohne oder nicht, hat Albert Camus die Grundfrage der Philosophie genannt. »Es gibt nur ein wirklich ernstes philosophisches Problem: der Selbstmord«, heißt es im »Mythos von Sisyphos«. Das Spezialproblem der Sterbehilfe ist philosophisch aber erst im 20. Jahrhundert entdeckt worden, als man verstanden hatte, dass Sterbewillige in bestimmten Situationen nicht in der Lage sind, ihren Willen aus eigener Kraft umzusetzen. Zu den Fortschritten in der Medizin gehört im Extremfall eben auch, dass Patienten bei klarem Verstand erleben müssen, dass ihr Körper fast keine lebenswichtige Funktion mehr selbstständig durchführen kann.

Allein die Begrifflichkeit, mit der der Akt der Selbsttötung bezeichnet wird, verrät schon die Zugehörigkeit zu einer philosophischen Fraktion. Wer von Selbstmord spricht, drückt damit in aller Schärfe seine moralische Missbilligung aus. Mord ist heimtückisch und niederträchtig, der Selbstmord folglich auch. Wer ihn Freitod nennt, betrachtet diesen Akt dagegen als Ausdruck menschlicher Autonomie und Freiheit. Ich gehöre mir selbst, kein anderer, auch nicht Gott, kann über meinen Körper als Eigentum verfügen. In der Antike blieb dieser Streit noch unentschieden. Aristoteles nannte es »Weichlichkeit«, sich auf diese Weisen den Härten des Lebens zu entziehen. Der römische Philosoph Seneca dagegen, der angeblich drei Versuche brauchte, bevor ihm die Selbsttötung gelang, beschrieb sie als Weg in die Freiheit. »Für das Leben muss jeder auch Rücksicht nehmen auf die Billigung anderer, den Tod bestimme er ganz nach eigener Wahl, je mehr nach unserer Neigung, desto besser.«

Erst das Christentum konnte die Auffassung auch rechtlich durchsetzen, dass es eine schwere Sünde ist, von eigener Hand zu sterben. Fortan galt der Selbstmörder als Verbrecher. Sein Leichnam wurde zur Strafe nicht auf dem Friedhof bestattet. Was aus heutiger Sicht grausam wirkt, die öffentliche Demütigung noch des toten Körpers, hat seine Wurzel in der Idee, dass das Leben einen unantastbaren Wert hat, weil es von Gott gegeben ist. Er ist der Eigentümer, nur er darf es wieder nehmen.

Noch 1966 hat der Philosoph Karl Löwith in seiner Abhandlung über »Die Freiheit zum Tode« diese Auffassung, die auf Augustinus zurückgeht, als einziges stichhaltiges Argument gegen die Selbsttötung gelten lassen. Entweder man argumentiere religiös, auf der Grundlage eines metaphysischen Bildes vom Menschen, oder man lasse es bleiben. Die Ablehnung des Rechts auf Selbsttötung »steht und fällt mit dem christlichen Glauben, dass der Mensch ein Geschöpf Gottes ist, dass er sein Leben als eine Gabe geschenkt bekam. Dann, aber auch nur dann ist der Selbstmord eine ungehörige Anmaßung, ein Aufstand des Menschen gegen seinen Schöpfer.«

Der Wert des Lebens

Es liegt auf der Hand, dass religiöse Überzeugungen in der säkularen Gesellschaft nicht länger Grundlage der Gesetzgebung sein können. Wichtig zu wissen ist aber, dass wesentliche ethische Grundprinzipien, die wir geltend machen, um Menschenrechte zu begründen – die Würde des Menschen, die Unantastbarkeit des Lebens –, eben auch in der christlichen Tradition wurzeln. Nicht ohne Grund hat in der biblischen Tradition der Mensch einen besonderen Platz in der Schöpfung. Die anthropologische Differenz, die so wichtig ist in der Debatte um Tierrechte, hat hier einen geistigen Ursprung. Für Albert Schweitzer war die Ehrfurcht vor dem Leben der Kern aller Moral. Leben, das als heilig betrachtet wird, darf nicht in seinem Wert berechnet werden. Diese ethische Überzeugung wird auch von vielen geteilt, die ohne Gott als Letztbegründung auskommen.

Noch jüngst hat der Sozialphilosoph Hans Joas den langen historischen Prozess beschrieben, wie das einzelne menschliche Individuum zunehmend als heilig angesehen wurde. Joas nennt dies die »Sakralität der Person«. Resultat dieses Prozesses ist der Glaube an die universale Menschenwürde und die auf dieser Idee beruhenden Menschenrechte. Niemand kann ein Copyright auf die Idee von der Würde des Menschen geltend machen, und beweisen lässt sie sich auch nicht. Sie hat religiöse und humanistische Ursprünge, das biblische Verständnis vom Menschen als Ebenbild Gottes ist in dieser Idee ebenso aufgegangen wie der Geist der Französischen Revolution.

Dagegen steht die Auffassung, dass das autonome Subjekt selbst ein Werturteil über die Qualität seines Lebens abgeben darf und folglich auch das Recht besitzt, es zu beenden. Gerade von Sterbehilfe-Befürwortern wird häufig argumentiert, dass es auch zur Würde des Menschen gehöre, im rechten Moment abtreten zu dürfen. Von ganz anderer Qualität wäre die Befugnis, ein Urteil über den Wert des Lebens anderer zu fällen. Erst recht wird es problematisch, wenn ein Kollektiv versucht, den Wert des Lebens zu bestimmen. Dies ist die eigentliche philosophische Kontroverse im Streit um die Sterbehilfe: hier die Sakralität der Person, die Unantastbarkeit des Lebens, dort die Bemessung eines Werts des Lebens. Merkwürdig, dass Würde und Autonomie des Subjekts, von denen man annehmen sollte, dass sie doch verschwistert sind, hier in einen Gegensatz zueinander geraten konnten.

Immanuel Kant hat beide noch zusammen gedacht. Als Brücke dient ihm dabei der Begriff der Pflicht. Und wie so oft, wenn Pflichten ins Spiel kommen, wird Kant so richtig streng. Er nennt die Selbsttötung »Selbstentleibung« und betrachtet sie als Verbrechen, das sich vom Mord an anderen grundsätzlich nicht unterscheidet. Wer Hand an sich legt, ist zu allem fähig, betrachtet sich zugleich als »Meister über jedes andere Leben«. Eine Überzeugung, die übrigens Sigmund Freud geteilt hat, der diese Tat als »unbewusste Aggressivität« gedeutet hat. »Es tötet niemand sich selbst, er wolle denn einen anderen töten.«

Kant verzichtet auf eine religiöse Begründung dieses Gedankens, er sieht in der Selbstentleibung einen groben Verstoß gegen das Sittengesetz. Das Großartigste, was den Menschen ausmacht, nämlich ein Subjekt der Sittlichkeit sein zu können, Normen für sich zu entwickeln, die zugleich als allgemeines Gesetz taugen, darf man nicht zerstören. Sonst vernichtet man nicht nur sich selbst, sondern der Idee nach die ganze Menschheit. Mit jeder Selbsttötung stirbt im Kleinen die Moral als Ganze. Kurz zuvor hatte David Hume noch dagegen argumentiert, dass an der Ordnung der Welt gerüttelt werden könne, bloß weil ein einzelner Mensch sich das Leben nimmt.

Denn dieses individuelle Leben hat ja für die Welt keine größere Bedeutung als das einer Auster.

Freie Selbstbestimmung heißt bei Kant, zu wissen und danach zu handeln, dass mir in meiner Person etwas anvertraut ist, das weit größer ist als ich. Ich bin nicht nur ich, sondern zugleich Repräsentant der ganzen Menschheit. Deshalb gehört die Selbsterhaltung zu den Pflichten gegen mich selbst. Wer sich freiwillig davonmacht, gibt die Hoffnung auf, dass vernünftige Verhältnisse herrschen können. Der kategorische Imperativ – handle so, dass die Maxime deines Handelns jederzeit ein allgemeines Gesetz sein könnte – schreibt uns aber vor, am Zustandekommen vernünftiger Verhältnisse mitzuwirken.

Dass dem Lebensmüden dazu die Kraft fehlt, werden wir heute mit größerer Nachsicht betrachten als Immanuel Kant. Eine Gesellschaft aber, die die Selbsttötung gelassen hinnimmt, so ließe sich Kant auf heutige Verhältnisse beziehen, würde sich darin einrichten, dass Schwerkranke am Ende eben verzweifelt, von Leid geplagt und einsam sein *müssen*. Als ob sich daran nichts ändern ließe. Würde es als normal empfunden, dass Menschen, die sich elend fühlen, sich reihenweise das Leben nehmen, hätte eine ganze Gesellschaft ihren moralischen Offenbarungseid geleistet.

Eigener Tod von fremder Hand

Kant wäre gewiss erschüttert gewesen, hätte er folgende Sätze aus dem Weißbuch 2011 der Sterbehilfe Deutschland e. V. gelesen, in denen Motive beschrieben werden, warum Menschen um Hilfe bei der Beendigung ihres Lebens bitten: »Schließlich wird von einer ganzen Reihe häufig nur wenig körperlich beeinträchtigter älterer Menschen die Vorbeugung vor möglicher Abhängigkeit und Entmündigung durch eine drohende oder befürchtete Heimunterbringung angegeben. Häufig berichten sie von nahestehenden Bekannten oder Verwandten, die in einem Heim leben und deren Situation ihnen lebendig vor Augen steht. Zweifellos sollte die Forderung erhoben werden, die Betreuungssituation in Altenpflegeheimen zu verbessern. Respekt verdienen aber auch diejenigen älteren Menschen, die für sich ein Altersheim strikt ablehnen, selbst wenn dort optimale Betreuung und Wohnverhältnisse geboten werden.«

Wohlgemerkt: Nicht akutes oder gar chronisches Leid löst hier den Todeswunsch aus, sondern bereits die Furcht vor möglichem Leid in der Zukunft! Sterbehilfe-Aktivisten kämpfen gegen den »gesellschaftlichen Zwang zum Weiterleben« heute unter dem Etikett des Selbstbestimmungsrechts. Das führt weit über jene philosophische Tradition hinaus, die die Selbsttötung in extremen Notlagen für gerechtfertigt gehalten hat. Man sieht, dass es seit Kant einen gravierenden Wandel gegeben hat, was unter menschlicher Autonomie zu verstehen ist. Die Haltung, jeder soll sein Leben beenden dürfen, so wie er es möchte, nennt sich selbst liberal, weil sie als Anspruch gegen den Staat formuliert wird.

Der wiederum hat seit Kant moralisch abgerüstet. Die Selbsttötung ist längst nicht mehr strafbar, die Beihilfe dazu auch nicht. Gleichwohl hat sich bislang die Auffassung halten können, dass es zu den Aufgaben des Staates gehört, seine Bürger an der Selbsttötung zu hindern. Es wird ihnen zunehmend schwerer gemacht, sich das Leben zu nehmen. Das Erdgas ist entgiftet, Schlaftabletten werden, weil ihnen ein entsprechender Stoff beigemischt ist, in hoher Dosierung erbrochen, Brücken sind oft mit hohen Zäunen gesichert, um den Sprung in die Tiefe zu verhindern. Wer es dennoch tun will, sieht sich daher häufig dazu gezwungen, harte Methoden zu wählen, was wiederum anderen Personen, Lokführern zum Beispiel, Schaden zufügt, die mit der Tat unmittelbar konfrontiert sind.

Wer seinem Leben ein Ende setzen möchte, gerät fast immer in den Konflikt, zwischen eigenem Leid und dem Leid anderer, das durch die Tat erst entsteht, abwägen zu müssen, sofern das in einer solchen psychischen Grenzsituation überhaupt möglich ist. Insofern ist die moralische Dimension der Selbsttötung keineswegs verschwunden. Jede Selbsttötung, sofern sie nicht in völliger Einsamkeit geschieht, führt unter Hinterbliebenen zu der Frage, wer wessen Rechte verletzt, wer bestimmte Pflichten nicht erfüllt hat.

Trotzdem hat sich die Haltung durchgesetzt, die Selbsttötung nicht zuallererst als unmoralisch, sondern als krankhaft zu betrachten. Das 20. Jahrhundert ist die Geschichte ihrer Pathologisierung. Vor allem Psychiater wehren sich gegen den Begriff Freitod, der suggeriert, dass auch der depressive, der völlig verzweifelte Mensch in freier Selbstbestimmung handeln kann. Psychiater besitzen das

Recht, einen Menschen auch notfalls gegen seinen Willen an der Selbsttötung zu hindern. Wer seine Lebensmüdigkeit und seine Absicht, zur Tat zu schreiten, bekundet, riskiert die Zwangseinweisung in die Psychiatrie.

Vor diesem Hintergrund, dem nach wie vor also umstrittenen Recht, sich selbst zu töten, wird nun die ethisch deutlich weitreichendere Kontroverse ausgetragen, ob dieses Recht anderen übertragen werden darf. Die Darmstädter Philosophin Petra Gehring hat von einer »paradoxen Grundfigur« der modernen Sterbehilfe gesprochen. Es ist eine Art »eigener Tod von fremder Hand«. Unter Selbstbestimmung wird hier verstanden, dass jemand, nachdem er seinen Todeswunsch bekundet hat, weil er sein Leben nicht mehr für lebenswert hält, die Tötung als öffentliche Dienstleistung empfängt. In diesem Fall sprechen wir von aktiver Sterbehilfe.

Daneben gibt es den eigenen Tod *an* fremder Hand. Ein Arzt aus dem Umfeld der Sterbehelfer-Szene macht sich über einen längeren Zeitraum ein Bild von der Lebenssituation eines Sterbewilligen, schreibt ein Gutachten über dessen Urteilsfähigkeit und die Validität seines Todeswunsches, nicht zuletzt, um sich selbst juristisch abzusichern, und begleitet dann den Patienten in die Schweiz, wo das tödliche Gift legal verschrieben werden darf. Kurz vor der Einnahme, die der Patient aus strafrechtlichen Gründen unbedingt selbst vornehmen muss, verlässt der Arzt den Raum, um sich nicht einer unterlassenen Hilfeleistung schuldig zu machen. Die »Sterbehilfe Deutschland« hat sogar eigens für Patienten, die nicht mehr selbstständig ein Glas zum Mund führen können, einen sogenannten »Injektions-Automaten« entwickelt, der die Selbsttötung per einfachem Knopfdruck möglich macht. Dieser sogenannte assistierte Suizid ist hoch umstritten, bleibt aber, anders als die aktive Sterbehilfe, straffrei. Ärzte, die daran mitwirken, machen sich selbst zum Herrn über Leben und Tod. Ihre Macht besteht darin, die Bitte um Erlösung zu erhören oder zurückzuweisen.

Um die aktive Sterbehilfe zu legalisieren, müsste der Staat eine Ausnahme vom strikten Tötungsverbot zulassen, was sonst nur im Kriegsfall und bei Notwehr geschieht. Und das wird der Staat nur tun, da setzt die Kritik von Petra Gehring an der Right-to-die-Bewegung an, wenn dieser Tod gesellschaftlich zumindest nicht ungewollt ist. Die aktive Sterbehilfe enthält für sie unweigerlich ein

Sozialnutzen-Kalkül, sie würde nur unter bestimmten Bedingungen als staatlicher Service angeboten.

Petra Gehring weist darauf hin, dass sich dieses Kalkül in der Sterbehilfe-Gesetzgebung unserer westlichen Nachbarländer, die oft als Vorbild für Liberalisierung dienen, ablesen lässt. Nicht jedem steht es in den Niederlanden oder in Belgien zu, den Anspruch auf Tötung geltend zu machen. Nötig sind ärztliche Diagnosen, die Unheilbarkeit bestätigen, oder ein hohes Alter. »Eine überlastete junge Mutter oder ein junger, gesunder Mann mit Liebeskummer werden keine Sterbehilfe bekommen. Jemand, der mit 80 befürchtet, an Alzheimer zu erkranken, vielleicht in naher Zukunft durchaus doch«, schreibt Gehring.

Indem die Gesellschaft solche Kriterien formuliert, trifft sie Urteile über den gesellschaftlichen Wert des einzelnen Lebens. Aus einer individuellen Entscheidung wird blitzschnell Sterbepolitik. Was das in einer alternden Gesellschaft bedeuten würde, die gravierende Probleme mit der Finanzierung ihres Gesundheitswesens hat, kann man sich denken.

Das antastbare Leben

Es gibt wenige Philosophen, die so unverblümt einen Bruch mit der traditionellen Ethik fordern, wie der Australier Peter Singer. Angesichts des technischen Fortschritts in der Medizin bei der Erhaltung von menschlichem Leben hält er die Idee der Unantastbarkeit für überholt. Am Beispiel eines jungen Mannes, der lange Zeit im Koma lag, entwickelt Singer als Alternative zur Unantastbarkeit des Lebens den Begriff der Lebensqualität. Am Krankenbett müssen Urteile darüber gefällt werden, ob dieses Leben es wert ist, fortgeführt zu werden. Die Tatsache, dass es ein Mensch ist, der da liegt, bedeutet für Singer noch nicht, dass es verwerflich ist, ihn zu töten. »Entscheidend sind vielmehr Eigenschaften wie Rationalität, Autonomie und Selbstbewusstsein.«

Im Klartext: Ein menschliches Leben ohne diese stolzen Eigenschaften, ein Individuum, das nicht darüber reflektieren kann, ob es leben oder sterben will, darf zumindest prinzipiell angetastet werden. Komapatienten oder auch Alzheimerkranke drohen aus dem System zu stürzen. Singer hält den Gedanken, dass dem Menschen eine besondere Würde zukommt, an dem das Tötungsverbot ja hängt, bekanntlich für »Speziesismus«. Interessanterweise hat Singer den Befürwortern der Sterbehilfe, also seinen eigenen Brüdern im Geiste, schon früh die Kritik an einem Argument der Gegenseite aus der Hand geschlagen, das bis heute benutzt wird und in jeder Sterbehilfe-Debatte auftaucht: das sogenannte Dammbruch-Argument. Philosophen sprechen auch vom »slippery slope«.

Damit verbindet sich die Vorstellung, dass mit einer bestimmten Handlung eine negative Entwicklung einsetzt, die sich immer weiter beschleunigt. Auf der schiefen Ebene wird die rollende Kugel immer schneller. Wenn der Damm bricht, wird eine ganze Landschaft überflutet. Denkt an die Folgen, lautet der Kern dieses Arguments, es lebt von einer bestimmten, in der Regel pessimistischen Zukunftsprognose. Die meisten Gegner der Sterbehilfe haben das Argument des slippery slope immer ins Zentrum gerückt, ihre Prognose ist düster: Für sie gilt es als ausgemacht, dass mit einer Zulassung von Sterbehilfe moralische Hemmschwellen herabgesetzt werden.

Der Philosoph und Katholik Robert Spaemann etwa hält es für unvermeidlich, dass aus einem Recht irgendwann eine Pflicht wird. Der auf Hilfe angewiesene Mensch bekäme die volle Verantwortung dafür aufgebürdet, dass seine Angehörigen für ihn Entbehrungen auf sich nehmen. »Er könnte sie ja durch einen Federstrich von dieser Last befreien, statt das Familienvermögen zu verbrauchen. Welcher sensible Mensch wird nicht unter solchen Umständen eine moralische Pflicht empfinden, der stummen Geste zu folgen, die ihm sagt: Da ist der Ausgang!«

Spaemann betrachtet die aktive Sterbehilfe als Einstiegsdroge für die denkbare spätere Beseitigung auch von Hilflosen, die nicht mehr imstande sind, dazu ihre Zustimmung zu geben. Erst die Tötung auf Verlangen, dann die Tötung ohne Verlangen, allein auf das Lebenswert-Urteil von Ärzten oder Angehörigen hin. Sterbehilfe-Befürworter haben dieses Dammbruch-Argument immer zurückgewiesen. Ein möglicher Missbrauch, über den allein spekuliert werden könne, hebe den Nutzen nicht auf, meint beispielsweise Dieter Birnbacher, der in Extremfällen die aktive Sterbehilfe nicht nur für berechtigt, sondern sogar für verpflichtend hält. »Warum soll die Binsenwahrheit, dass sich Missbräuche niemals vollständig verhindern lassen, gerade hier, wo es um das Schicksal weniger, aber dafür schwer leidender Menschen geht, so viel Gewicht beanspruchen dürfen?« Birnbacher empfiehlt eine experimentelle Gesetzgebung, eine Probe aufs Exempel. Wenn sich nach einer vorsichtigen Öffnung von Gesetzen zeige, dass aus einer Praxis der Sterbehilfe für wenige, die das ausdrücklich wünschen, eine Praxis der Tötung aus Mitleid wird, könne man das Gesetz wieder schließen. Also kein Dammbruch, kein Point of no Return. Zentrales Kriterium für die moralische Beurteilung ist für Birnbacher die Selbstbestimmung des Schwerstkranken. Solange er nicht die Interessen anderer verletzt, darf er selbst über Gut und Böse entscheiden.

Ist damit Spaemanns Befürchtung, dass aus dem Recht eine Pflicht wird, aus der Welt? Wer im »Handbuch Sterbehilfe« des besagten Vereins, der vom ehemaligen Hamburger Innensenator Roger Kusch geführt wird, nachliest, warum sich Menschen den Tod wünschen, stößt immer wieder auf das Motiv, anderen nicht zur Last fallen zu wollen. Lebensmüde bezweifeln, ob ihre sozialen Bindungen stark genug sind, um Belastungen durch Pflegebedürftigkeit aushalten zu können. Ein starkes Indiz dafür, dass das Dammbruch-Argument plausibel ist. Nicht die Hemmung ist begründungspflichtig, sondern die Enthemmung, meint Hans Jonas. Er fordert uns auf, als Verantwortungsprinzip zu beachten, dass man Heilsprophezeiungen stärker misstrauen sollte als Unheilserwartungen.

Wer düstere Prognosen als bloße Kulturkritik abtut, sollte sich auf anderen medizinischen Feldern umschauen, die durch einen Dammbruch in der Vergangenheit längst überflutet sind. Denn das Argument des slippery slope findet sich ja auch in anderen bioethischen Debatten wieder. So haben etwa die Fortschritte in der Pränataldiagnostik dazu geführt, dass deutlich weniger Kinder mit Down-Syndrom geboren werden. Sie sind vorher abgetrieben worden. Über das Für und Wider kann man lange streiten. Interessant in unserem Zusammenhang ist die Tatsache, dass der Wandel, wie aus einem Recht allmählich eine Pflicht wird, hier bereits zu besichtigen ist. Zahlreiche Eltern von behinderten Kindern berichten inzwischen darüber, dass sie immer wieder von Außenstehenden gefragt werden, warum sie dieses Kind bekommen haben.

Die Begründungspflicht hat sich umgekehrt: Eltern legen Rechenschaft dafür ab, dass sie ein menschliches Leben nicht angetastet haben. In der Reproduktionsmedizin lassen sich ähnliche Phänomene beobachten. Um dem Dammbruch-Argument zu begegnen, hat man der Embryonenforschung zunächst enge Grenzen gezogen. Die schrittweise Erweiterung erfolgte dann mit etwas Zeitverzug. Auch bei der Präimplantationsdiagnostik dürfte diese bioethische Salami-Taktik künftig zum Zuge kommen.

An diesem Punkt kommt wieder Peter Singer ins Spiel, denn anders als die meisten Sterbehilfe-Befürworter hat er auf Beschwichtigungsversuche von vornherein verzichtet. Singer dreht den Spieß um und behauptet nun, dass der Dammbruch doch längst geschehen sei. Seinen philosophischen Kontrahenten begegnet er mit dem sogenannten Lagunen-Argument: Akzeptiert doch endlich, dass das Land überflutet ist, und schaut nicht auf die alte moralische Landkarte. Helft lieber mit, eine neue zu entwerfen.

Als entscheidenden Moment, in dem die alte abendländische Ethik aus den Angeln gehoben wurde, betrachtet Singer die Akzeptanz des Hirntodkonzepts, mit der die Transplantationsmedizin steht und fällt. Seitdem besteht die herrschende Praxis darin, zwischen dem Tod als Person, der an den Ausfall des Hirnstamms geknüpft ist, und dem Tod des Organismus zu unterscheiden. Mit dieser veränderten Todesdefinition hat sich die Sichtweise durchgesetzt, dass Urteile über den Wert des Lebens gesprochen werden dürfen. Damit ist dann auch der Weg für Euthanasie frei.

Auch in Deutschland gibt es verwandte philosophische Positionen. Der Rechtsphilosoph Norbert Hoerster hält es für gesellschaftlich entschieden, dass menschliches Leben verfügbar ist. Dazu genügt für ihn ein Blick auf die Praxis des Schwangerschaftsabbruchs. Wer aber den Mut habe, das zuzugeben, was ohnehin jeder weiß und was ohne Skrupel längst praktiziert wird, könne sich Gedanken über eine künftige Ethik machen, in der an die Stelle des Rechts auf Leben die Kategorie »Interesse am Leben« gehöre. Der Schwerkranke, der um die tödliche Spritze bittet, hat es offenkundig nicht.

Aber auch, wer sich nicht mehr artikulieren kann, soll getötet werden dürfen, wenn zu einem früheren Zeitpunkt von ihm ein entsprechender Wille für einen solchen Fall geäußert wurde. Dann kann daraus nach Hoersters Auffassung auf einen aktuellen mutmaßlichen Willen geschlossen werden. Ungeklärt bleibt hier die

Frage, wie jemand denn gestern hätte wissen können, was er heute wollen würde. Ein Problem, das sich bei der Formulierung jeder Patientenverfügung stellt.

Umstritten ist ja nicht allein, ob das Verlangen eines Menschen, getötet zu werden, ethisch gerechtfertigt ist, sondern auch, wie man die Stetigkeit dieses Verlangens wasserdicht prüfen will.

Besonders brisant bei Hoerster ist die Überlegung, auch dann eine Tötung für gerechtfertigt zu halten, wenn Menschen niemals in der Lage waren, um Sterbehilfe zu bitten, »wegen ihres jungen Alters oder wegen ihres infantilen geistigen Zustandes«. Also doch: Euthanasie aus Mitleid. »Es ist schwer nachvollziehbar, warum es einem mitfühlenden Arzt unter Strafe verboten sein soll, etwa einem Neugeborenen, dessen Leben mit Sicherheit nur aus einigen Monaten voller Schmerzen bestehen wird, mit Einwilligung der Eltern dieses Leben zu beenden.«

Schmerzlose aktive Tötung statt langsames Sterbenlassen – Hoerster darf wohl darauf rechnen, mit diesem Vorschlag bei vielen auf emotional bedingte Zustimmung zu stoßen. Und er weiß zugleich, dass damit der Verdacht im Raum steht, hier wolle ein Philosoph vergessen machen, dass die kriminelle Praxis der Euthanasie im Nationalsozialismus immer mit dem Mitleidsmotiv verknüpft war. Kein Befürworter einer Liberalisierung der Sterbehilfe kommt an der Auseinandersetzung mit diesem Kapitel vorbei, jedenfalls nicht in Deutschland. Während Hoerster meint, dass eine intakte Demokratie genügend Schutz vor einer möglichen moralischen Enthemmung bietet, macht es sich Dieter Birnbacher nicht so einfach. Er verweist auf eine erschreckend hohe Akzeptanz von Mitleidstötungen – die er strikt ablehnt – bei Meinungsumfragen hin, und hält es für denkbar, »dass die Zivilisationsdecke dünner ist«, als es unserem kulturellen Selbstverständnis entspricht.

Besonders bedenkenswert ist Birnbachers Argument, dass die Gefahr, den Willen des Patienten zu übergehen, bei der sogenannten passiven Sterbehilfe noch größer sei. Medizinische Geräte auszuschalten, erfordert einen weit geringeren Aufwand, sich selbst zu rechtfertigen, als das Setzen einer tödlichen Spritze. Birnbacher bezweifelt, dass ethisch sauber unterschieden werden kann zwischen aktiver und passiver Sterbehilfe, zwischen Tötung und Behandlungsabbruch, wie es in unserer Rechtsprechung geschieht, wo das eine verboten, das andere aber erlaubt ist. Auch das Ausschalten eines Beatmungsgerätes ist aktives Tun und auch dies kann selbstverständlich mit einem Sozialnutzen-Kalkül verbunden sein. Jeder Arzt weiß schließlich, was ein zusätzlicher Tag in der Intensivmedizin kostet.

Petra Gehring hat darauf hingewiesen, dass in der Geschichte der modernen Sterbehilfebewegung der Kampf um das Recht auf den eigenen Tod von vornherein mit der Legalisierung von Fremdtötung verknüpft war. Die schiefe Ebene wurde nicht erst im Jahr 1933 betreten, und interessanterweise hat sie ein Ökonom konstruiert mit seinen Überlegungen zum Wert des Lebens: Adolf Jost. Wenn ein Individuum bei der Berechnung des eigenen Lebenswerts ein Minuszeichen setzt, soll es das Recht zur Tötung auf Verlangen haben. Wenn eine Gesellschaft evaluiert, welche materiellen Werte »der Kranke konsumiert«, soll sie ebenfalls das Recht zur Tötung haben. »Wir verletzen eine Pflicht«, schreibt Jost im Jahr 1895, »wenn wir diese Unglücklichen ihrem hoffnungslosen Leben überlassen.« Hoerster sollte dort nachschlagen und vielleicht auch den Nazifilm »Ich klage an« schauen, in dem es als Akt der Gewissenlosigkeit dargestellt wird, einer Frau, die an multipler Sklerose erkrankt ist, die Giftspritze zu verweigern.

Das Ethos des Arztes

Es scheint so, als ob ein Konsens beim Sterbehilfe-Streit unmöglich wäre, so unerbittlich, wie er geführt wird. Vielleicht hilft es, sich einzugestehen, dass es die Todesproblematik selbst ist, die eine endgültige Lösung vermutlich ausschließt: Der Tod ist zu groß für uns. Er ist immer ein Abbruch, wir scheitern immer an ihm. Eine Gesellschaft, die um eine Ethik des Sterbens ringt, ist gezwungen, sich an den Regelfall zu halten. Und sie weiß zugleich, dass es Einzelfälle gibt, denen diese Regeln auf eine zum Himmel schreiende Art nicht gerecht werden. Menschen, die fürchterlich leiden und denen auch der Hinweis nicht hilft, dass in der Regel Sterbenswünsche verschwinden, wenn Schmerzen gelindert werden und Menschen in der Nähe sind. Das heißt umgekehrt aber, dass der spektakuläre Einzelfall, der all unser Mitleid motiviert, nicht zur Änderung der Regel zwingt. Kein Schwerkranker hat das Recht, aus dem Arzt einen Töter zu machen.

Sterbehilfe-Befürworter argumentieren an dieser Stelle, dass kein Arzt dazu gezwungen werden soll. Jeder habe das Recht zur eigenen Gewissensentscheidung. Schließlich werde auch niemand dazu genötigt, Schwangerschaftsabbrüche vorzunehmen. Tatsächlich fordert auch kein Sterbehilfe-Aktivist, dass die Euthanasie künftig zu den ärztlichen Pflichten gehören soll. Wer dies für sich nicht verantworten kann, soll es halt bleiben lassen. Diese Argumentation läuft daraus hinaus, derart gravierende ethische Entscheidungen als Privatangelegenheit zu betrachten.

Künftig würde sich unter Patienten herumsprechen, welcher Arzt bereit ist, Gift zu beschaffen, so wie sich heute herumspricht, ob ein Orthopäde bei Rückenleiden eher mit konservativen Heilmethoden arbeitet oder schnell zur Operation rät. Ein Arzt ist aber nicht bloß Privatmensch. Er repräsentiert, wie es Robert Spaemann formuliert hat,»dem Patienten gegenüber die Bejahung seiner Existenz durch die Solidargemeinschaft der Lebenden«. Er ist, jedenfalls noch, einem Ethos verpflichtet: heilen, lindern, trösten. Das ist sein Auftrag. Mag sein, dass er mitunter das Loslassen besser akzeptieren lernen muss, das Leben an dessen Ende nicht künstlich zu verlängern. Also sterben lassen, ohne zu töten.

Aber jeder Patient muss zu jedem Zeitpunkt darauf vertrauen können, und zwar bedingungslos vertrauen, dass um sein Leben und Wohlergehen gerungen wird. Schwer vorstellbar, dass dies gelingen kann, wenn sein ärztliches Gegenüber Routine im Rollenwechsel besitzt. Mal heilen, mal töten, je nachdem, wie Lebensqualität von ihm im Einzelfall bemessen wird.

Norbert Hoerster und andere Verfechter einer Veränderung der traditionellen ärztlichen Standesethik betrachten es als selbstverständlich, dass die Hilfe zur Tötung bei den Ärzten in guten Händen wäre. Sie seien es, die am besten wüssten, wie man ein Menschenleben sicher und schmerzfrei beendet. Petra Gehring wendet dagegen ein, dass doch wohl Psychologen viel besser beurteilen könnten, ob ein Sterbewunsch ausgereift ist. Apotheker wiederum sind zuständig für die benötigten Pharmaka. Warum also ausgerechnet Ärzte als Sterbehelfer?»Die meiste berufliche Erfahrung mit schmerzfreien Tötungsmethoden dürfte bei Förstern, Tierärzten und Metzgern liegen.«

3

Organe von Lebenden?

Vor zweihundert Jahren wollte man auch dem toten Menschen noch eine letzte Chance geben. Damals wucherte gerade die Angst davor, lebendig begraben zu werden. Wer sich für die entsprechenden düsteren Fantasien dieses Zeitalters interessiert, wird bei Edgar Allan Poe fündig, zum Beispiel in seiner Erzählung »Der Untergang des Hauses Usher«, in der der wahnsinnige Roderick seine vermeintlich tote Zwillingsschwester zunächst im Keller beisetzt und später vor Schreck über ihre Auferstehung in ihren Armen stirbt.

Jedenfalls bestand diese letzte Chance für den Verstorbenen darin, dass man ihm vielerorts Glocken umband und Leichenhallen bewachte. So hätte sich ein Scheintoter noch rechtzeitig bemerkbar machen können. Das Aufbahren der Leiche als Zeitpuffer zwischen dem letzten Atemzug und der Bestattung, zwischen dem Ende der ärztlichen Überlegung, ob man noch etwas für einen Menschen tun kann, bevor man etwas mit ihm tut.

Transplantationsmediziner haben heute aber keine Zeit zu verschenken. Nur frische Organe sind für sie brauchbare Organe. Deshalb muss gleich nach der Hirntoddiagnose gehandelt werden. In dänischen Transplantationskliniken gab es in der Pionierphase der Organtransplantation Ärger wegen des neuen Zeitmanagements. Die Krankenschwestern wollten sich an das damals noch gültige Gesetz halten, wonach keine Leiche aus dem Bett genommen werden durfte, bevor nicht wenigstens sechs Stunden nach dem Tod vergangen waren. Aber die Transplanteure wollten von dieser Frist nichts mehr wissen. Eine neue Medizintechnologie war darauf angewiesen, dass sich auch ein kultureller Wandel im Umgang mit dem toten menschlichen Körper vollzieht.

Dazu gehörte auch, dass der bloße Augenschein nichts mehr gelten sollte bei der Einschätzung, ob ein Mensch tot oder lebendig ist. Früher wartete man ab, ob sich allmählich die Zeichen des Todes zeigten, die für jeden erkennbar waren: die Blässe, die Totenflecken, die Leichenstarre. Aber Organspender, deren Hirntod diagnostiziert worden ist, müssen ja weiterhin so behandelt werden, als seien sie noch am Leben. Sie werden beatmet, sie werden ernährt, ihr Herz schlägt, der Körper ist warm, die Haut durchblutet. Selbst für das medizinische Personal ist es nicht selten eine Zumutung, diesen Körper entgegen der eigenen Wahrnehmung und Intuition für tot zu halten. Leichen sehen anders aus. Sie bekommen keine Erektionen, ihre Wunden schließen sich nicht, ihr Körper bekämpft keine Infektionen, sie reagieren nicht auf Schmerzreize. Erst recht setzen sie keine Schwangerschaft fort. All diese Phänomene sind aber bei Hirntoten beobachtet worden. Mediziner geben Hirntoten Vollnarkosen, weil sie wissen, dass sie sich häufig noch bewegen.

Wer kein Arzt ist, hat nur die Wahl, daran zu glauben oder daran zu zweifeln, ob ein Hirntoter tatsächlich tot ist, denn nur der Arzt allein besitzt das Monopol, den Tod zu deklarieren. Er wird festgestellt. Aber er tritt nicht von sich aus ein, bleibt äußerlich unerkennbar. Genauso gut könnte ein Koma-Patient mit zerstörtem Gehirn noch länger liegen, falls der Arzt gerade keine Zeit hat, Hirndiagnostik zu betreiben, und würde selbstverständlich als lebendig betrachtet werden.

Dass ein Arzt einen Totenschein ausstellen muss, war seinerzeit ein gutes Mittel, um Ängste vor dem Scheintod zu nehmen. So kam niemand unter die Erde ohne vorherige gründliche medizinische Untersuchung. Aber beim Hirntod-Konzept entsteht eine problematische Expertenmacht des Arztes. Er allein definiert die Grenze zwischen Leben und Tod, alle anderen am Krankenbett gelten in diesem Punkt als inkompetent. Dabei räumen viele Ärzte, die schon häufig Leichen untersucht haben, ein, wie groß der Ermessensspielraum ist, um nicht gleich von Willkür zu sprechen, Zeitpunkt und Ursache eines Todes zu definieren. Immer wieder stehen sie vor einem Rätsel, wenn äußerliche Anzeichen fehlen.

Was im Moment X passiert, ob das Herz ein letztes Mal geschlagen hat, ob durch ein Signal massenhaft Zellen ihre Funktion einstellen, weiß niemand. Manche Ärzte schreiben routinemäßig »Myokardischämie« auf den Totenschein, wenn das Rätsel nicht zu lösen ist, also Minderversorgung des Herzmuskels mit Sauerstoff, ein zwingender Teil des Sterbevorgangs. Damit sind sie juristisch

auf der sicheren Seite. Den eigentlich absurden Anspruch, den Todeszeitpunkt möglichst minutengenau zu definieren, erfüllen sie
entweder durch Rückrechnen (minus dreißig Minuten, sobald Flecken sichtbar werden, minus zwei Stunden bei Beginn der Starre),
oder aber sie fixieren den Moment des Abbruchs von Wiederbele-
bungsversuchen als Todeszeitpunkt. Stets beziehen sie sich auf ein
Ereignis, das in der Vergangenheit liegt.

Unklar ist aber, ob es überhaupt diesen Moment X gibt, einen festen Punkt auf der Zeitachse, oder ob wir uns von dieser räumlichen
Vorstellung lösen müssen zugunsten der Annahme eines allmählich
schwindenden Lebens, eines länger andauernden Schwellenzustan-
des. Ärzte, die einen Hirntod diagnostizieren, bemühen dagegen die
Vorstellung von einer fiktiven Minute. Sie fixieren einen Punkt, und
der liegt kurioserweise in der Gegenwart. Es ist der Moment, in dem
ein Arzt entscheidet, dass dieser Körper ab sofort eine Leiche ist.

Der vorverlegte Tod

Im Nachhinein wirkt es verblüffend, wie schnell es ging, dass sich
eine neue Definition des Todes mit radikalen Folgen weithin durchsetzen konnte. Früher galt ein Mensch als tot, wenn alle vitalen
Funktionen in seinem Körper erloschen waren. Wenn der Herz-
schlag endgültig ausgesetzt hatte und der Kreislauf zusammengebrochen war, funktionierten auch die Organe, darunter auch das
Gehirn, nicht mehr. Der Zerfall des Organismus begann. Dieses
traditionelle Verständnis des Todes wirkt bis heute fort, wenn in
Todesanzeigen davon die Rede ist, dass ein großes Herz aufgehört
habe zu schlagen oder jemand bis zum letzten Atemzug gekämpft
habe. Herztätigkeit und Atmung mussten unwiderruflich ausgefallen sein, bevor der Arzt den Kampf aufgab.

Seit dem Jahr 1952 wird diese Sichtweise durch intensivmedizini-
sche Praxis angefochten, durch die Erfindung der Herz-Lungen-Maschine. Seitdem ist es möglich, dass Herzversagen und Hirnversagen
zeitlich auseinanderklaffen, mitunter beträchtlich. In den Kliniken
war man ratlos, was mit Patienten zu tun sei, deren Hirntätigkeit
ausgefallen war, die aber weiterhin künstlich beatmet wurden. Bald
darauf nannte man diesen Zustand »endgültiges Koma«. Es häuften
sich Klagen über die Belastungen des medizinischen Personals.

Aber weit wichtiger für die bevorstehende Umdeutung des To-deskriteriums waren die schnellen Fortschritte in der Transplantationsmedizin. Spätestens nach der ersten erfolgreichen Herztransplantation durch Christian Barnard im Jahr 1967 stand die Frage im Raum, woher der Bedarf an Organen gedeckt werden könnte. Es war naheliegend, die Komapatienten in den Blick zu nehmen. Ein Jahr später wurde ein japanischer Arzt wegen Mordes verurteilt, weil er einem hirntoten Patienten Organe entnommen hatte. Die Transplantationsmedizin, das war nun offenkundig, musste eine Revision des Todeskriteriums als herrschende Meinung durchsetzen, um aus der Grauzone herauszukommen.

Kein Mensch hätte sich für die komplizierte Frage interessiert, ob ein lebendes Gehirn eine notwendige Voraussetzung dafür ist, dass ein Mensch lebt, wenn medizinischer Fortschritt nicht ein Nachfrageproblem geschaffen hätte, das bis heute nicht behoben ist. Immerzu warten mehr Patienten auf ein rettendes Organ, als Spender zur Verfügung stehen.

Das Jahr 1968 markiert den entscheidenden Wendepunkt für die Durchsetzung einer neurologischen Todesdefinition, die den Tod vorverlegt und auf einen einzigen organischen Ort konzentriert: das Gehirn. Eine Kommission der Harvard Medical School benannte das irreversible Koma als Kriterium für den Tod. Das Hirntod-Konzept setzte sich bald darauf international als rechtliche Grundlage für die Organentnahme durch.

Interessant ist, dass die Kommission in ihrer Begründung keinerlei Hehl daraus gemacht hat, mit ihrem Vorschlag ein Ressourcenproblem lösen zu wollen. Es fehlt nicht der Hinweis, dass komatöse Patienten zu Versorgungsknappheit in den Kliniken beitragen und dass es Probleme bei der Organbeschaffung gebe. Die Harvard-Mediziner lieferten auch das Muster für die Hirntod-Diagnostik, wie sie bis heute weltweit angewandt wird.

René Descartes, der im 17. Jahrhundert Geist und Körper philosophisch strikt getrennt hat, hätte an dieser Auffassung, Tod gleich Hirntod, vermutlich seine Freude gehabt. Ein Mensch ohne Bewusstsein gilt nun nicht mehr als Mensch, sondern als eine Art menschliches Gemüse, das nur noch vegetiert. Der Organismus mag zwar noch leben und für andere nützlich sein, aber die Person ist längst verschwunden.

Der Philosoph Hans Jonas hat früh den strategischen Charakter des Hirntod-Konstrukts scharf kritisiert. Für Jonas lag auf der Hand, dass durch die »begriffliche Versetzung des Patientenleibes in die Klasse lebloser Dinge« der Weg frei war, aus diesem Leib, der nun als Sache betrachtet wurde, alle Vorteile herauszuschlagen, die denkbar sind. Die Organentnahme schien ihm da nur der Anfang zu sein. Wenn sich erst die Definition durchgesetzt habe, dass ein menschlicher Organismus als Ganzer minus Gehirn ein Leichnam sei, dann gebe es keine logischen Gründe mehr, die gegen eine Nutzung dieses »toten« Körpers sprechen, aber starke pragmatische Gründe dafür. Zu verlockend werde eines Tages die Vision von einer sich selbst reproduzierenden Blutbank oder einer Fabrik für Hormone sein.

Jonas hielt es für naiv zu glauben, dass dauerhaft eine Trennung durchgehalten werden könne zwischen erlaubtem und unerlaubtem Gebrauch des menschlichen Körpers. Auch hier taucht, wie so oft bei bioethischen Kontroversen, das Dammbruch-Argument auf. Wichtig für Jonas ist die Feststellung, dass die Grenzlinie zwischen Leben und Tod weiterhin unbekannt ist, Hirndiagnostik hin oder her. Eine Definition aber, wann ein Mensch als tot zu betrachten ist, kann fehlendes Wissen nicht ersetzen. Trotz dieser Kritik haben sich die Maßstäbe der Harvard Medical School nicht nur international durchsetzen können, sie wurden zudem mehr und mehr als naturwissenschaftliche Tatsache behandelt und nicht mehr primär als das, was sie eigentlich sind: eine philosophische Position.

Das Menschsein wesentlich an Bewusstsein zu knüpfen, ist eine anthropologische These, aber kein medizinisches Faktum. Mitte der Neunzigerjahre endete in Deutschland eine leidenschaftliche Debatte um den Hirntod mit einem Transplantationsgesetz, das der Bundesärztekammer die Rolle zuwies, den Tod per Richtlinie zu definieren. »Mit dem Hirntod ist naturwissenschaftlich-medizinisch der Tod des Menschen festgestellt.« Wenn Großhirn, Kleinhirn und Hirnstamm ausgefallen sind, dürfen Organe entnommen werden. Bis heute führen potenzielle Organspender in Deutschland einen Ausweis mit sich, in dem formuliert ist, dass sie die Transplantation »nach der ärztlichen Feststellung des Todes« gestatten.

Neue Zweifel

Dabei wackelt die Hirntod-Konzeption seit einigen Jahren gewaltig. Neue Erkenntnisse haben die Frage, wie tot Hirntote wirklich sind, zurück auf die Tagesordnung gebracht. So weiß man inzwischen, dass hirntote Kinder weiter wachsen und sogar ihre Geschlechtsreifung fortsetzen. Gesunde Kinder verdanken allein in zehn dokumentierten Fällen bis zum Jahr 2003 ihr Leben hirntoten Müttern, die ihre Schwangerschaft über Monate aufrechterhalten konnten.

Außerdem gibt es inzwischen erhebliche Zweifel daran, ob mit den üblichen Untersuchungsmethoden zweifelsfrei erkannt werden kann, dass eine Hirnschädigung tatsächlich irreversibel ist. Im Nachhinein untersuchte Gehirne wiesen nicht immer die prognostizierten Schäden auf. In jeder deutschen Intensivstation darf der Tod des Gehirns allein durch klinische Untersuchungen festgestellt werden. Eine Computertomografie beispielsweise wird nicht zwingend verlangt. Apparatediagnostik ist in Deutschland nur bei hirntoten Kindern bis zum zweiten Lebensjahr vorgeschrieben. Besonders gravierend sind die Dokumentationen des Neurologen Alan Shewmon, der anhand von 175 Fällen aufzeigen konnte, dass zwischen Hirntod und Herzstillstand oft beträchtliche Zeitspannen liegen, mitunter etliche Jahre. Damit war die These widerlegt, dass kurz nach dem Hirntod unweigerlich der Tod des gesamten Organismus eintrete, das wichtigste Argument für die Gleichsetzung von Hirntod und Tod.

Die Behauptung fungiert in der klinischen Praxis aber weiterhin als sich selbst erfüllende Prophezeiung, meint die Bioethikerin Sabine Müller vom »Forschungsbereich Mind and Brain« an der Berliner Charité. Dann nämlich, wenn nach der Diagnose eines Hirntodes Organe entnommen werden oder die künstliche Beatmung abgestellt wird. Logisch, dass ein Hirntoter anschließend nun wirklich tot ist. Müller meint, dass sich die Hirntod-Definition naturwissenschaftlich nicht länger aufrechterhalten lässt. Damit wird Organentnahme in ihren Augen zur Tötung. Hans Jonas hatte sie bereits Jahre zuvor Vivisektion genannt, also Versuche an lebenden Menschen.

Im Jahr 2008 hat der President's Council on Bioethics in den Vereinigten Staaten in einem Weißbuch die Gleichung Hirntod gleich

Tod naturwissenschaftlich verabschiedet. Die bisherige Vorstellung, das Gehirn sei das Zentralorgan, die steuernde Mitte für alle möglichen Körperfunktionen, ist für das US-Gremium, dem in Deutschland der Ethikrat entspricht, aus der Welt. Was daraus folgt für die Praxis in der Transplantationsmedizin, wird hoch kontrovers diskutiert.

Überraschenderweise ist diese Neuauflage der Hirntod-Debatte erst mit einiger Verzögerung in Deutschland wahrgenommen worden. Bis heute nicht mit der Resonanz, die sie eigentlich verdient hätte. Der Deutsche Ethikrat musste zunächst von einigen kritischen Bioethikern öffentlich dazu gedrängt werden, bevor er bereit war, sich mit der neuen Situation zu befassen. Er hatte es in der Zwischenzeit vorgezogen, lieber darüber zu debattieren, ob es legitim sei, wenn der Staat seinen Bürgern eine Äußerungspflicht zum Thema Organspende auferlegt.

Sein Vorgängergremium, der Nationale Ethikrat, hatte tatsächlich für die sogenannte Widerspruchsregelung plädiert. Die Organentnahme sollte nach damaliger Empfehlung gesetzlich erlaubt sein, sofern keine gegensätzliche Willenserklärung des Betreffenden vorliegt. Wer sich also nicht beizeiten gekümmert hat, dessen Organe sollten im Falle des Hirntods gewissermaßen verstaatlicht werden. In Spanien, Italien und Österreich ist dieses Modell medizinische Praxis.

Stets ist es der ständig beklagte Organmangel, der Hinweis auf eine Warteliste mit ca. 12000 Patienten in Deutschland, der die Agenda diktiert. Das kommt auch im jüngsten Transplantationsgesetz von 2012 zum Ausdruck, das es den Krankenkassen auferlegt, ihre Mitglieder zum Thema Organspende regelmäßig anzuschreiben. Natürlich in der Hoffnung, auf diese Weise die Spendenbereitschaft zu steigern. Der Staat benutzt auf diese Weise Krankenkassenbeiträge dazu, seinen Bürgern auf die Pelle zu rücken.

Bis heute ist es merkwürdig still im Land geblieben. Die Hirntod-Debatte beschränkt sich weitgehend auf wissenschaftliche Kreise aus Medizin und Philosophie. Eine größere Öffentlichkeit interessiert sich in Deutschland allenfalls für die Korruptionsanfälligkeit der Transplantationsmedizin. Und wenn der Deutsche Ethikrat dann schließlich doch bereit war, im März 2012 zu erörtern, wie angesichts der neuen Erkenntnisse ein verantwortungsvoller Umgang mit hirntoten Menschen aussehen kann, dann tat er es charakteristischerweise laut Selbstbeschreibung »im Spannungsfeld zwischen der Notwendigkeit der Organtransplantation und dem Schutz der Menschenwürde«. Merkwürdig, wie schnell es eine Medizintechnologie geschafft hat, nicht mehr als Möglichkeit, sondern als ethische Notwendigkeit betrachtet zu werden. Es geht anscheinend nicht mehr ohne.

Drei Optionen

Alles wieder zurück auf Anfang. So lässt sich die derzeitige Gefechtslage beim Thema Hirntod beschreiben, die der Offenbacher Chefarzt und Medizinethiker Stephan Sahm zugespitzt mit dem zweiten Golfkrieg verglichen hat. Hirntod als Tod des Menschen und Präsident Bushs Krieg gegen den Irak seien jeweils mit Gründen rechtfertigt worden, die sich rückblickend als falsch herausstellten. Wenn die Behauptung, ein hirntoter Mensch sei tot, einer empirischen Prüfung nicht unzweifelhaft standhält, wird sie endlich wieder das, was sie von Anfang an war: eine naturphilosophische Setzung. Hinter der Entscheidung, ob ein Hirntoter noch als Person betrachtet wird, steht jeweils ein bestimmtes Bild vom Menschen.

Unter Philosophen und Bioethikern werden nun verschiedene Optionen diskutiert, welcher Schluss daraus zu ziehen ist, dass die naturwissenschaftliche Fundierung des Hirntodes zusammengebrochen ist. Denn damit ist ja noch lange nicht vorweggenommen, dass die Praxis der Organentnahme eingestellt werden muss. Die erste Option könnte man als »weiter so« beschreiben. Ihre Anhänger wollen auf keinen Fall die Organtransplantation gefährden, die ja viele Menschenleben retten kann. Sie halten am Hirntod-Konzept fest, betrachten es aber nun als philosophische Definition des Todes. Entscheidend ist nicht mehr, ob ein empirischer Beweis für das Totsein geliefert werden kann, entscheidend ist, dass der Hirntote als Toter angesehen wird.

Der Theologe Eberhard Schockenhoff hat vor dem Deutschen Ethikrat dargelegt, dass in seinen Augen ein Hirntoter sein Person-Sein und seine erlebte Leiblichkeit verloren hat. Zu einem lebendigen Organismus gehöre es, »selbst etwas hervorzubringen und eine selbst erwirkte Einheit darzustellen«, was bei einem Organismus, dessen Funktionsfähigkeit durch Maschinen aufrechterhalten wird, nicht der Fall sei. Ähnlich hatte schon Mitte der Neunzigerjahre der Bioethiker Dieter Birnbacher argumentiert. Er verglich den an der Herz-Lungen-Maschine hängenden Hirntoten mit einem fahruntüchtigen Auto. Das werde ja auch nicht dadurch fahrtüchtig, »dass ein außerhalb angebrachter Motor Antriebsleistung auf seine Räder überträgt«.

Tot ist ein Mensch in dieser Sichtweise dann, wenn er nicht mehr selbst fähig ist, die nötigen Steuerungsleistungen auszuüben. Wie problematisch es ist, mit der Abhängigkeit von technischen Maßnahmen zu argumentieren, zeigt der Blick auf Dialysepatienten oder Personen mit Herzschrittmachern. Beide sind zweifellos auch nicht dazu in der Lage, die Arbeit der Selbsterhaltung ihres Organismus vollständig allein zu leisten, aber tot sind sie deshalb noch lange nicht.

Der Neurologe Shewmon hat zudem dokumentieren können, dass in einigen Fällen Hirntote nur wenig medizinische Unterstützung benötigten, um die vitalen Funktionen ihres Körpers aufrechterhalten zu können. Auch der President's Council in den USA plädiert für die philosophische Weiter-so-Option. Er knüpft das Lebendigsein eines Organismus an die Fähigkeit, offen für die Umwelt zu sein und in sie hineinwirken zu wollen. Dazu gehören für die Bioethiker des Council Bewusstsein und Wachheit, das Atmen und die Empfindung von Schmerz. Dieser philosophische Lebensbegriff hat nicht mehr viel mit dem der Biologen zu tun. Komapatienten und Embryos werden von ihm nicht mit erfasst.

Die zweite Option könnte man als »Und dennoch weiter so« bezeichnen. Wir räumen zwar ein, so die Logik, dass Hirntote noch leben, aber dennoch halten wir es für gerechtfertigt, ihnen Organe zu entnehmen. Für diese Option hat sich unter anderem Dieter Birnbacher starkgemacht, denn er hat inzwischen öffentlich einen beeindruckenden Meinungswandel vollzogen. Den Vergleich mit dem fahruntüchtigen Auto würde er heute wohl nicht mehr verwenden.

Birnbacher nimmt die Einwände ernst, die dagegen vorgebracht worden sind, den Hirntod als naturwissenschaftliche Tatsache zu behandeln, und spricht nun freimütig davon, dass in der Transplantationsmedizin offenkundig Organe »lebenden menschlichen Individuen« entnommen werden. Falsch sei aber nicht diese Praxis, sondern die geltende Vorschrift, die es nur erlaubt, aus toten Körpern Organe herauszuschneiden, die sogenannte »dead donor rule«. Der Hirntod als mentaler Tod markiert für Birnbacher den geeigneten Zeitpunkt, um über den Wert eines menschlichen Lebens zu entscheiden. Weil bewusstes Leben einen höheren Wert habe als unbewusstes, sei die Organentnahme gerechtfertigt. Der Mensch lebt, aber wir tun es trotzdem. Denn irgendwann muss ohnehin entschieden werden, wann eine als sinnlos empfundene Behandlung abgebrochen wird. Der explosive Gehalt dieser philosophischen Position liegt auf der Hand. Wer die Tote-Spender-Regel aus Gründen der Ehrlichkeit preisgibt, wird Mühe haben, weiterhin gute Argumente für ein Verbot aktiver Sterbehilfe zu finden, die Birnbacher übrigens auch in Extremfällen gestatten würde. Denn das Tötungsverbot resultiert ja aus der Idee, dass menschliches Leben heilig ist und sich von anderem, nicht menschlichem Leben unterscheidet. An dieser Idee hängt die Formulierung im Grundgesetz, dass die Würde des Menschen unantastbar sei. Mit ihr begründen wir zum Beispiel, warum Todesstrafe und Folter geächtet werden müssen. Nur die Notwehr (und womöglich der gerechte Krieg) gelten als gerechtfertigte Ausnahme vom strikten Tötungsverbot. Es dürfte keinen anderen kulturellen Wert geben, der derart zentral ist für unser Zusammenleben. Wer aktive Sterbehilfe leistet oder wissentlich Organe von Lebenden entnimmt, hat womöglich bereits einen Prozess der Enthemmung hinter sich. Beide Ausnahmen vom Tötungsverbot unterscheiden sich nicht prinzipiell. Jedenfalls dann nicht, wenn diese Tötung vom Hirntoten zu einem früheren Zeitpunkt ausdrücklich gewünscht wurde. Dann könnte sie als Ausdruck menschlicher Selbstbestimmung verstanden werden.

Ganz anders aber die Praxis im heutigen Klinikalltag. Dort werden erstens Organe von Spendern entnommen, die ihre Zustimmung unter der Voraussetzung erteilt haben, dass sie faktisch tot sind, und, noch weitaus gravierender, werden zweitens Angehörige beispielsweise kurz nach einem schweren Motorradunfall von Ärzten beiseitegenommen und um Zustimmung zur Organentnahme gebeten. Wer von denen, die in einer solchen Situation eingewilligt haben, hätte von Ärzten jemals etwas anderes gehört, als dass das Unfallopfer selbstverständlich tot sei?

Diese Ärzte arbeiten mit einer »legalen Fiktion«, so die Bioethikerin Seema Shah. Birnbacher ist da ehrlicher. Konsequenterweise müsste man dann aber, im nächsten Schritt, den praktischen Unterschied offen benennen, der zwischen Organentnahme und aktiver Sterbehilfe besteht.»Im ersten Fall wird keine Hilfe zum oder beim Sterben geleistet, sondern das Sterben verlängert und erschwert. Das Leben wird also verlängert, wenn auch nicht zum Wohl des Patienten, während es durch aktive Sterbehilfe verkürzt wird«, so die Medizinethikerin Sabine Müller.

Wer für sich lebensverlängernde Maßnahmen in einer Patientenverfügung ausschließt, weiß häufig nicht, dass damit eine Organspende praktisch nicht mehr infrage kommt. Gemeinsam wäre beiden ärztlichen Tötungshandlungen, dass zuvor ein Urteil über den Wert des Lebens zu fällen ist. Die eine Handlung aber zu erlauben und die andere zu verbieten, ist nicht plausibel.

Der Bielefelder Ethiker Ralph Stoecker, der ebenfalls der zweiten Option zuneigt, kritisiert Befürworter und Gegner der Organtransplantation gleichermaßen dafür, dass sie sich in das Hirntod-Kriterium verbeißen, um die eigene Schlussfolgerung starkzumachen. Wer zu dieser Notlösung greift, suggeriert sich selbst eine falsche Eindeutigkeit, meint Stöcker, denn die korrekte Antwort auf die Frage nach dem Hirntod laufe den Interessen beider Parteien zuwider.

Vereinfacht läuft Stöckers Argumentation darauf hinaus, dass ein Hirntoter weder tot noch lebendig ist – er befindet sich in einem Zwischenstadium. Wer einem Hirntoten Organe entnimmt, macht aus ihm einen toten Menschen, er beendet einen Zustand zwischen Leben und Tod. Wer darauf verzichtet, vergibt zugleich die Möglichkeit, ein anderes menschliches Leben zu retten. Ein klassisches ethisches Dilemma also, in dem abgewogen werden muss, aber niemand eine weiße Weste behält. Der von Stoecker vorgeschlagene Ausweg lautet, zwar einerseits einzuräumen, dass Hirntote keine Leichen sind, also einen Anspruch auf würdevollen Umgang haben. Dazu gehört für ihn auch, dass Eingriffe in seinen Körper nur mit informierter Zustimmung erlaubt sein dürfen. Andererseits könne man ihnen aber kein Leid mehr antun und sie keiner Zukunft berauben, deshalb sei die Organentnahme legitim, weil davon Empfänger erheblich profitieren.

Schließlich die dritte Option, der Standpunkt des »Auf keinen Fall weiter so«. Ihre Vertreter versuchen, die Tote-Spender-Regel zu verteidigen, um ein Verbot der Organentnahme aus hirntoten Patienten zu erwirken. Sie verlangen zusätzlich die Diagnose Herztod und wissen, dass damit die Transplantationsmedizin, mit Ausnahme der Lebendspende, am Ende wäre. Sie sehen die Gefahr des Dammbruchs, falls, per Definition, mentaler Tod und Tod gleichgesetzt werden, denn dann könnten bald auch Komapatienten aus dem gleichen Grund getötet werden.

Der Preis der Transplantationsmedizin

Es ist erstaunlich, dass im Jahr 2012 ein neues Transplantationsgesetz vom Bundestag verabschiedet werden konnte, in dem die wissenschaftlichen Zweifel an der Hirntod-Konzeption keinerlei Widerhall gefunden haben. Die herrschende Meinung in Politik und Ärzteschaft zeigt sich ungerührt. Kritiker der Transplantationsmedizin stehen häufig unter dem Verdacht der Unbarmherzigkeit. Ihnen wird vorgehalten, dass Jahr für Jahr in Deutschland über 1000 Patienten sterben würden, weil nicht rechtzeitig ein Organ zur Verfügung steht. Doch diese behauptete Kausalität ist falsch. Sie sterben immer noch, ganz banal, weil sie krank sind.

Welchen Preis eine Gesellschaft zu zahlen bereit ist, um sie zu retten, müsste dringend ehrlicher diskutiert werden. Das setzt aber zunächst das Eingeständnis voraus, dass es diesen Preis überhaupt gibt. Er besteht darin, dass menschliches Leben ohne Bewusstsein als antastbar gilt. Der Deutsche Ethikrat hat das Thema dagegen nur mit spitzen Fingern angefasst. Symptomatisch dafür die einführenden Worte des Berliner Philosophen Volker Gerhardt, der die Diskussion 2012 moderiert hat. Gerhardt stellt zunächst fest, was ohnehin offenkundig ist, dass wir das ethische Problem nicht hätten, wenn es nicht zuvor unerhörte Fortschritte in der Intensivmedizin gegeben hätte: »Wenn dies aber so ist, dann wird man sich davor hüten müssen, die durch die Technik aufgeworfenen Probleme, die eine tief greifende Veränderung unseres Lebens anzeigen […] mit Blick auf ein Leben zu lösen suchen, das gar keiner mehr führt. Wir leben unser Leben unter medizinisch-technisch extrem gewandelten Bedingungen, und so wäre es bereits ein Rückschritt in der ethischen Fragestellung, wollten wir die Antworten einer von diesen Wandlungen unberührten Lebenswelt entnehmen.« Hat irgendjemand in der Debatte vorgeschlagen, die Herz-Lungen-Maschine abzuschaffen? Oder was will uns Philosoph Gerhardt damit sagen? Doch wohl dies: Wir haben eine Transplantationsmedizin, und die können wir nicht einfach abschaffen. Ethiker, sucht also bitte nach einer Moral, die mit dieser Praxis vereinbar ist. *There is no alternative.* Nach dieser Logik hätte man auch kein Atomkraftwerk abschalten können.

4

Ethik als Etikett

Wäre die Häufigkeit der Benutzung des Wortes Ethik ein Gradmesser für den moralischen Entwicklungsstand einer Gesellschaft – wir lebten in goldenen Zeiten. Ethik hat Konjunktur. Sie ist momentan so gefragt, weil sich gerade in existenziellen Grenzsituationen des Lebens nichts mehr von selbst versteht und daher jeder Einzelne für sich einen moralischen Kompass finden muss. Wie schwer das ist, haben wir bereits bei den Themen Sterbehilfe und Organspende gesehen. Die Ethik ist hier tatsächlich zuständig, denn klassischerweise beschäftigt sie sich mit der Frage, was ein gutes Leben ausmacht. Seit geraumer Zeit wird nun aber an diese philosophische Disziplin die Erwartung gerichtet, für alles Mögliche Unbedenklichkeitszertifikate auszustellen. Tatsächlich ist diese Sehnsucht nach ethical correctness Ausdruck einer tiefen Verunsicherung. Gleich aus mehreren Wissenschaften wie Hirnforschung und Robotik, Gerontobiologie, Bioinformatik, Nanoforschung und Pharmazie kommen permanent Ideen und Vorschläge zur Perfektionierung des Menschen, und eine Gesellschaft, die noch imprägniert ist von traditionellen, auch religiösen Vorstellungen von der Natur des Menschen, weiß nicht mehr, wo ihr der Kopf steht, welche der zahlreichen Zukunftsverheißungen aus der Medizin sie wollen soll oder als Bedrohung empfindet.

Ausdruck dieser Ungewissheit über Menschenbilder und Lebensentwürfe ist die Entstehung eines neuen Berufsstandes: des Bioethikers. Ähnlich wie bei Journalisten und Politikern darf sich jeder so nennen, denn dies ist kein geschützter Begriff. Es gibt in der Bioethik-Szene sowohl studierte Philosophen, die irgendwann begonnen haben, sich für die Probleme im klinischen Alltag zu interessieren, als auch Humanmediziner, die mal eine Vorlesung über Moral gehört haben. Auch Theologen, Juristen und Medizinökonomen tummeln sich in dieser Welt. Einige Universitäten sind dabei, Bioethik als eigenes Fach zu etablieren.

Bioethiker sind keine besseren Menschen, sondern Dienstleister, die beträchtliche Arbeitszeit in Ethikkommissionen zubringen. Dort wird von ihnen erwartet, dass sie Ethik als methodologisches Handwerkszeug betrachten und sich in bürokratische Prozeduren einfügen. Denn in Ethikkommissionen wird keine herrschaftsfreie Kommunikation gepflegt, hier regieren Tagesordnungen und nicht selten Zeitnöte. Schwerkranke, über deren Schicksal ein Expertengremium entscheiden soll, können nicht darauf warten, bis ein Grundsatzpapier fertig ist. Das verlangt vom Bioethiker eher mehr Pragmatismus und weniger Grundsatztreue.

So werden etwa in Deutschland künftig Ethikkommissionen entscheiden müssen, ob in bestimmten Einzelfällen die umstrittene Präimplantationsdiagnostik (PID) angewendet werden darf oder nicht. Dabei werden in der Petrischale erzeugte Embryonen auf mögliche Erbkrankheiten untersucht, bevor sie in die Gebärmutter der Frau eingepflanzt werden sollen. Gesetzlich ist die PID in Deutschland nach langem, heftigem Streit seit Kurzem in engen Grenzen erlaubt, sofern bei den Eltern eine schwere erbliche Vorbelastung diagnostiziert wurde. Wenn nun Kommissionen über Einzelfälle zu entscheiden haben, werden sich Kritiker der PID die Frage stellen müssen, was sie an diesem Verhandlungstisch noch verloren haben. Denn die Grundsatzentscheidung, ob über das Lebensrecht von Embryonen verfügt werden kann oder nicht, ist ja längst gefallen. Einem Paar, das angibt, die Verantwortung für ein schwerbehindertes Kind nicht tragen zu können, wird man gestatten müssen, dass der positiv getestete Embryo nicht eingepflanzt, sondern vernichtet wird. Es wäre folglich müßig, in Ethikkommissionen weiterhin die Position zu vertreten, die PID sei ein eugenisches Verfahren, hier werde unrechtmäßig eine Entscheidung über Wert und Unwert von menschlichem Leben gefällt. In einem solchen Moment würde der Kommissionsvorsitzende wohl ermahnen, zur Tagesordnung zurückzukehren, nämlich zum Einzelfall, um Grundsatzdiskussionen zu vermeiden.

Da ist es nur konsequent, dass der Medizinethiker Giovanni Maio erklärt hat, für solche Ethikzirkel künftig nicht zur Verfügung zu stehen, weil er sich nicht an der Selektion menschlichen Lebens beteiligen wolle. Er betrachtet die Mitarbeit in einer solchen Ethikkommission als Form der Komplizenschaft.

Maio deckt damit ein Problem auf, das er mit anderen Kritikern neuer Biotechnologien teilt: Er kommt immer zu spät. Die Logik seiner Argumentation passt nicht mehr zu einer gesellschaftlichen Praxis, die bereits mehrere entscheidende ethische Wegmarken hinter sich gelassen hat. Die Befürworter der PID können Maio stets vorhalten, dass die Unantastbarkeit von Embryonen faktisch längst widerlegt ist, sonst gäbe es keine Pränataldiagnostik und auch keinen straffreien Schwangerschaftsabbruch. Hat eine politische Mehrheit aber erst einmal A gesagt, werden viele nicht mehr verstehen, warum B verwerflich sein soll. Warum soll ein Kind im Mutterleib mit möglichem Down-Syndrom auch noch im reifen Stadium getötet werden dürfen, ein Embryo in der Petrischale aber nicht?

Wenn sich mehr und mehr die Haltung durchsetzt, den menschlichen Embryo als Zellhaufen zu betrachten, so wie es viele Naturwissenschaftler längst tun, droht eine Gesellschaft in diesem Punkt moralisch unmusikalisch zu werden. Sie wird dann irgendwann schon die Frage nach dem moralischen Status werdenden Lebens nicht mehr verstehen. Übrigens werden sich Paare mit Kinderwunsch, die durch Erbkrankheiten belastet sind und Embryonen nach einer künstlichen Befruchtung testen lassen wollen, an ein anderes PID-Zentrum wenden können, wenn eine Ethikkommission ihren Antrag abgelehnt hat. In der Hoffnung, dass die nächste Kommission anders denkt.

Wunschkind aus der Petrischale?

1987 hat eine Enquete-Kommission des Deutschen Bundestages zu Chancen und Risiken der Gentechnologie noch dazu aufgefordert, einen drohenden Missbrauch von Biotechnologien zu Zwecken der Menschenzüchtung schon im Vorhinein zu verhindern, weil andernfalls »die Grenze zwischen medizinischer Korrektur und züchterischer Verbesserung leicht verschiebbar sei«. Heute stellt sich die Frage, ob die Basis für künftige Grenzverschiebungen nicht längst gelegt ist. Denn niemand weiß, wie lange es dauern wird, bis die im PID-Gesetz fixierten engen Grenzen von einer relevanten Minderheit als einengend und bevormundend empfunden werden und künftige Debatten unter dem Label »Selbstbestimmungsrecht der Eltern« darum geführt werden, ob unter den Embryonen in der

Petrischale nach dem Wunschgeschlecht oder bestimmten Körpermerkmalen gefahndet werden darf. Wer dies wünscht, hat dabei stets die Möglichkeit, auf die »liberalere« Praxis in anderen Ländern zu verweisen.

Es ist auch nicht abwegig, daran zu denken, dass nicht nur Eltern mit Wunschkind-Fantasien Interesse an einer liberalen Eugenik haben könnten, sondern eines Tages auch der Staat, der sein Gesundheitssystem finanzierbar halten will. Heute schwören die Befürworter der PID noch darauf, dass wir über maximal zweihundert Fälle pro Jahr in Deutschland reden, weil das Gesetz so streng gefasst sei. Jede Wette, dass in wenigen Jahren die Frage im Raum steht: Wenn zweihundert Fälle erlaubt sind, warum dann nicht zweitausend? Die gentestbasierte Selektion von Embryonen ist nur ein Beispiel für die neuen Optionen, die die molekulare Biologie geschaffen hat. Hinzu kommt das Klonen, also die Herstellung von Kopien menschlicher Körperzellen. Lange Zeit galt die Möglichkeit, es könne eines Tages den ersten geklonten Menschen geben, als bloßes Gedankenspiel, als zum Glück unrealistische Horrorvision. Doch kürzlich hat der US-Forscher Shoukhrat Mitalipov weltweit Schlagzeilen mit der Erfolgsmeldung gemacht, es sei ihm gelungen, die ersten menschlichen Embryonen aus Körperzellen zu klonen. Ob das stimmt, oder ob hier bei der wissenschaftlichen Dokumentation manipuliert wurde, ist allerdings noch unklar. Zudem verfolgt die molekulare Biologie das Projekt der Keimbahnintervention, die Veränderung des menschlichen Erbguts durch Gentechnik.

Gemeinsam ist allen drei Optionen, dass hier die Grenze von gewordener zu hergestellter Natur verschoben werden soll. Diese Grenze »from chance to choice«, so der kürzlich verstorbene amerikanische Philosoph Ronald Dworkin, war bislang das Rückgrat unserer Moral. Wir haben unterschieden zwischen dem, was uns widerfährt, was nicht beeinflussbar war, und dem, wofür wir verantwortlich sind. Die Eltern eines behinderten Kindes, das bislang Produkt einer genetischen Lotterie, also Produkt des Zufalls war, mussten sich nicht rechtfertigen, sondern hatten im Gegenteil Anspruch auf Solidarität. Heute bekommen sie nicht selten zu hören: Selbst schuld, hättet ihr mal die Möglichkeiten der Gendiagnostik genutzt, dann hätte dieses Kind nicht zur Welt kommen müssen. Das alte System unserer moralischen Überzeugungen funktioniert nicht mehr, Intuitionen haben sich verändert, was viele Profis der Bioethik freuen dürfte. Fühlen sie sich doch für die Etablierung eines neuen Wertsystems verantwortlich. Dworkin übrigens hat angesichts dieser Krise des moralischen Denkens keineswegs für einen Verzicht auf Eingriffe in die genetische Ausstattung des Menschen plädiert, weil er dies für eine Form der Feigheit vor dem Unbekannten hielt. Er ist ein Beispiel dafür, dass sich der Schwerpunkt der bioethischen Debatte bereits verlagert hat. Weg von der Frage, ob gentechnische Manipulationen überhaupt erlaubt sein sollten oder nicht, hin zum Nachdenken darüber, wie zwischen einer legitimen und einer illegitimen Eugenik unterschieden werden kann. Jürgen Habermas hatte seinerzeit noch versucht, diese Tür zu einer liberalen Eugenik zu verschließen. Sein zentrales Argument gegen gentechnische Eingriffe in die Natur des Menschen lautete, dass auf diese Weise in die Identitätsbildung einer künftigen Person eingegriffen werde. Eltern, die sich vom Gendesigner ihr Wunschkind basteln lassen, schafften das »Szenario einer verstellten Zukunft«. Sie legten ihr Kind auf einen bestimmten Entwicklungspfad fest, machten es damit unfrei.

Nun kann man einwenden, dass Eltern dies nach der Geburt schon immer getan haben, nämlich durch Erziehung. Niemand von uns hat die Muster frei gewählt, nach denen wir erzogen worden sind. Aber als autonom handelnde Wesen können wir uns dazu später, als Erwachsene, in ein Verhältnis setzen und Bindungen an solche Muster zu lösen versuchen.

Anders bei vorgeburtlichen Eingriffen in unser Genmaterial: Sie legen uns ein für alle Mal fest, sie verhindern, so Habermas, dass wir uns als alleinige Autoren unserer eigenen Lebensgeschichte begreifen. Interessant an Habermas' Argumentation ist besonders, dass er dem vorgeburtlichen menschlichen Leben Schutzwürdigkeit zuspricht: Die Unverletzlichkeit der Menschenwürde beginnt nicht erst mit dem Tag der Geburt. Für gewöhnlich liest man so etwas vor allem von Theologen. Die Studie von Jürgen Habermas zur Bioethik stammt aus dem Jahr 2001. Gut möglich, dass sie schon bald als bloß noch historisch interessante Argumentation begriffen wird. Näher am Zeitgeist sind Philosophen wie der Australier Peter Singer, der Versuche zur Steuerung der Evolution des Menschen als Akt der Befreiung wertet. Er hofft auf den Tag, an dem wir nicht länger Sklaven unserer Gene sind und damit auch eine genetisch festgelegte Moral abschütteln können.

Die historischen Wurzeln der Bioethik

Offenkundig hat es innerhalb weniger Jahre einen Wertewandel in der Philosophie gegeben, der sich auch begrifflich niederschlägt. Peter Sloterdijk spricht vom »Menschenpark«, andere von Züchtung und Eugenik. Dabei ist die Entstehung der noch jungen Disziplin Bioethik seinerzeit gar nicht denkbar gewesen ohne den langen Schatten, den die Eugenik aus der Zeit der Menschenversuche der Nazis geworfen hat. Mehrere Ereignisse in den USA in den Sechzigerjahren des 20. Jahrhunderts haben der Öffentlichkeit klargemacht, dass die furchtbare Tradition einer unmenschlichen Medizin auch nach dem Ende des Nationalsozialismus keineswegs abgerissen war.

1966 wurden medizinische Versuche von Ärzten in New York bekannt. Sie hatten ihren chronisch kranken Patienten lebende Krebszellen unter die Haut gespritzt, um die Reaktionen des Körpers darauf erforschen zu können. Die Öffentlichkeit erfuhr zudem, dass an medizinischen Forschungsprojekten immer wieder Versuchspersonen aus sozialen Randgruppen teilgenommen hatten, zum Beispiel aus Gefängnissen, die nicht informiert waren, was mit ihnen geschieht. Bald darauf wurde publik, dass eine amerikanische Gesundheitsbehörde über Jahrzehnte hinweg eine besonders verwerfliche Forschung zu Geschlechtskrankheiten betrieben hatte: Männliche Afroamerikaner wurden in Alabama auf Syphilis getestet, bei positiven Ergebnissen enthielt man ihnen aber über lange Zeit eine Behandlung bewusst vor. Mehrere Hundert Afroamerikaner wurden lediglich ärztlich beobachtet, weil man auf diese Weise etwas über den natürlichen Verlauf der Krankheit herausbekommen wollte.

In diesem Kontext sind in den USA die ersten Ethikkommissionen entstanden, die bald darauf auch internationale Wirkung entfalteten. 1975 verabschiedete die Generalversammlung des Weltärztebundes »ethische Grundsätze für medizinische Forschungen an Menschen«. Sie enthielten die Empfehlung, unabhängige Ausschüsse einzurichten, die zu Menschenexperimenten Stellung nehmen sollten. Seitdem ist die Frage im Raum, wer eigentlich in wessen Auftrag in solchen Ethikkommissionen sitzen soll, die sich längst nicht mehr nur mit pharmazeutischen Tests befassen. Wenn ärztliche Standesorganisationen sich ihre eigenen Moralverwaltungen schaffen, wie in Deutschland die Bundesärztekammer, dann steht dahinter das Interesse, dass sich ein Berufsstand hier selbst kontrolliert. Einsprüche von außen werden von der Forschung auf diese Weise abgewehrt, Ethiker in Kommissionen eingebunden.

Am Anfang der Bioethik stand aber die Erkenntnis, dass es nicht reicht, wenn Ärzte untereinander über ihre Verantwortung nachdenken, was gewiss ehrenwert ist. Die ersten Moralphilosophen, die medizinische Fachkenntnisse hatten, haben von vornherein die Patientenperspektive in den Mittelpunkt gerückt. Sie beobachteten einen bedeutsamen Strukturwandel im Gesundheitswesen, den wir heute alle im fortgeschrittenen Stadium erleben: den Übergang von einem durch die persönliche Beziehung zwischen Arzt und Patient geprägten Versorgungsmodell hin zu einem klinischen Medizinapparat, der individuelle Beziehungen auflöst.

Die ersten Bioethiker mit philosophischem Hintergrund haben sich in den USA mit der Frage beschäftigt, wie ein teures Dialysegerät gerecht genutzt werden kann, wenn es viel mehr Nierenkranke als Therapieplätze gibt. Hier die Betonung der Patientenautonomie, dort das Pochen auf ärztlicher Verantwortung – das war die Kontroverse in der Geburtsstunde der Bioethik. Doch in der weiteren Entwicklung bis heute ist etwas Erstaunliches passiert: Aus einem Konfliktfeld ist mancherorts eine Symbiose geworden. Bioethiker und Mediziner verstehen sich prächtig und wissen, dass sie voneinander abhängen. Und beide Seiten sprechen ungern darüber, dass Geld häufig das Bindemittel ist.

Wer kauft Bioethik?

Carl Elliott von der Universität Minnesota hat seiner eigenen Disziplin, der Bioethik, vorgeworfen, dass sie in den USA längst an Glaubwürdigkeit verloren habe, weil sie ihre Existenz inzwischen zu einem guten Teil Fördergeldern aus der Industrie verdankt. Pharmafirmen finanzieren Zentren für Bioethik, Sachverständige und Gutachtergremien. Elliott listet als Beispiele auf, dass Autoren einer Studie zur »Ethik placebogesicherter Versuchsreihen mit stimmungsverändernden Medikamenten« nichts dabei finden, Gelder von einem Psychopharmaka-Hersteller zu nehmen. Beiträge zur »Ethik der Stammzellenforschung« werden von der Bioindustrie gesponsert. Besonders dubios ein Artikel im »American Journal of Bioethics«, der der Frage gewidmet war, ob Geschenke aus der Pharmaindustrie ethisch verantwortbar seien. Bezahlt hatte diese Studie der Pharmakonzern Pfizer.

Die Medizinethikerin Virginia Ashby Sharpe vom National Center for Ethics in Health Care der Georgetown University berichtet von einer PR-Kampagne des Pharmaunternehmens Eli Lilly, die ein Medikament gegen Blutvergiftungen vermarkten helfen sollte, das pro Behandlung 6800 Dollar kostet. Mehrere prominente Bioethiker waren bereit, in einer sogenannten »Task-Force für Werte und Ethik« mitzuwirken, in die der Konzern 1,8 Millionen Dollar investierte. Dieser Zirkel lieferte das argumentative Futter für eine Kampagne, die sich darum drehte, die Nichtverschreibung des Medikaments als unethisch zu brandmarken, obwohl unabhängige Studien gezeigt hatten, dass es vergleichbare Arznei auf dem Markt für 50 Dollar gab.

Die profitabelste Branche in den USA hat längst erkannt, dass Ethik als Label nützlich sein kann. Der allgemeine Trend, Forschung zunehmend zu kommerzialisieren, spielt ihr dabei in die Karten. Wechselseitig ist dieses Abhängigkeitsverhältnis deshalb, weil Bioethiker in Zulassungsbehörden und politischen Gremien an wichtigen forschungspolitischen Weichenstellungen mitwirken. Inzwischen wird unter Philosophen über eine Ethik für Bioethiker nachgedacht, weil die Gefahr von Interessenkonflikten nicht mehr zu leugnen ist. Bioethiker werden aufgefordert, Projektförderungen transparent zu machen. Die Herausgeber der Zeitschrift »Theoretical Medicin and Bioethics« haben diese Forderung mit der Begründung zurückgewiesen, eine Offenlegung von Geldflüssen füge der Bioethik aktiv Schaden zu, denn dann würden Leser voreingenommen und einen Artikel nicht mehr nach seiner wissenschaftlichen Relevanz beurteilen. Wer so argumentiert, hat anscheinend weder über die Frage nachgedacht, was sich Finanzgeber von ihrer Förderung versprechen, noch darüber, ob ein Empfänger solchen Geldes, der sich subjektiv unabhängig fühlt, es tatsächlich auch ist.

Das Problem der Bioethik ist dabei weniger die Korrumpierbarkeit von Einzelnen, die möglicherweise Gefälligkeitswissenschaft für die Konzerne betreiben könnten, indem sie ethische Vollwaschgänge anbieten. Das Problem ist vielmehr die weit fortgeschrittene institutionelle Nähe zwischen Forschung und Industrie, die den Blick vieler Bioethiker trübt. Virginia A. Sharpe hat ein interessantes Gedankenexperiment angestellt, um aufzuzeigen, mit welch zweifelhaften Hintergrundbedingungen für die eigene Arbeit sich die biomedizinische Ethik inzwischen eingerichtet hat. Die seien längst so vertraut geworden, dass Bioethiker sie mit offenen Augen nicht mehr sehen.

Sie schlägt vor, sich für einen Moment vorzustellen, die Bioethik hätte den Schwerpunkt ihres wissenschaftlichen Interesses nicht in der klinischen Medizin, sondern würde sich auf Umweltprobleme konzentrieren: Das wichtigste Untersuchungsfeld für Bioethiker wären die Einflüsse des Menschen auf Ökosysteme. Wenn es tatsächlich analog so liefe wie heute üblich in der biomedizinischen Ethik, dann wären folgende Förderszenarien denkbar: Eine Studie über Umweltgifte, die davon handelt, wie der Ausbruch von Krankheiten nach einem Störfall mit individuellen genetischen Risikofaktoren zusammenhängt, wird von der chemischen Industrie finanziert. Große Baufirmen sponsern eine Arbeit, die untersucht, welche Entschädigungen Bauern bekommen sollten, die Einschränkungen bei der Landnutzung hinnehmen mussten. Eine Untersuchung über »Werte einer gesellschaftlich verankerten Landwirtschaft«, die sich mit den Folgeschäden der Fleischproduktion für Luft und Wasser befasst, wird großzügig von der Schweinemastindustrie gefördert. Ein Symposium über gentechnisch veränderte Organismen erhält finanzielle Unterstützung von einer führenden Agrobiotechnologiefirma. Sie lobt zudem einen hoch dekorierten Preis aus für Abhandlungen, die ethische Argumente zugunsten der sogenannten grünen Gentechnik liefern sollen.

All diese Beispiele sind fiktiv. Das Gedankenexperiment macht das Problem aber schlagartig klar: Denn tatsächlich werden ja die genannten Themen von Umweltethikern allesamt bearbeitet, nur eben ohne die freundliche Unterstützung der umweltschädigenden Industrie. Umweltethiker mit den genannten Themenschwerpunkten werden von Politikern für gewöhnlich auch nicht als meinungsprägend eingeschätzt und ins politische Beratungsgeschäft eingebunden. Verdanken also Bioethiker, die ihre Arbeitsschwerpunkte im Umfeld der klinischen Medizin suchen, ihre Rolle als Meinungsführer in der öffentlichen Debatte der Tatsache, dass sie in ökonomisch bedeutsame Verflechtungen eingebunden sind, die ihre Forschungsagenda bestimmen? Sind sie überhaupt erst, motiviert durch wirtschaftliche Interessen, gezielt zu Meinungsführern aufgebaut worden?

Auffällig ist jedenfalls, welche Themen in der Bioethik seit Jahren Konjunktur haben und welche weithin ignoriert werden. So sind inzwischen Hunderte Abhandlungen über das Klonen von Menschen oder über das sogenannte Neuro-Enhancement, also über Medikamente zur Steigerung der geistigen Leistungsfähigkeit verfasst worden. Es dürfte schwerfallen, diese auffällige Intensität der Beschäftigung damit zu erklären, dass dies die drängenden Fragen des 21. Jahrhunderts für eine große Anzahl von Menschen seien. Umgekehrt fällt auf, wo die Bioethik ihre blinden Flecken hat: So ist etwa die bedrückende gesellschaftliche Tatsache, dass es keine Lösung für die Frage gibt, wie pflegebedürftige Menschen ihre Autonomie wahren können, dieser Disziplin anscheinend ähnlich gleichgültig wie generell der Zusammenhang zwischen Gesundheit und ökonomischen Verhältnissen. Sie hat einen starken Hang dazu, lieber Zukunftsfantasien zu verhandeln als die ungeklärten Fragen von heute.

Zudem richtet sie ihr Interesse stets auf das isolierte Individuum, selten auf den gesellschaftlichen Kontext von Gesundheit und Krankheit. Virginia A. Sharpe hat darauf hingewiesen, dass das mit der Verwurzelung der Bioethik in liberalen Traditionen der Politik und Philosophie zusammenhängt. Dort wird der individuellen Autonomie ein Thron errichtet, aber zu gemeinschaftlichen Vorstellungen vom guten und richtigen Leben geschwiegen. In der klassischen Moralphilosophie war das noch anders. Wenn über die Nutzung embryonalen Gewebes entschieden werden soll, müssen eben Pragmatiker ran.

Der Chemiker und Schriftsteller Erwin Chargaff, einer der Pioniere der DNA-Forschung und vermutlich der schärfste Kritiker der Gentechnik von innen, hat die Bioethik als zorniger alter Mann »heilige Heuchelei« genannt. Sie sehe ihre Aufgabe darin, die »Segnung der Waffen« für die biotechnologische Industrie vorzunehmen. Das ist gewiss polemisch überspitzt und auch ungerecht den vielen Bioethikern gegenüber, an deren persönlicher Integrität kein Zweifel besteht. Aber darum geht es auch nicht. Die Kritik richtet sich gegen eine institutionell verfestigte Intimbeziehung zur Hochleistungsmedizin, die dafür sorgt, dass Ethiker den Wald vor lauter Bäumen nicht mehr sehen. Zu viel Nähe kann blind machen. Sie betrachten sich inzwischen als Experten für einzelne knifflige Medizinfälle, beeindrucken die Mediziner dabei durchaus mit Fachwissen, aber haben die ursprüngliche Rolle aufgegeben, aus einem Selbstverständnis als öffentlicher Intellektueller, als Staatsbürger und engagierter Laie heraus zu argumentieren. Die Salzburger Erklärung zur sogenannten Bioethik aus dem Jahr 2002, initiiert von der Schweizer Ethikerin Ina Praetorius, bringt es auf den Punkt: »Wenn ein ethischer Teildiskurs, dem es nahezu ausschließlich um die Zulässigkeit neuartiger medizinischer Techniken geht, sich mit der kleinen, aber umfassenden Vorsilbe ›Bio‹ schmückt, läuft er Gefahr, die Medizin in der Weise zu überschätzen, wie sie sich oft selbst überschätzt: als Instanz, die allein entscheidet über Gesundheit und Krankheit, Leben und Tod, gar über Glück und Unglück der Menschen.«

Öffentliche Intellektuelle können Bioethiker ohnehin dort nicht sein, wo hinter verschlossenen Türen beraten wird. Wenn Forschungsprojekte auf ethische Standards hin geprüft werden sollen, werden Ethiker zu Geheimnisträgern. Schließlich geht es dort um den Schutz möglicherweise wertvoller Patente. Das Gleiche gilt für klinische Ethikkommissionen, die inzwischen an vielen Krankenhäusern eingerichtet worden sind. Aus guten Gründen, nämlich der ärztlichen Schweigepflicht, erfährt die Öffentlichkeit nicht, wie in konfliktträchtigen Situationen ethisch argumentiert und entschieden worden ist. Hier kommt Bioethikern die Rolle zu, dem medizinischen Personal moralisch den Rücken zu stärken. Wie viel Substanz hinter dieser Ethikdienstleistung steht, bleibt unbekannt.

Die Gefahr solcher Prozeduren liegt auf der Hand: Ethikberatung kann von den Akteuren am Krankenbett als Entlastungsstrategie genutzt werden. Wenn etwa eine Behandlung als Ergebnis einer solchen Kommissionssitzung abgebrochen wird, tragen sie nicht mehr allein die Verantwortung für ihr Handeln, sondern können auf die moralische Weisheit eines Gremiums verweisen. Das Verfahren selbst schafft Legitimation. Im Ergebnis können Ärzte die Last auf mehrere Schultern verteilen.

Die Ethik und die Politik

Besonders interessant ist das Feld der bioethischen Politikberatung. Firmen und Verbände, die auf Akzeptanz angewiesen sind, leisten sich entsprechende Kommissionen, wobei sich der Beratungsbedarf selbstverständlich an ihren Interessen orientiert. Auch ein deutscher Kanzler, Gerhard Schröder, hat gezielt die Ethikkarte ausgespielt. Die Einrichtung eines sogenannten Nationalen Ethikrates von seinen Gnaden war seinerzeit ein echter politischer Coup. Schröder hatte mit dem Problem zu kämpfen, dass die damalige Enquete-Kommission »Ethik und Recht der modernen Medizin«, die im Auftrag des Bundestages arbeitete, häufig forschungskritische Positionen vertrat, die Schröder missfielen. Von der Enquete-Kommission konnte Schröder beispielsweise kein Votum zugunsten des damals noch verbotenen Imports von embryonalen Stammzellen erwarten. Wissenschaftler, Biotech-Firmen und die Deutsche Forschungsgemeinschaft drängten beim Kanzler auf eine Gesetzesänderung. Also stellte Schröder als gewiefter Stratege dem etablierten parlamentarischen Gremium Enquete-Kommission einen eigenen Expertenrat als Konkurrenz entgegen: den Nationalen Ethikrat. Seinerzeit ohne jede demokratische Legitimation, denn es gab dazu weder ein entsprechendes Gesetz noch eine Abstimmung im Parlament.

Bald darauf hatte der Nationale Ethikrat sich mit der umstrittenen Stammzellforschung zu befassen, die menschliche Embryonen in der Petrischale als Rohstoff nutzt. Schröders Ethikexperten lieferten anschließend ein Votum ganz nach der Erwartung des Kanzlers: vierzehn zu acht Stimmen für den Import der Stammzellen. Kurioserweise durfte der Präsident der Deutschen Forschungsgemeinschaft damals in eigener Sache mit stimmen. Schröder selbst hatte ihn und die anderen Gentechnikfreunde berufen, um die Mehrheitsverhältnisse in seinem Gremium von vornherein kalkulieren zu können. Schlagartig wurde der interessierten Öffentlichkeit klar, dass Bioethik sich nicht in einem luftleeren Raum abspielt, sondern beständig Gefahr läuft, instrumentalisiert zu werden, wenn sie die

Nähe zur Politik sucht. Schröders ehemaliger Staatsminister Michael Naumann nannte den Nationalen Ethikrat einen »pharmazeutisch-industriellen Legitimationsrat«.

Aus der Perspektive der handelnden Politiker besteht der Charme, solche öffentlichen Beratungssysteme zu nutzen, einmal darin, auf Zeit spielen zu können. Ein umstrittenes forschungspolitisches Projekt, das noch keine Aussicht auf eine Mehrheit im Parlament oder in der Öffentlichkeit hat, kann dadurch an Zustimmung gewinnen, dass Experten mit dem Nimbus der Überparteilichkeit und dem Gütesiegel Ethik auftreten. Der Kampf der widerstreitenden Interessen wird auf diese Weise aus dem Parlament in den Ethikrat hineinverlagert, und Politiker werden bei dessen Besetzung ihre Macht nutzen, um Experten zu gewinnen, die ihren Positionen nahestehen. Nicht jeder muss es so plump erledigen wie seinerzeit Gerhard Schröder.

Zudem können Politiker der Öffentlichkeit gegenüber eigene moralische Sensibilität dokumentieren, indem sie ihr Ohr einem Ethikrat leihen. Ethische Bedenken in der Gesellschaft werden ernst genommen, lautet die Botschaft ans Wahlvolk. Dem Politiker steht überdies die gleiche Möglichkeit offen wie dem Arzt am Krankenbett, der eine Entscheidung seiner Klinikethiker exekutiert: Er ist der Pflicht enthoben, allein die Verantwortung zu tragen. Ethikkommissionen bieten eine Entlastungsfunktion, weil das eigene Gewissen ausgelagert werden kann. Aber wenn mehrere Personen verantwortlich sind, droht die Gefahr, dass die Verantwortung zerstreut.

Inzwischen hat sich das System der ethischen Politikberatung in Deutschland fortentwickelt: Aus dem einstigen Kanzlerzirkel ist der Deutsche Ethikrat geworden, der seit dem Jahr 2007 auch auf gesetzlicher Grundlage arbeitet. Er besteht aus 26 Mitgliedern, die je zur Hälfte auf Vorschlag der Bundesregierung und des Parlaments berufen werden. Eine einfache Mehrheitsbeschaffung nach der Methode Schröder ist seinen Nachfolgern also nicht mehr ohne Weiteres möglich. Das Gremium hat dadurch an Unabhängigkeit gewonnen und vertritt inzwischen ein breiteres Meinungsspektrum. Gleichwohl stellt sich auch hier die Frage, wer aus welchem Grund im Deutschen Ethikrat Platz nehmen darf. Das Gesetz spricht höchst vieldeutig davon, dass »naturwissenschaftliche, medizinische, theologische, philosophische, ethische, soziale, ökonomische und rechtliche Belange« repräsentiert werden sollen, und zwar von Wissenschaftlern aus den genannten Gebieten und von »anerkannten Personen, die in besonderer Weise mit ethischen Fragen der Lebenswissenschaften vertraut sind«.

Die Debatte über die Beschneidung von Knaben im August 2012 hat beispielhaft gezeigt, wie unklar es im Deutschen Ethikrat gelöst ist, wer da wen repräsentiert. Leo Latasch beispielsweise, Rettungsarzt und Vorstandsmitglied der Jüdischen Gemeinde in Frankfurt am Main, hat sich in seinem Vortrag mit medizinischen Fragen der Beschneidung auseinandergesetzt, aber auch mit theologischen, und kommt schließlich zu dem Schluss, dass das Beschneidungsgebot für Juden bindend sei und von essenzieller Bedeutung für die jüdische Identität. Wer hat hier gesprochen? Der Arzt, der jüdische Repräsentant, der Ethik-Profi? Beim anschließenden Referat des Medizinethikers Ilhan Ilkilic erfahren wir unverhohlen gleich zu Anfang, dass hier jemand »aus der Perspektive des islamischen Glaubens« vorträgt. Wenig überraschend kommt Ilkilic zu dem Schluss, dass die Beschneidung eine »unverzichtbare und elementare religiöse Pflicht« für Muslime sei. Hätte er es sich wohl erlauben können, auch zum gegenteiligen Ergebnis zu kommen?

Der Jurist Reinhard Merkel referiert über strafrechtliche und rechtsprinzipielle Probleme und lässt an einer Stelle die Andeutung fallen, dass es für ihn mühsam sei, »an das schlechthin Unverhandelbare des Beschneidungsgebots zu glauben«, räumt aber sogleich ein, dass dieser Gedanke außerhalb seiner Zuständigkeit liege. Dann wäre aber umgekehrt zu fragen, worin die genannten drei und alle übrigen Mitglieder des Deutschen Ethikrates denn ihre Zuständigkeit sehen und wo sie endet. Darf der Strafrechtler nur über Strafrecht reden?

Letztlich ist dies die Frage danach, was man unter Ethik eigentlich versteht. Wenn das Gremium zusammenkommt, treffen zunächst einmal 26 verschiedene Moralvorstellungen aufeinander, die durch gelebtes Leben so gefestigt sind wie bei jedem von uns. Niemand lässt sich gern von eigenen Überzeugungen abbringen. Unsere eigenen Moralvorstellungen haben immer mehrere Quellen. Sie sind abhängig von den Gemeinschaften, in denen wir uns bewegen, von eigenen Emotionen, von weltanschaulichen Überzeugungen. Ethik ist dagegen die Wissenschaft von der Moral. Zu ihrem Geschäft gehört es auch, Moral zu kritisieren. Die Ethik »entwickelt Kriterien, systematisiert unsere normativen Überzeugungen und gibt Handlungsorientierungen in Entscheidungssituationen, in denen wir uns auf unsere alltäglichen moralischen Intuitionen nicht verlassen können«, so die Definition des Münchner Philosophen Julian Nida-Rümelin.

Das Feld der Ethik betritt man also erst, wenn man den Perspektivwechsel riskiert. Dann gilt die Sichtweise des anderen als Ansporn, die eigene Argumentation kritisch zu prüfen. Von einem Mitglied des Deutschen Ethikrates wäre also zu erwarten, dass er es nicht dabei belässt, als Jude, Moslem, Jurist etc. zu sprechen. Also als Rollenträger, der für die eigene unerschütterbare Position lediglich eine Mehrheit sucht. Andernfalls glichen Zusammenkünfte des Ethikrates Tarifverhandlungen, bei denen jeder am Tisch weiß, wer welchem Lager zuzurechnen ist, und am Ende trifft man sich beim Kompromiss irgendwo in der Mitte.

Rouven Porz, Ethiker am Universitätsspital Bern, fordert von seinen Fachkollegen den Willen zur Transparenz. Sie sollen offenlegen, auf welche Fakten, Gefühle, Zukunftserwartungen und Moralvorstellungen sich ihre Argumentation jeweils bezieht. In der Fußballsprache: Ethiker sollen Trikots tragen, falls sie für eine bestimmte Mannschaft spielen. Dass sie das in den allermeisten Fällen tun, haben sozialwissenschaftliche Forschungen gezeigt, in denen Verhandlungsverläufe in nationalen Ethikkommissionen nicht nur in Deutschland analysiert wurden. Wenn es daran geht, zu einer bestimmten Empfehlung zu kommen und abzustimmen, zum Beispiel für oder gegen Sterbehilfe, für oder gegen therapeutisches Klonen, ist es höchst selten, dass Kommissionsmitglieder ihre ursprüngliche Position nach der Debatte verändern.

Brauchen wir Profis?

Ethikkommissionen verdanken ihre Existenz einer tiefen moralischen Verunsicherung in der Gesellschaft. Viele Fragen des 21. Jahrhunderts sind nicht mehr mit dem Hinweis auf Traditionen und moralische Autoritäten zu beantworten. Die wenigsten unter uns bewegen sich noch in so intakten überkommenen Strukturen, dass man sich selbst über ethische Fragen keinen Kopf machen müsste und Verantwortung problemlos delegieren kann. Ist es naiv zu fragen, ob diese Unsicherheit keinen Platz haben darf im Beratergremium selbst? Gehören Meinungsstärke und Unbeirrbarkeit zwangsläufig zum Berufsbild der Ethikprofis? Wäre es so, würden wir einen tiefen Graben ziehen zwischen Bürgern und Experten, zwischen Laien und Profis, zwischen Ratlosen und Besserwissern, was in der Demokratie eigentlich als problematische Entwicklung begriffen werden müsste.

Die Biologin und Philosophin Sigrid Graumann hat drei Modelle der institutionellen Ethikberatung unterschieden. Das Expertenmodell setzt auf Sachverständige, die Politiker mit dem nötigen Fachwissen versorgen. Die Experten beraten, verzichten aber darauf, selbst Politik zu machen. Dieser Austausch zwischen Wissenschaft und Politik ist seit Langem auf vielen Politikfeldern üblich, mit klar konturierter Arbeitsteilung. Die Ethiker sind auf einen Zug aufgesprungen, in dem Kollegen aus anderen Wissenschaftsdisziplinen längst sitzen. Das Stakeholder-Modell beruht auf der Idee, dass Vertreter partikularer Interessen ihre Konflikte an einem gemeinsamen Tisch austragen. Wer dort sitzt, spricht nicht allein für sich, sondern für eine als gesellschaftlich relevant angesehene Gruppe. Problematisch ist, wenn diese beiden Modelle miteinander gekreuzt werden, wie das zum Beispiel beim Deutschen Ethikrat der Fall ist. Dann besteht die Gefahr, dass eine von Interessen geleitete Meinungsäußerung im Gewande der wissenschaftlichen Objektivität daherkommt. Ein Gremium inszeniert sich als Gewissen der Politik oder wird so inszeniert und schafft selbst politische Fakten.

Das dritte, republikanische Modell klingt einstweilen utopisch: Die Bürger selbst sollen Voten für die Politik erarbeiten. Das würde ein verbreitetes Unwohlsein daran voraussetzen, ethische Fragen an Experten zu delegieren, die für ihre Weisheit bezahlt werden und obendrein entscheiden können, welches Thema als bedeutsam wahrgenommen und auf die Beratungsagenda gesetzt wird. Anstatt Ethikkommissionen mit den üblichen Verdächtigen zu besetzen, könnte man Bürger, die nach Geschlecht, Einkommen, Alter und Bildung einen Querschnitt der Bevölkerung darstellen, per Losverfahren benennen.

Ethik ist ursprünglich keine Expertenwissenschaft gewesen. Genauso wenig sind Ethiker bessere Menschen. In der Ethik wird die Frage gestellt, wie wir leben wollen, was wir unter einem guten Leben verstehen. Und genau diese Fragen werden in den aktuellen bioethischen Diskursen verhandelt, von der Sterbehilfe bis zur Organspende. Es geht um uns. Folglich sollte jeder dazu entscheidungsfähig sein, nicht bloß ein vages Gefühl entwickeln können. Die Philosophin Annemarie Pieper fasst die Utopie vom mündigen Laienethiker folgendermaßen zusammen:»Ethikkommissionen sind letztlich ein Notbehelf. Sie erübrigen sich, würde jedes Individuum von Kind an daran gewöhnt, sich in ein Ethos einzuüben und moralisch-praktische Urteilskraft zu erwerben.«

5

Der Sportler als Übermensch

»Skandal im Opernhaus! Starsopranistin beim Doping erwischt.«
Diese Schlagzeile ist frei erfunden. Sie wirkt sogar an den Haaren
herbeigezogen. Es gibt keine unangekündigten Blutproben in der
Garderobe der Mailänder Scala, keine Liste verbotener Substanzen. Sopranistinnen würden sich nicht gefallen lassen, was Leicht-
athletinnen hinnehmen müssen. Dass der Slip laut Vorschrift bis
über die Knie heruntergezogen sein muss, bevor die Kontrolleurin
in einer Knie-an-Knie-Position beim Wasserlassen zuschaut. Dass
mitunter die Scheide ausgeleuchtet wird, um zu prüfen, ob dort
womöglich ein Beutel mit sauberem Urin versteckt ist. Die Institutionen des Sports benötigen schon starke ethische Argumente,
um solche Grenzverletzungen rechtfertigen zu können. Ob sie die
tatsächlich besitzen, ist in der Sportphilosophie umstritten.

Warum gelten auf dem Sportplatz andere Regeln als im Opernhaus? Wer diese Frage absurd findet, sollte darauf schauen, wie viel
diese beiden einander zunächst fremd wirkenden Welten gemeinsam haben. In beiden Fällen werden herausragende Leistungen von
Menschen bewundert, die so sind wie wir, die Dinge tun, die wir
auch tun könnten. Nur leider niemals so perfekt wie sie. Wir feiern
Menschen für das, was sie aus sich herausholen können. Wir staunen darüber, was ein starker menschlicher Wille, sich selbst permanent zu verbessern, bewirken kann. Sportler und Sänger verdanken ihre Höchstleistungen den gleichen beiden Faktoren, nämlich
Talent und Training. Und in beiden Fällen reicht es nicht, etwas
grundsätzlich perfekt zu beherrschen, sondern diese Perfektion ist
an den entscheidenden Moment gebunden. Es zählt die Premie-
re oder der Wettkampf, aber nicht die persönliche Bestleistung im
Training oder die grandiose Arie unter der Dusche.

Zudem verbindet Sänger und Sportler ihr existenzialistischer Le-
bensentwurf. Beide haben zu einem bestimmten Zeitpunkt ihrer
Biografie alles auf eine Karte gesetzt, beide mussten dazu waghalsig

sein. Denn sie wussten, dass ein Kreuzbandriss oder eine Erkrankung der Stimmbänder der Karriere ein jähes Ende bereiten kann. Sie teilten das Wissen, dass sie, selbst wenn sie von Verletzungen verschont bleiben, im übertragenen Sinne einen frühen Tod sterben werden. Der Körper des Sportlers erschlafft, die Stimme des Startenors altert, und irgendwann werden Jüngere unwiderruflich besser sein. Das zweite Leben muss anschließend mühsam vom Ruhm des ersten zehren. Was Sport und Oper aber vor allem gemeinsam haben, ist der Charakter des Spiels. Beides sind fiktive Welten mitten in der wirklichen Welt. Jeder Zuschauer weiß, dass nach dem Abpfiff, nach dem letzten Vorhang wieder ernster Alltag einkehrt. Aber auch zum Spiel gehört wesentlich, dass es mit Ernst gespielt wird. Ein Spielverderber, der auf die Regeln pfeift, nimmt ihm schlagartig den Zauber. Wer pfuscht, zerstört die Verwandlung des Alltags auf Zeit. Diese Verwandlung ist deshalb so wichtig, weil im Spiel etwas zutage kommt, was im Alltag verborgen bleibt. Berühmt der Satz von Friedrich Schiller aus dem 15. Brief über die »ästhetische Erziehung«: »Denn, um es endlich auf einmal herauszusagen, der Mensch spielt nur, wo er in voller Bedeutung des Worts Mensch ist, und er ist nur da ganz Mensch, wo er spielt.«

Ausgerechnet in dieser fiktiven Welt, die nicht die reale ist, entfaltet der Mensch seine Bestimmung. Weil es ihm ausnahmsweise erlaubt ist, zweckfrei zu handeln. Jeder weiß, warum er zur Arbeit geht: um den Lebensunterhalt zu sichern. Aber warum der Fan ins Stadion geht und der Opernfreund in »Aida«, das wird er den Verächtern dieser Welten nicht plausibel erklären können. Es ist wie bei einer Religion. Man muss eine Initiation erlebt haben, um teilnehmen zu können, um überhaupt zu verstehen, was bei dieser Aufführung geschieht. Der erste Stadionbesuch, der Blick des kleinen Jungen aus dem voll besetzten Rund auf das satte Grün des hell ausgeleuchteten Rasens bleibt ein Leben lang unvergessen. Wer es nicht erlebt hat, wird immerzu die völlig unverständige Sinnfrage stellen, warum zweiundzwanzig Menschen in kurzen Hosen hinter einem Ball herjagen. Ohne Initiation wird man auch in der Oper fassungslos davorstehen, dass der Sänger die Anbahnung unnötig kompliziert macht und völlig unglaubwürdig agiert, anstatt das Naheliegende zu tun, die Begehrte einfach zu küssen. Warum so viel Musik drum herum, warum ein ganzer Abend, wenn sich die dürftige Handlung doch auch in fünf Minuten erzählen ließe. Trotz dieses Verwandtschaftsverhältnisses zwischen Sport und Oper wirkt die Analogie beim Thema Doping abwegig. Niemand wird den Startenor daraufhin durchleuchten, ob er den Applaus unter der Wirkung von Psychopharmaka genossen hat. Obwohl die Konkurrenz im Musikbusiness ähnlich rabiat ist wie im Profisport, stellt niemand die Frage, ob es legitim ist, sich durch die Einnahme von leistungssteigernden Substanzen einen Wettbewerbsvorteil zu verschaffen. Dopingfahnder würden, nach allem, was man hört, in den Opernhausgarderoben mit Sicherheit fündig werden. Dort werden Betablocker konsumiert, um Lampenfieber zu dämpfen. Aber der Sportschütze, der für sein Tun auf eine ruhige Hand angewiesen ist, dürfte dies niemals.

Im einen Fall ist es dem Zuschauer egal, im anderen wird aus dem Star in Windeseile ein Sündenbock. Würde der Tenor vor dem Auftritt beim Koksen erwischt, wäre er ein Fall für den Staatsanwalt, aber niemand würde deshalb in Zweifel ziehen, dass er großartig singen kann. Auch in der bildenden Kunst gilt es weithin nicht als anstößig, dass bedeutende Werke unter dem Einfluss von Drogen entstanden sind. Es mindert in keiner Weise ihren Wert. Lance Armstrong, Katrin Krabbe und Ben Johnson haben dagegen, nachdem sie erwischt wurden, erleben müssen, dass sie überhaupt nicht mehr als Sportler gesehen werden. »Er verdient es, vergessen zu werden.« So sprechen heute Sportfunktionäre über Armstrong. Offenbar wird an den Sport eine Erwartung gerichtet, die der Opernwelt fremd ist. Aus diesem Grund gibt es inzwischen eine Disziplin namens Sportethik, aber keine Opernethik. Der zentrale Begriff heißt: Fairness.

Von Helden, Schurken und Artisten

Es ist interessant, wie häufig Beispiele aus dem Sport herangezogen werden, wenn über gesellschaftliche Fairnessregeln diskutiert wird. Dann gilt das Stadion als Miniatur einer ganzen Gesellschaft. Dieser magische Ort eignet sich anscheinend hervorragend dafür, all das vorzuführen, was im Großen gut oder schiefläuft. Besonders der Fußball ist als Metapher beliebt, wenn in der Politik, in den Medien oder am Stammtisch illustriert werden soll, wie Gemeinsinn entsteht oder der Egoismus blüht. Große Emotionen, die an bestimmte Momente geknüpft sind, liefern immer wieder neues Futter, um Gerechtigkeitsfragen zu verhandeln. Weil Gerechtigkeit im Sport stets aufs Neue buchstäblich auf dem Spiel steht, sind die alltäglichen Praktiken im Stadion im Prinzip eine Form von Politik. Was dort geschieht, entscheidet mit darüber, welches Bild eine Gesellschaft von sich selbst haben will.

Dies mag ein Grund dafür sein, warum das Publikum auf Dopingvorwürfe so empfindlich reagiert. Zwei verschiedene Blickwinkel stehen uns zur Verfügung, wenn wir auf den Sport schauen. Wir können ihn als Abbild der Gesellschaft auffassen, als ihr Spiegel, oder als Wunschbild. Dazu drei Beispiele: Im Halbfinale der Fußballweltmeisterschaft 1986 hat Diego Maradona für einen der berühmtesten Momente der Fußballgeschichte gesorgt. Das entscheidende Tor gegen England, das den Einzug ins Finale sicherte, erzielte er mit der Hand. Alle hatten es gesehen, nur der Schiedsrichter nicht. Maradona zeigte sich nach dem Spiel frei von Reue. »Es war ein bisschen die Hand Gottes und ein bisschen Maradonas Kopf.« Fast zwanzig Jahre benötigte der Star, um seine Regelverletzung zuzugeben, und anschließend noch weitere drei Jahre, um sich dafür zu entschuldigen.

Im Jahr 2012 hat Stürmer Miroslav Klose beim Spiel Lazio Rom gegen SSC Neapel ebenfalls die Hand zu Hilfe genommen, um ein Tor zu erzielen. Das Video zeigt, dass Kloses erster Blick, nachdem der Ball im Tor war, dem Linienrichter galt. Da dessen Fahne unten blieb, das Tor also gegeben war, ließ sich Klose anschließend kurz von seinen Mitspielern feiern. Nach Protesten der gegnerischen Mannschaft bat der Schiedsrichter Klose um Aufklärung, woraufhin der das Handspiel zugab. Der Treffer wurde annulliert. Klose erklärte hinterher, sein Verhalten sei selbstverständlich, weil Sportler Vorbilder seien. Er wurde in den Medien als Held des Fair Play gefeiert, als große Ausnahme im »kranken Fußball«.

Bei der Tischtennisweltmeisterschaft in Schanghai 2005 fehlte Timo Boll im Achtelfinale im entscheidenden siebten Satz beim Stand von 13 zu 12 noch ein Punkt, um zu gewinnen. Sein anschließender Matchball schien bereits verwandelt, weil der Schiedsrichter übersehen hatte, dass der Ball von Bolls Gegner noch die Kante berührt hatte. Boll korrigierte die Fehlentscheidung zu seinen eigenen

Ungunsten und verlor das Spiel daraufhin. Hinterher antwortete er auf die Frage, warum er seinen Gegner im Spiel gehalten habe: »Darüber muss man nicht nachdenken.« Wer hier jeweils Ritter war und wer Schelm, liegt auf der Hand. Und genau aus diesem Grund sind Metaphern aus dem Sport auch so beliebt. In dieser Sonderwelt sind Dinge einfach und klar, die im wirklichen Leben oft kompliziert und von einem Grauschleier umgeben sind. Jeder kennt die Regeln des Spiels, wer sich nicht daran hält, spielt nicht mehr das gleiche Spiel.

Ginge es allerdings allein um die Unterscheidung von Ehrlichkeit und Betrug, bräuchte es nicht eigens eine Sportethik. Denn wir benötigen keine Fachleute, um diese beiden Verhaltensweisen auseinanderzuhalten. Infrage steht vielmehr, ob der Sport überhaupt eine geeignete Projektionsfläche ist, um etwas über Moralität, also über die Grundlagen, Bedingungen und Prinzipien von Moral zu erfahren. In einem System, das ständig Helden und Schurken medial inszeniert, wird moralisches Handeln radikal individualisiert. Dann kann es sein, dass der Schurke Maradona als Schlitzohr bewundert und der Held Boll für das eigentlich Selbstverständliche mit Fairnesspreisen behängt wird.

Tatsächlich agieren aber beide nicht in Einsamkeit, sondern sind Teil eines sozialen Geflechts, handeln also nicht allein auf eigene Rechnung. Ob ein Handspiel zugegeben wird oder nicht, kann auf einer Anweisung des Trainers beruhen, der womöglich auch taktische Fouls einüben lässt. Selbst das Erlaubte kann im Fußball als unfair betrachtet werden: das Zeitschinden des Torwarts, das provokante Kurzpassspiel der führenden Mannschaft in den Schlussminuten an der Eckfahne, die rein taktische Auswechslung in den letzten dreißig Sekunden. Legitimerweise kann im Sport darauf bestanden werden, dass Regeln eingehalten werden. Regeln aber kann man ändern. Darüber hinausweisende Ansprüche, die auf eine Vorbildfunktion des Sportlers zielen, stehen dagegen unter dem Verdacht, einer olympischen Ideologie zu entstammen, der längst die Bodenhaftung fehlt. Warum sollte sich besondere Anständigkeit ausgerechnet auf einem Feld beweisen müssen, in dem die Prinzipien der Leistungsgesellschaft und der Konkurrenzdruck auf die Spitze getrieben sind?

Ein Beispiel für diese idealistische Erwartung an den Sport ist

Hans Lenk. Der Philosoph und Olympiasieger im Rudern im Jahr 1960 hat vorgeschlagen, zwischen formellem und informellem Fair Play zu unterscheiden, zwischen der zwingenden Forderung, die Spielregeln einzuhalten – was ja das Mindeste ist –, und einer Haltung, die er »ritterlichen Geist« nennt. Timo Boll wäre hier ein Beispiel für eine Einstellung, die nicht durch Sanktionen erzwungen werden kann und gerade deshalb beeindruckt. Wenn man tatsächlich hoffen dürfte, dass Athleten nicht nur im Ideal, sondern auch unter den verschärften Bedingungen des Wettkampfs eine Ritterschaft bilden – die alte Idee des Begründers der Olympischen Spiele in der Neuzeit, Pierre de Coubertin –, dann wären Schiedsrichter nicht mehr nötig. Altruisten wie Boll könnten die Sache unter sich ausmachen.

Im hoch kommerzialisierten Sport ist sein Verhalten aber die große Ausnahme. Viel verbreiteter ist die Einstellung, die überall in der Gesellschaft anzutreffen ist, der Ehrliche sei der Dumme. Ausgerechnet in einer Sphäre, in der der Grundsatz gilt, der Sieger nimmt alles, auf eine übersteigerte Moral zu setzen, die deutlich über das Maß hinausgeht, mit dem wir im Alltag rechnen dürfen, wirkt rührend und naiv zugleich. Es ist eben eine Lüge, im bezahlten Sport unverdrossen zu behaupten, dabei sein sei alles. Spitzenathleten leisten heute ohnehin schon Übermenschliches, sie müssen nicht auch noch moralisch auf den vorderen Plätzen sein.

Deshalb ist es auch sinnlos, beim Dopingproblem auf die Moralität des einzelnen Sportlers zu setzen. Viel wichtiger ist der Blick darauf, ob die Regeln so sind, dass sie zentralen Fairnessprinzipien entsprechen, wie sie für die Gesellschaft insgesamt wünschenswert wären. Eine Sklavenhaltergesellschaft hätte mit dem Doping ebenso wenig ein Problem, wie es kommunistische Diktaturen hatten. Auf diesem Feld hat der Sport tatsächlich einiges zu bieten, hier lässt sich viel über Gerechtigkeit lernen.

Wobei sofort hinzugefügt werden muss, dass der Sport einer ganz bestimmten Theorie der Gerechtigkeit verpflichtet ist. Er verfolgt selbstverständlich nicht die Idee der Gerechtigkeit als Gleichheit im Ergebnis. Das wäre für Athleten und Zuschauer gleichermaßen absurd. Egalitaristen, die idealerweise den Kuchen immer in gleich große Stücke schneiden wollen, werden an den Regeln des Sports wenig Freude haben, denn am Ende geht es immer um Sieg oder

Niederlage, aber nicht um Umverteilung oder Solidarität mit den Schwachen. Die Gerechtigkeitsfrage stellt sich immer nur vor dem Startschuss: Sind tatsächlich alle Athleten, die gegeneinander antreten, in ihren Chancen gleichgestellt? Beginnen alle den Sprint am Punkt null? Oder gibt es da einen, der heimliche Vorteile genießt? Der Sport zehrt von der Idee der Chancengleichheit, um anschließend Ungleichheit produzieren zu können. Der Leistungssport – und das ist das Politische an ihm – versucht, das einzulösen, was die nur sogenannte Leistungsgesellschaft nicht hinkriegt. Denn dort entscheidet fast immer soziale Herkunft über Lebenschancen, der Weg nach oben ist häufig verriegelt. Hier fehlt die gesellschaftliche Fairness, um die der Sport derzeit ringt.

Zur Faszination des Sports gehört ganz wesentlich, dass hier immer wieder neue Aufsteigergeschichten erzählt werden können. Wenigstens hier trägt das oft strapazierte Bild von der sozialen Leiter: Wer sie erklommen hat, verdankt seinen Erfolg eigener Anstrengung, der Kraft seines Willens. Und es ist der saubere Weg, der Bewunderung erntet, nicht die krumme Tour. Mit dem siegreichen Athleten feiern wir die Idee des autonomen Subjekts, das sich selbst zu steigern vermag, ohne auf technische Manipulation angewiesen zu sein. Der Sieger auf dem Treppchen verkörpert ein Ideal von uns selbst, kein fernes Ideal. Sein Triumph ist auch unser Triumph. Anders lässt sich die Leidenschaft der Beobachter auf den Tribünen kaum erklären.

Man mag mit einer Prise Zynismus und mit Blick auf Sportarten, die notorisch von Doping durchseucht sind, zu dem Schluss kommen, dass dies alles inszenierte Illusionen sind. Selbstverständlich handelt es sich um Inszenierung, schließlich ist es ein Spiel. Wer daraus aber den Schluss zieht, dass man den Kampf gegen das Doping aufgeben sollte, weil er ohnehin nicht zu gewinnen sei, sollte wissen, dass er gleichzeitig eine gesellschaftliche Verabredung aufkündigt.»Gedopte Helden sind keine Helden des Alltags mehr«, meint der Sportphilosoph Gunter Gebauer. Für ihn wäre eine Legalisierung vor allem eine kulturelle Revolution. Denn wir würden eine Identifikationsmöglichkeit verlieren. Der gedopte Held ist keiner mehr von uns, sondern ein Hybrid.

Nun lässt sich mit Recht einwenden, dass Chancengleichheit im Sport lediglich formal existiert. Real sind die Athleten natürlich schon immer auch vor dem Start ungleich gewesen, lange vor Erfindung der ersten Anabolika. Im Wettkampfsport ging es von vornherein darum, existierende Ungleichheit zu regulieren. Talente und genetische Anlagen sind höchst ungerecht verteilt, das wird keine Fairnessregel kompensieren können. Der weniger Begabte hat allenfalls die Chance, durch vermehrten Trainingsfleiß zum genetisch Privilegierten aufzuschließen.

Aber jede Sportart hat sich Gedanken darüber gemacht, wie Ungleiche vergleichbar gemacht werden können. So schuf man beispielsweise in den Kampfsportarten Gewichtsklassen, weil es unfair wäre, einen 90-Kilo-Mann gegen einen Hänfling antreten zu lassen. Aus dem gleichen Grund hat der Sport auch verteidigen können, was in anderen gesellschaftlichen Bereichen längst als höchst anstößig gilt: Er ist fast die letzte Bastion mit selbstverständlich praktizierter Geschlechtertrennung, nimmt man mal den Eistanz oder das gemischte Doppel beim Tennis aus. Gleichheit der Geschlechter in dem Sinne, dass Frauen und Männer zusammenspielen, wäre unfair und langweilig zugleich.

Besonders problematisch für die Idee der Chancengleichheit ist die rasch voranschreitende Technologisierung des Sports, die höchst ungleiche Zugangsbedingungen schafft. Das Material eines Badeanzugs oder eines Rennschlittens kann über Sieg oder Niederlage entscheiden. Ein teures Höhentraining in Bolivien, das in seiner Wirkung mit dem Blutdoping durch das Medikament EPO vergleichbar ist, können sich nur wohlhabende Sportler leisten. Ausgefeilte Trainings- und Ernährungspläne beruhen genauso auf sportwissenschaftlichem Know-how, das längst nicht für jeden verfügbar ist, wie aufwendige Video-Analysen von Gegnern auf dem Spielfeld.

Ein mittelloser Kenianer ist allein auf Willensstärke und die Kraft seines Körpers angewiesen, wenn er Olympiasieger werden will. Er kann einen Marathon gewinnen, aber kein Bahnradrennen mit einem Hightechbike, das eigens für den Sprinter in einem Forschungsinstitut entwickelt wurde. Die Systemlogik des professionell betriebenen Sports, in der der Athlet selbst nur noch der sichtbare Teil einer Funktionskette ist, lässt Chancengleichheit häufig nur noch als nützlichen Mythos erscheinen. Nicht nur in der Formel 1, wo die Qualität des Fahrzeugs entscheidet, wird sie ständig pervertiert. Keineswegs zufällig wird die Formel 1 immer wieder Zirkus genannt. Damit ist bereits das Entscheidende gesagt: Im Zirkus weiß man vorher nie, was passiert. Dem Artisten reicht es nicht, lediglich perfekter sein zu wollen als wir, er will anders sein. Unter der Kuppel gelten keine Regeln, das Staunen des Publikums ist ein gänzlich anderes als im Stadion. Der Artist ist kein Sportler. Und wir werden niemals in einem von Michael Schumachers Boliden Platz nehmen dürfen.

Der Fairness-Traum

Der Sportphilosoph Eugen König hat Dopingkritikern bereits 1996 Ignoranz gegenüber dieser Systemlogik des technologischen Sports vorgeworfen. Für ihn ist das Doping kein Unfall, der den »reinen« Sport wie aus dem Nichts erreicht habe, sondern »Ausdruck und Instrument der superlativen technologischen Denkform«, die den Sport von innen zerstöre. Und König hat recht: »Höher, schneller, weiter«, der olympische Imperativ permanenter Leistungssteigerung enthielt bereits bei Coubertin die Ideologie, den menschlichen Körper als Maschine zu betrachten. Deshalb ist es auch wenig überzeugend, wenn als Einwand gegen das Doping vorgebracht wird, es sei unnatürlich. Mit dem Gegensatz Natürlichkeit und Künstlichkeit lässt sich im modernen Sport längst nicht mehr argumentieren.

Hochleistungssport ist künstlich, unsere gesamte moderne Lebensweise ist es. Niemand erwartet, dass Sprinter aus Jamaika, die auf rätselhafte Weise in London 2012 alle Goldmedaillen in ihren Disziplinen erringen konnten, Topleistung gewissermaßen als Naturprodukt abliefern. Aber die Auswahl der technischen Hilfsmittel darf eben aus Fairnessgründen nicht ihnen allein überlassen bleiben. Was als unnatürlich empfunden wird, verletzt tatsächlich eine kulturelle Norm. Der Doper handelt nicht deshalb verwerflich, weil er versucht, Naturgesetze auszuhebeln. Er handelt verwerflich, weil er nicht mit Ernst spielt. Er ist, weil er die gemeinschaftliche Vereinbarung auf bestimmte Regeln ignoriert, der klassische Spielverderber. Im Privaten mag er mit seinem Körper tun können, was er will. Aber als Sportler im Wettkampf handelt er unfair. Wir wünschen uns, dass die sportliche Sensation aus eigener Kraft gelingt, allein durch körperliche Anstrengung. Das ist jedenfalls die Utopie der Zuschauer, die der Maschinenideologie entgegensteht.

Für den Berliner Ethiker Bernd Ladwig beruht die Faszination des Sports auf einem »modernen Kompensationsverlangen«. Unser Alltag stecke voller Zumutungen. Um ihn aushalten zu können, benötigten wir Refugien. Ladwig vergleicht das Sportereignis mit einem Spaziergang im Park, dem Bergsteigen oder dem Genuss eines Tierfilms. »Die meisten modernen Menschen finden ein ästhetisches Gefallen an einem – wie immer kunstvoll gestifteten und gehegten – Spiel natürlicher Kontingenzen.« Wer das Doping hinnimmt, bei dem natürliche Kontingenzen zu sprengen versucht werden, gebe ein weiteres Refugium preis. »Der Kampf gegen Doping im professionellen Sport wird nicht zu gewinnen sein. Aber die Niederlage fiele vernichtender aus, wenn wir ihn darum nicht länger führten.«

Es ist merkwürdig: Unter den Philosophen, die eine Leidenschaft für den Sport haben und Argumente liefern, die die intuitive Ablehnung des Dopings der allermeisten Fans stützen, macht sich ein resignativer Zug bemerkbar. Die Armstrongs werden siegen, auch wenn eine Mehrheit das gar nicht wünscht. Was im Sport passiert, ist ein Seismograf für die Entwicklung der Gesellschaft insgesamt. Der Sport mit seiner unerbittlichen Steigerungslogik eignet sich hervorragend als Versuchsfeld für den Einsatz moderner Biotechnologien und ihrer Optimierungsprogramme. Hierin ähnelt er der Börse, dem Management, dem Kriegseinsatz, eben all jenen Sphären, in denen sogenannte Leistungsträger bestrebt sind oder dazu gezwungen werden, das Maximum aus sich herauszuholen, natürliche Leistungsobergrenzen zu verschieben. Was in diesen Milieus als normal gilt, strahlt auf den Rest der Gesellschaft aus. Auch dies gehört zum Politischen des Sports.

Selbstverständlich kann der Hinweis auf Praktiken der pharmakologischen Leistungssteigerung in anderen Bereichen der Gesellschaft auch zum genau entgegengesetzten Schluss führen. Warum soll, wenn der Sport bloß Spiegel der Gesellschaft ist und nicht Vorbild, das Doping in der Konzernzentrale und in der Kälbermast erlaubt sein, im Wettkampf aber nicht? »Der Krieg gegen Doping muss scheitern«, meint der Oxforder Bioethiker Julian Savulescu, der sich für einen Realisten hält, also solle man ihn besser gleich aufgeben.

Er macht Schlagzeilen mit der Forderung, leistungssteigernde Substanzen freizugeben und von Ärzten verschreiben zu lassen. Savulescu plädiert für ein offenes Dopingsystem aus zwei Gründen: Es sei gesünder und fairer. Nun mag es zunächst absurd wirken, den Gesundheitsschutz für Athleten ausgerechnet durch Freigabe verbessern zu wollen. Gerade die Todesfälle der Vergangenheit und schwerste lebenslange Schädigungen von ehemals Aktiven werden ja gegen das Doping ins Feld geführt. Exsportler, die in ihrer Jugend zur Medikamenteneinnahme von Trainern gedrängt wurden, sehen sich als Opfer höchst verwerflicher Menschenversuche. Hier ist es nötig, ethisch zu unterscheiden: Auch Savulescu hält das Doping bei Minderjährigen für verwerflich.

Anders sieht die Sache für den Bioethiker allerdings aus, wenn es als potenziell selbstschädigendes Verhalten von Erwachsenen aus freien Stücken praktiziert wird. Wir werden später sehen, welch hohen Stellenwert in der Philosophie des Liberalismus die Auffassung hat, dass jeder als Eigentümer des eigenen Körpers das Recht hat, sich selbst zu manipulieren. Die Gesellschaft hat das nur dann zu interessieren, wenn anderen dadurch geschadet wird. Tatsächlich werden mögliche Selbstschädigungen im Sport auch permanent in Kauf genommen. Ein Boxer hält seinen Schädel hin, ein Radler riskiert den Sturz bei hoher Geschwindigkeit, ein Profi-Fußballer, der halbwegs bei Verstand ist, weiß, dass er mit einiger Wahrscheinlichkeit mit fünfzig Jahren keine Treppenstufe mehr schmerzfrei steigen kann. Hier hat Savulescu recht: Das Gesundheitsrisiko ist ein schwaches Argument der Dopinggegner. Allenfalls können sie geltend machen, dass durch das Doping vermeidbare Risiken eingegangen werden, wohingegen der drohende Kreuzbandriss immer zum Fußball gehören wird.

Savulescu dreht nun aber den Spieß rum: mehr Gesundheitsschutz durch ärztlich kontrolliertes Doping. Wenn es einen offenen und transparenten Markt für leistungssteigernde Mittel gäbe, würden nur diejenigen Substanzen verabreicht, die als einigermaßen beherrschbar gelten. Diese These hat einiges für sich, denn die größten Risiken des pharmakologischen Sports dürften mit abenteuerlichen und eben nicht kontrollierten Praktiken zu tun haben. Birgit Dressel beispielsweise, die verstorbene Siebenkämpferin, hatte in ihrer Wohnung ein Depot von über hundert verschiedenen

Medikamenten. Vielleicht hätte ein Dopingarzt nicht nur ihren Tod verhindern, sondern sogar ihre Karriere noch weiter befördern können. Ob durch eine Legalisierung Risiken gemindert und kriminelle Netzwerke zerstört werden können, ist ja auch seit Langem Gegenstand jeder Debatte um die Freigabe von Drogen.

Schwierig wird Savulescus Argumentation an anderer Stelle, bei der Frage, wie es denn zum Berufsethos des Arztes passen kann, Wachstumshormone, Anabolika, EPO und stimulierende Psychopharmaka zu verabreichen, obwohl der »Patient« gar nicht krank ist. Er müsste mit einer jahrtausendealten ärztlichen Ethik brechen, zu deren Selbstverständnis es immer gehörte, dass der Patient vor Schaden zu bewahren ist. Ähnlich wie der Sterbehelfer, der das Gift für den schönen Tod bereithält, und der Schönheitschirurg, der bei »sexy Cora« die fünfte Brustvergrößerung vornimmt, müsste der Dopingarzt bereit sein, das Ziel seines Handelns umzudefinieren. Nicht mehr heilen, lindern und trösten, sondern als Dienstleister in einem kapitalistischen Wettbewerb um die besten Lebenschancen Wünsche erfüllen.

Etwa jeder zweite Hochleistungssportler wäre bereit, innerhalb von fünf Jahren zu sterben, wenn er durch Einnahme einer Droge eine olympische Goldmedaille sicher hätte. So das Ergebnis einer berühmten Studie des Arztes Bob Goldman aus den frühen 1980er-Jahren, deren Ergebnis durch spätere Umfragen immer wieder bestätigt wurde. Ein Dopingmeister der wunscherfüllenden Medizin wüsste folglich, was seine Klientel von ihm erwartet. Savulescu geht sogar so weit, ein ethisches Dilemma für Ärzte zu konstruieren, als ob sie nur die Wahl zwischen zwei Übeln hätten: Entweder verschreiben sie die Dopingmittel oder sie treiben die Spitzensportler auf den Schwarzmarkt. Die naheliegende dritte Möglichkeit eines dopingfreien Sports wird hier schon gar nicht mehr mitgedacht.

Inwiefern soll nun aber ein offener Markt fürs Doping der Gerechtigkeit dienen? Savulescu meint, dass ein Betrug aufhört, ein Betrug zu sein, wenn es viele tun. Unter Fairness versteht er, dem ehrlichen Sportler, der der Dumme gewesen sei, weil er bislang keine Pillen geschluckt hat und deshalb nicht mehr konkurrenzfähig war, die legale Möglichkeit zu verschaffen, es nun auch zu tun. Wer so denkt, macht aus dem Doping eine sich selbst erfüllende Prophezeiung mit völlig absurdem Ergebnis: Zunächst beginnen einzelne

Athleten aktives Doping, indem sie eine neue Substanz einwerfen, die ihnen einen Vorteil vor den Konkurrenten verschaffen soll. Das spricht sich herum, sodass viele andere Athleten mit defensivem Doping reagieren, das keinen Vorteil mehr im Wettkampf bietet, sondern nur noch Nachteile vermeidet. Und schließlich, nach der Freigabe, tun es alle. Ein sinnloses Nullsummenspiel, dessen ungeschriebene Regel lautet, dass man nicht mehr nur dopen darf, sondern sogar muss.

Der Sport wird Fairnessregeln immer wieder neu aushandeln müssen. Dazu gehört die unbefriedigende Einsicht, dass es keine zeitlose Definition dafür geben wird, welche Leistung als zu Unrecht künstlich erzeugt gilt. Doping ist, was auf der verbotenen Liste steht, also immer eine Verabredung. Der Sport wird sich absehbar auch immer mehr technologisch erzeugte Probleme einhandeln. Oscar Pistorius, der erste Hybridsprinter, der es mit seinen Hightechprothesen ins olympische Halbfinale geschafft hat, konnte nur als Sympathieträger gelten, weil seine künstlichen Schenkel als Rekonstruktion von echten menschlichen Gliedmaßen angesehen wurden, als Ausgleich für einen körperlichen Nachteil. Würden dagegen künftig Prothesen fortlaufend weiter perfektioniert und die Sprinterkonkurrenz mit echten Beinen eines Tages durch diesen Vorteil deklassiert, wäre dies ein Triumph der Ingenieurskunst. Aber der sportliche Zauber wäre schlagartig verflogen. Das gesellschaftliche Spiel des Sports lebt von seiner Einfachheit. Zuschauer wollen sich darauf verlassen können, dass es wenigstens hier fair zugeht, weil die Athleten allein ihr Talent, ihren Fleiß und ihre mentale Stärke einbringen. Sport als Wettstreit der Pharmakologen und Ingenieure wäre das Ende eines Traums.

6

Optimierte Gehirne und Pharma-Philosophen

Angenommen, promiskuitiver Sex ohne Kondome sei völlig ungefährlich. Keine unerwünschte Schwangerschaft, kein Aids, auch keine anderen Geschlechtskrankheiten. Wer würde es denen verdenken, die da rufen:»Das will ich, mit möglichst vielen und möglichst oft«? Angenommen, der Mond sei keine kalte Kraterlandschaft, sondern ein Land, in dem Milch und Honig fließen, und der Weg dorthin zudem für Menschen ohne Risiko. Was wäre daran abwegig, wenn viele rufen:»Kommt, wir siedeln um«?

Auch wenn diese Beispiele erfunden sind: Philosophen lieben das Spiel mit Gedankenexperimenten. Oft sind sie absurd, lebensfern konstruiert, damit wir beim Nachdenken Abstand gewinnen von unseren Alltagsintuitionen. So konfrontieren beispielsweise Kritiker von Tierversuchen die Befürworter mit dem Gedanken, was denn wäre, wenn Außerirdische auf die Erde kämen, intelligenter als wir. Dürften die mit uns experimentieren, bloß weil wir von niederer Intelligenz sind, und an uns beispielsweise Gifte ausprobieren?

Gefährlich sind dagegen Gedankenexperimente, die so tun, als ob sie beinahe realistisch wären, ganz nah dran an unserem gewöhnlichen Leben. Heute zwar noch nicht, aber vielleicht schon morgen. Von solcher Art ist dieses hier: Eine junge Frau, Anna, überwirft sich mit ihrem Freund ausgerechnet am Morgen des Tages, an dem ihre beste Freundin heiraten will. Nach dem Streit fühlt sie sich außerstande, ihre Rolle als Trauzeugin und Organisatorin des Festtages zu erfüllen. Sie ist neben der Spur. Zugleich sieht sie sich verpflichtet, ihrer Freundin auf keinen Fall den schönsten Tag ihres Lebens zu vermiesen. Wie gut, dass ein WG-Mitbewohner ihre depressive Stimmung registriert! Er hat, weil er selbst an Depressionen leidet, eine Pille zur Hand, die nicht nur Kranken hilft, sondern auch die Stimmung gesunder Menschen hebt. Und das Beste: Dieser kleine Glücksbringer, diese Pille für den Geist, hat nur sehr selten, obendrein harmlose Nebenwirkungen. Trauzeugin besser drauf,

Hochzeit gerettet! Wäre irgendetwas daran verwerflich, wenn die Übellaunige dieses Wunderding tatsächlich ausprobieren würde?

Derart suggestiv, weil es ja nur eine mögliche Antwort zu geben scheint, fragen die Autoren eines 2009 in der Zeitschrift »Gehirn & Geist« erschienenen Memorandums unter dem Titel »Das optimierte Gehirn«. Sie kommen aus Philosophie, Psychiatrie, Rechtswissenschaften und Medizin, werden als »führende Experten« annonciert und haben sich gefunden in der »Europäischen Akademie zur Erforschung von Folgen wissenschaftlich-technischer Entwicklungen« in Bad Neuenahr-Ahrweiler, einer Forschungseinrichtung des Landes Rheinland-Pfalz und des Deutschen Zentrums für Luft- und Raumfahrt. Sie arbeiteten in einer vom Bioethiker Thorsten Galert geleiteten Projektgruppe über »Potenziale und Risiken des pharmazeutischen Enhancements psychischer Eigenschaften«.

Es ist kein Zufall, dass hier die Potenziale vor den Risiken stehen, denn die Memorandum-Gruppe wünscht, dass das Hirndoping aus der »gesellschaftlichen Schmuddelecke« herausgeholt wird. Der erste Schritt dazu ist Sprachpolitik. Weil der Begriff Hirndoping negativ besetzt sei und stets in Verbindung gebracht werde mit betrügerischen Praktiken im Spitzensport, soll er aufgegeben werden zugunsten der »neutralen« Alternative »Neuro-Enhancement«. Künftig sollen wir also wohl auf Partys davon sprechen, dass wir uns »enhanced« haben, nicht gedopt. Und wir werden daraus, wenn es nach den Pharma-Philosophen geht, kein Geheimnis machen, weil wir frei sein werden von schlechtem Gewissen.

Die Memorandum-Gruppe macht allerdings ein Geheimnis daraus, was an ihrer Sprechweise neutral sein soll. Denn to enhance heißt aufwerten, verbessern. Ein biochemisch manipuliertes Gehirn »optimiert« zu nennen, enthält bereits sprachlich die Vorentscheidung, dass der neue Zustand besser ist als der alte.

Nicht »high«, sondern »higher grades«

Bevor es um die Argumentation der Gruppe im Einzelnen gehen soll, darf man sich zunächst darüber wundern, wie viel geistige Kapazität inzwischen diesem Thema gewidmet wird. Neuro-Enhancement ist seit einigen Jahren das Modewort in der Bioethik-Szene, es entstehen laufend neue Essays, Tagungsberichte und Doktorarbeiten. Die Auseinandersetzung mit diesem Thema gehört anscheinend zu einer ordentlichen Karriere jedes Ethikprofis. Das alles lebt von der behaupteten Dringlichkeit des Problems. Philosophen sind ja für gewöhnlich geistige Einzelkämpfer. Man sollte meinen, dass die Lage sehr ernst sein muss, bevor sie sich zusammentun, um Memoranden zu verfassen. Denn solche Texte sind ja gedacht als öffentliche Intervention. Sie wollen gesellschaftliches Bewusstsein verändern. Sie erzielen besonders dann eine Wirkung, wenn sie eine Lösung für eine Ausnahmesituation anbieten. Wenn etwa die Existenz Europas auf dem Spiel steht oder ein Krieg des Westens gegen ein islamisches Land, wenn wieder mal ein Klimagipfel zu scheitern droht, dann würde man Memoranden erwarten, dann wäre der Moment, in dem eine intellektuell interessierte Öffentlichkeit neugierig wäre auf die Antworten der Philosophie. Aber Hirndoping?

Bevor die sieben deutschen Denker mit ihrem Anliegen zusammenfanden, war das Gleiche bereits in den Vereinigten Staaten geschehen. Sieben Wissenschaftler um den Bioethiker Henry Greely von der Stanford University hatten ein Jahr zuvor in der renommierten Zeitschrift »Nature« ihr Memorandum veröffentlicht, in dem ebenfalls dafür plädiert wurde, gesunden Menschen den Konsum kognitionsfördernder und stimmungsverändernder Drogen zu gestatten. Die deutsche Gruppe wollte offenbar diesen Trend nicht verpassen.

Der »Nature«-Text beginnt mit der dramatischen Diagnose, dass der Campus an den Universitäten der ganzen Welt ein Umschlagplatz für illegalen Drogenhandel geworden sei. Dort werde beispielsweise mit Ritalin gedealt, auch auf die Gefahr hin, sich strafbar zu machen. Dem modernen Drogenkonsumenten, so die Behauptung, gehe es nicht darum, »high« zu werden, er wolle »higher grades«, also höhere Abschlüsse, bessere Noten. Dieser verblüffende Befund, verbunden mit dem Vorschlag, die Gesellschaft solle die Vorteile einer medikamentösen Steigerung von kognitiven Fähigkeiten akzeptieren lernen, war der Startschuss für eine beeindruckende Medienoffensive.

Seitdem ist keine Woche vergangen, ohne dass in irgendeiner großen Zeitung darüber räsoniert wurde, ob es demnächst nötig sein werde, Prüfungskandidaten zur Urinprobe zu bitten, damit illegales

Hirndoping entlarvt werden könne. Schließlich stehe die Chancengleichheit unter den Prüflingen auf dem Spiel. Wer Berichte mit diesem Tenor gelesen hat, mag sich seitdem die Frage stellen, ob die eigene, schlechtere Note womöglich der Tatsache geschuldet ist, dass man selbst nicht rechtzeitig von der wundersamen Wirkung verfügbarer Präparate gewusst hat. Während man noch ahnungslos in der Vorlesung saß und auf klassische Lernmethoden vertraute, hat die Konkurrenz auf dem Campus schon fröhlich gedealt.

Wer wissen will, wie verbreitet die Einnahme von pharmazeutischen Mitteln bei Gesunden tatsächlich ist, die auf diese Weise ihr geistiges Leistungsvermögen oder ihre Stimmung zu verbessern versuchen, stößt in eine Grauzone. Wiederum die Zeitschrift »Nature« hat 2008 ihre Leser gefragt, wer ohne medizinische Indikation, allein aus dem Wunsch, mehr aus sich herauszuholen, beispielsweise Betablocker, Modafinil oder Methylphenidat eingenommen hat. Zwanzig Prozent gaben zu, dies schon einmal praktiziert zu haben. Weil »Nature« mehrheitlich von Akademikern gelesen wird, wurde daraus rasch die dramatischste Zahl, die momentan auf dem Umfragemarkt zum Thema Hirndoping zu haben ist. »Jeder fünfte Wissenschaftler« hat angeblich schon einmal seine grauen Zellen medikamentös stimuliert. Diese Zahl ging um die Welt.

In Deutschland war es die Deutsche Angestellten-Krankenkasse, die Genaueres wissen wollte über Praktiken des Dopings am Arbeitsplatz. Von gut 3000 befragten Arbeitnehmern räumten fünf Prozent ein, solche Präparate schon konsumiert zu haben, »um eine bessere berufliche Performance zu erreichen«, zwei Prozent sogar regelmäßig. Also deutlich niedrigere Zahlen als in den Vereinigten Staaten und dennoch möglicherweise immer noch zu hoch.

Der Psychiater Klaus Lieb, Direktor der Psychiatrie in der Mainzer Uniklinik, hat für seine Studie gut 1000 Gymnasiasten und 500 Studenten danach gefragt, mit welchen Substanzen sie bislang experimentiert haben, um Konzentration, Aufmerksamkeit oder Wachheit zu steigern, und kam dabei auf eine Quote von drei bis vier Prozent, wobei darin auch harte illegale Psychodrogen wie Ecstasy oder Kokain enthalten sind. An Liebs empirischer Studie ist zweierlei besonders interessant: Zunächst einmal werden die meisten Medikamente eingenommen, ohne dass sich die gewünschte Wirkung einstellt. Denn was Alzheimerkranken, Patienten mit Schlafzwang oder depressiven Menschen helfen mag, wirkt nicht automatisch leistungssteigernd bei Gesunden.

Die meisten der befragten Schüler und Studenten haben es mit Methylphenidat probiert, das unter dem Markennamen Ritalin bekannt ist. Es gibt keine Belege dafür, dass es die kognitive Fitness bei Konsumenten steigern kann, die frei sind von den Symptomen, die heute Aufmerksamkeitsdefizitsyndrom genannt werden. Genauso wenig sind Antidepressiva dazu geeignet, die Stimmung von Gesunden weiter zu heben. Antidementiva, die die Gedächtnisleistung von Alzheimerpatienten verbessern sollen, müssten nach dem Wenigen, was man über ihre Wirkung bei Gesunden bislang weiß, wohl schon über einen langen Zeitraum eingenommen werden, um einen positiven Effekt zu entfalten. »Bisher ist es nicht gelungen, die Fortschritte der Hirnforschung in pharmakologische Entwicklungsmethoden zu übersetzen, die es erlauben würden, Moleküle mit gewünschten Wirkungen gezielt herzustellen«, so auch der New Yorker Medizinanthropologe Nicolas Langlitz. Er erwähnt eine Studie an amerikanischen Collegestudenten, die im Schnitt sogar schlechtere Noten geschrieben haben, nachdem sie vermeintlich leistungssteigernde Präparate genommen hatten.

Kognitive Smartpills, die die Intelligenz steigern könnten, gibt es also nicht. Es bleibt allein die in der Tat gegebene Möglichkeit, Aufmerksamkeit und Wachheit zu verbessern. Eine gewisse Beliebtheit als Wachmacher haben neben Ritalin inzwischen die Partydroge Amphetamin und das Psychostimulans Modafinil, das Narkolepsiepatienten verschrieben wird. Wer vor der entscheidenden Prüfung die Nacht lernend verbracht hat, mag damit seine Müdigkeit kompensieren können. Er riskiert aber gleichwohl Leistungseinbußen. Der Psychiater Lieb berichtet von Probanden, denen man nach Schlafentzug Modafinil verabreicht hatte, um anschließend ihre Fahrleistung in einem Simulator zu testen. Gut fahren konnten sie tatsächlich, aber die realistische Einschätzung ihres Leistungsvermögens ging verloren.

Daher warnt Lieb vor hirngedopten Leistungsträgern, die meinen, über längere Zeiträume hinweg mit wenigen Stunden Schlaf auskommen zu können, in ihrer Stimmung zwischen Euphorie und Gereiztheit schwanken und in ihren Handlungen so beschleunigt sind, dass sie zu falschen Einschätzungen von Gefahren gelangen.

Einen wachen Chirurgen wünscht sich jeder Kranke vor der Operation, aber einen, der unter Modafinil bereit ist, höhere Risiken einzugehen, bestimmt nicht.

Der zweite, besonders brisante Befund von Liebs Studie betrifft die inzwischen latent vorhandene Bereitschaft zum Hirndoping für den angenommenen Fall, dass die Stimulanzien tatsächlich frei von Nebenwirkungen wären. Mehr als 80 Prozent der befragten Schüler und Studenten gaben an, solche Wunderpillen dann auch ausprobieren zu wollen. Diese Zahl lässt sich nur so deuten, dass die Idee der Selbstoptimierung bei Gymnasiasten und Studenten – immerhin die Nachwuchsreserve für die Schaltstellen dieser Gesellschaft – inzwischen fest verankert ist.

Wenn Medienberichte immer wieder suggerieren, die Konkurrenz schlafe nicht, sondern nehme Modafinil, um hellwach zu sein, dann könnte in den Institutionen, in denen die besten Plätze der Konkurrenzgesellschaft vergeben werden, ein ähnlicher Prozess einsetzen wie im Hochleistungssport. Das aktive Doping von wenigen schlägt um in das passive Doping derer, die meinen, nur auf diese Weise mithalten zu können. Bereits der Argwohn, dass andere es tun könnten, produziert ein Probierverhalten. Allein die beschriebenen Risiken und Nebenwirkungen auf dem Beipackzettel der bereits verfügbaren Neuropillen scheinen momentan noch einem massenhaften Konsum entgegenzustehen.

Wie Kaffee trinken und Schokolade essen?

Dies ist die Folie, vor der die Befürworter des Neuro-Enhancements ihre momentan so beliebten Gedankenspiele entwickeln. Sie nehmen ein grundsätzliches Interesse am Konsum von Smartpills als gegeben an, um es sodann durch die mediale Verbreitung steiler Thesen massiv zu verstärken. Das Ethikteam um Thorsten Galert hat sich mit der Geschichte von Anna und der gefährdeten Hochzeitsfeier gleich in mehrfacher Hinsicht für ein äußerst problematisches Szenario entschieden. Zunächst einmal ist es in einem luftleeren Raum angesiedelt. Nicht der Umgang mit heute verfügbaren Psychosubstanzen wird ethisch durchgespielt, sondern die zarte Versuchung einer erst noch zu entwickelnden Wunderpille. Nun behandeln die Autoren ihr Gedankenspiel aber nicht so wie die gefahrlose Reise zum Paradies Mond oder den risikolosen Sex ohne Kondom, also als fern von unserer Realität, sondern als konkrete Option von morgen. Hier wird mit der Logik des »Coming soon« philosophiert, die wir üblicherweise aus der Werbung kennen. Wir wissen zwar noch nicht, was die Firma Apple für ein Produkt in der Pipeline hat, aber es wird großartig sein und unseren Alltag verändern. Also sollten wir uns heute schon für den Kauf entscheiden.

Nüchtern betrachtet ist es aber unwahrscheinlich, dass es der Pharmaindustrie gelingen könnte, ein Präparat zu entwickeln, »das mindestens so anregt wie Sekt, ohne die Beeinträchtigungen durch Schwips und Kater nach sich zu ziehen«, wie es im Memorandum heißt. Nicolas Langlitz hat darauf hingewiesen, dass die Pharmaziegeschichte des 20. Jahrhunderts etliche Beispiele dafür kennt, dass neuartige Wunderdrogen zunächst gefeiert und bald darauf wegen der zutage tretenden Risiken verteufelt wurden. Wer high sein will, wird wohl auch in Zukunft bereit sein müssen, Wagnisse einzugehen. Gelänge es allerdings, diese Risiken als akzeptabel darzustellen, dann würde sich für die Industrie ein riesiger Markt eröffnen. Ethiker hätten rechtzeitig Akzeptanz dafür geschaffen, dass Medikamente, die bislang Kranken verschrieben wurden, künftig problemlos ohne Rezept zu haben sind. Zugleich treiben sie mit ihren Thesen den Diskurs um Optimierung voran, der ja momentan synchron auf verschiedenen gesellschaftlichen Feldern geführt wird. Ihre Vorstellungen fügen sich nahtlos in das Bild, den Menschen als Mängelwesen zu betrachten, das es selbst in der Hand hat, seine defizitäre Natur zu überwinden. Und sei es mit den Mitteln der Biochemie.

Die Memorandum-Gruppe leistet ihren Beitrag zur Akzeptanz von Happy Pills allein schon dadurch, dass sie sie mit konventionellen Techniken vergleicht, mit denen wir unseren Geist zu wecken und unser seelisches Befinden zu verbessern versuchen. Allen Ernstes werden hier Denksport, Coaching und Meditation genannt, aber auch das Kaffeetrinken und Schokoladeessen. Hier würde man die Enhancement-Philosophen gerne zum vergleichenden Selbstversuch bitten: erst eine Praline, dann Modafinil.

Problematisch an Annas Geschichte ist zudem, dass sie im falschen Theater spielt. Auf die Frage, ob etwas daran verwerflich sei, wenn sie die Wunderpille nimmt, sind wir deshalb geneigt, Nein zu sagen, weil nicht alle Tage Hochzeit der besten Freundin ist. Hirndoping, das in diesem konstruierten Fall aus uneigennützigen Motiven praktiziert wird, empfiehlt sich hier geradezu als moralische Tat. Deshalb wirkt das Beispiel so suggestiv. Worum in der aktuellen Debatte aber tatsächlich gerungen wird, ist etwas völlig anderes: ob nämlich ein Kandidat der Konkurrenzgesellschaft im Wettbewerb mit anderen die Freiheit haben soll, zu diesen Mitteln aus eigennützigen Motiven zu greifen. Ob in einem zweiten Schritt aus einer vermeintlichen Freiheit sogar ein jedenfalls subjektiv so empfundener Zwang zur Selbstoptimierung werden kann. Gedankenexperimente zum Thema Hirndoping gehören in die Sphäre der Arbeit hinein, nicht auf Hochzeitsfeiern.

Natürlich wissen das auch die Autoren des Memorandums und distanzieren sich deshalb pflichtschuldig vom Bild einer künftigen Neuro-Enhancement-Gesellschaft, in der Pillen eingeworfen werden, um weitere Effizienzgewinne aus menschlicher Arbeitskraft ziehen zu können. Sie räumen ein, dass wir bereits heute unter Leistungsdruck stehen, um allerdings gleich anschließend wieder auf die Potenziale solcher Mittel hinzuweisen, »unsere Lebensfreude oder unser Mitgefühl zu fördern«.

Prompt wird schon wieder das Theater gewechselt. Denn immer unklarer wird, in welchen Fällen denn nun die Optimierung des eigenen Gehirns reizvoll und zugleich gerechtfertigt scheint. Es geht bei den Motiven zur Selbstoptimierung munter hin und her: zwischen erhöhter Leistungsfähigkeit am Arbeitsplatz, der Möglichkeit, leichter Chinesisch lernen oder tieferen Musikgenuss empfinden zu können, und nun sogar der Aussicht, dass wir medikamentös unsere Empathiefähigkeit steigern könnten. Eine Wunderpille, die moralisch macht, ohne Risiken und Nebenwirkungen.

Wer all dies zugleich für wünschenswert hält, verlässt endgültig das Szenario von Anna und der Hochzeitsfeier, das uns nahelegt, die einmalige Einnahme einer Pille könne eine Ausnahmesituation retten. Thorsten Galert und seine bioethischen Mitstreiter normalisieren dagegen den Gedanken, dass eine Gesellschaft insgesamt auf Droge geht, wenn diese »das Leben vieler Menschen besser machen« könne. Dass der Konsument solcher Hirndrogen seine Persönlichkeit verändert, wird nicht nur als Nebenfolge in Kauf genommen, sondern offen als Ziel benannt. Wiederum dienen Kaffeegenuss und

Meditation als Beispiele dafür, dass wir doch immerzu bestrebt seien, unsere Persönlichkeit zu beeinflussen und mentale Zustände zu verändern. In der Logik nennt man diese Figur Syllogismus. Viele unserer Handlungen sind darauf gerichtet, unsere kognitiven Fähigkeiten zu verändern. Hirndoping verändert ebenfalls unsere kognitiven Fähigkeiten. Folglich ist es prinzipiell das Gleiche wie Kaffeetrinken, Denksport oder Coaching. Wer den Syllogismus für glaubwürdig hält, wird pharmazeutisch herbeigeführte Persönlichkeitsveränderungen als undramatisch ansehen und die Unterscheidung zwischen zulässigen und unzulässigen mentalen Techniken als Willkür empfinden. Dabei funktioniert sie in unserem Alltag alles in allem ganz gut. Wir unterscheiden zwischen legalen und illegalen Drogen, zwischen verschreibungspflichtigen und frei erhältlichen Substanzen. Bestimmte Grenzziehungen mögen da problematisch sein, aber der Grundgedanke ist richtig: immer die Frage zu stellen, ob die angestrebte Persönlichkeitsveränderung in einem vernünftigen Verhältnis zu den drohenden Risiken steht. Ein Schmerzpatient erhält Opiate, ein Gesunder, der einen tieferen Musikgenuss erstrebt, erhält sie nicht. Gesellschaftliches Ideal ist immer noch der klare Kopf, Süchte gelten als problematisch. Zudem unterscheiden wir nach Situationen: In geselligen Zusammenhängen, überhaupt im Privatleben, ist Alkohol akzeptiert, am Arbeitsplatz jedoch nicht. Im Alltag gelten andere Regeln als am Festtag.

Über die Freiheit, sich selbst zum Sklaven zu machen

Wechseln wir also die Kulisse von Anna und versetzen sie dorthin, wo sie hingehört. Angenommen, Anna wäre Kollegin von Barbara am Arbeitsplatz und hierarchisch mit ihr auf der gleichen Stufe. Seit einigen Monaten bemerkt Barbara an Anna auffällige Verhaltensänderungen. Sie gibt an, mit deutlich weniger Schlaf auszukommen, und heimst permanent lobende Worte des Vorgesetzten ein, weil sie so viel Arbeit wegschafft. An der Wand hinter Annas Schreibtisch hängt die Urkunde, die sie kürzlich bekommen hat: »Performerin des Monats«. Plötzlich entdeckt Barbara in Annas Papierkorb eine leere Packung Happy Brain und liest neugierig die Packungsbeilage. Dort steht unter dem Stichwort Anwendungsgebiete: schwere Depressionen sowie gewünschte Optimierung des Leistungsvermögens, kann psychisch abhängig machen, körperlich jedoch nicht.

Diese Unterscheidung ist wichtig, denn die Memorandum-Ethiker halten zwar eine mögliche körperliche Suchtgefahr für einen triftigen Grund, der gegen die Nutzung von Neuro-Enhancement-Präparaten spricht, psychische Abhängigkeit dagegen nicht. Begründet wird dies damit, dass es ohnehin nahezu unmöglich sei, ein Leben ohne psychische Abhängigkeiten zu führen. Genannt werden als durchaus staunenswerte Beispiele die romantische Liebe mit ihren Irrationalitäten oder auch das Internet, dem manche Nutzer verfallen.

Barbara nimmt nun ihren ganzen Mut zusammen und spricht Anna auf das Präparat an, woraufhin diese zugibt, es seit einigen Monaten einzunehmen. Anna beendet das Gespräch mit den Worten:»Du gehst doch auch zum Yoga!«

Drei mögliche Reaktionsweisen sind nun von Barbaras Seite aus denkbar. Erstens, sie weiß jetzt endlich, woran sie mit Anna ist, findet deren Verhalten völlig normal und steigt um von Yoga auf Happy Brain, weil es offenbar wirksamer ist. Zweitens, Barbara hält Annas Hirndoping für ungerecht, weil Anna auf diese Weise einen Vorteil erzielt hat, von dem sie nichts wusste. Drittens, Barbara hält Anna für bedauernswert, weil sie ihren Körper hergibt, um mehr leisten zu können, weil sie sogar bereit ist, auf die kostbare Gabe des Schlafs zu verzichten, um besser»performen«zu können.

Intuitiv würden wir wohl die dritte Reaktionsweise als angemessen betrachten. Anna ist gefangen in der Logik einer Arbeitsgesellschaft, in der der Grundsatz gilt: Der Sieger nimmt alles. Die Bioethiker um Galert sind dagegen auf die Optionen eins und zwei fixiert. Sie würden entgegenhalten: Anna ist nicht getrieben, sondern frei. Jeder entscheidungsfähige Mensch kann mit seinem Körper und seiner Psyche machen, was er will. Die Autoren schreiben:»Begründungsbedürftig ist demzufolge nicht die Freiheit, Neuro-Enhancement-Präparate zu nehmen – begründungsbedürftig sind vielmehr Einschränkungen dieser Freiheit!«

Damit ist das liberale Mantra formuliert, das in allen bioethischen Debatten immer wieder auftaucht: Die Beweislast wird umgekehrt. Nicht mehr der Veränderer hat sie zu tragen, wie es eigentlich geboten wäre, wenn zu prüfen ist, ob eine riskante Innovation segensreich ist oder nicht, sondern der Skeptiker. Mit dieser Argumentationsfigur lassen sich Doping im Sport, Organhandel und kommerzielle Sterbehilfe genauso begründen wie Leihmutterschaft. Über Angebot und Nachfrage wird sich der Preis für einen süßen Tod oder ein Gebärmutterleasing austarieren. Die Gesellschaft hat das alles nur zu kümmern, falls die Interessen Dritter tangiert werden. Geistiger Urheber dieses Denkens ist John Stuart Mill. Der Begründer des philosophischen Liberalismus im 19. Jahrhundert hat als Freiheitsprinzip formuliert, dass es nur einen vernünftigen Grund gibt, staatlichen Zwang auf ein Individuum auszuüben: wenn es nämlich gilt, die Schädigung eines anderen Individuums zu verhüten. Die Sorge um das Wohl des Individuums selbst darf für den Staat dagegen kein Grund sein einzuschreiten, weil es nach liberaler Vorstellung jeder Einzelne am besten versteht, seinen Interessen nachzugehen. Paternalismus ist dem Staat verboten. Damit wird eine Sperrzone individueller Selbstbestimmung errichtet.

In vielen gesellschaftlichen Konflikten ist dieses Freiheitsprinzip von Mill, das manchmal auch Schadensprinzip genannt wird, ein hervorragendes Korrektiv, um jeweils zu prüfen, ob es tatsächlich gerechtfertigt ist, ein bestimmtes Verhalten der Bürger von staatlicher Seite zu reglementieren. Aber als Dogma taugt es nicht. Denn wer wollte bestreiten, dass ein vergleichsweise sanfter Paternalismus wie die Anschnallpflicht für Autofahrer oder die Helmpflicht für Motorradfahrer sich in der Praxis als sinnvoll erwiesen hat? Konsequenterweise müsste ein auf die Spitze getriebenes Freiheitsprinzip, das nicht mehr verhandelbar ist, auch die Vorstellung enthalten, dass die Gesellschaft tatenlos zuschaut, wenn, wie im Fall des sogenannten »Kannibalen von Rotenburg« geschehen, ein Mensch darum bittet, getötet und anschließend verspeist zu werden.

Unverhandelbar ist das Freiheitsprinzip also gerade nicht. Die Autoren des Neuro-Enhancement-Memorandums behaupten aber das Gegenteil. Das Recht, über persönliches Wohlergehen selbst zu bestimmen, über den eigenen Körper und die eigene Psyche, setzen sie absolut.

Zweierlei ist an dieser Stelle wichtig, um Missverständnisse zu vermeiden. Zunächst wäre es dumm zu bestreiten, dass individuelle Freiheitsrechte ein in der Moderne hart erkämpftes Gut sind, das unbedingt verteidigt werden muss. Zu kritisieren ist allerdings, dass der Freiheitsbegriff in der derzeit dominanten Strömung der Bioethik, die sich liberal nennt, immerzu eng geführt wird. Es ist eine halbierte Vorstellung von Freiheit, die hier gepflegt wird. Der Freiheit *von* etwas, also dem legitimen Schutzbedürfnis des Individuums vor einem möglicherweise übergriffigen Gemeinwesen, fehlt die Freiheit *zu* etwas an ihrer Seite. Also eine Vorstellung davon, wie sich Individuen aus freiwilligem Entschluss an Werte binden können, die ein gelingendes Gemeinwesen überhaupt erst ermöglichen. Eine Vorstellung also vom gemeinschaftlichen guten Leben. Der Liberalismus neigt dazu, die gesellige Seite des Menschen zu vergessen, indem er das stolze Ich auf einen Sockel stellt. Ein gutes Leben führen wir nicht in Einsamkeit, sondern als soziale Wesen. Wir sind keine Monaden, die autonom vor sich hin existieren.

Unter diesem Blickwinkel ist die Geschichte von Anna und Barbara vielleicht klarer: Arbeitsverhältnisse, die so gestaltet sind, dass abhängig Beschäftigte ihre Chancen meinen dadurch steigern zu müssen, dass sie Medikamente nehmen, sind unvereinbar mit dieser Idee vom guten Leben. Wer Hirndoping in dieser Sphäre als Freiheitsrecht feiert, impliziert damit auch die Freiheit, sich selbst zum Sklaven zu machen.

Zum Zweiten ist ein Hinweis darauf wichtig, was Ethik eigentlich leisten kann, wenn gesellschaftliche Debatten wie die über das Hirndoping ausgetragen werden. Ethiker sind keine Polizisten. Ihre Arbeit erschöpft sich nicht darin, Gebote und Verbote auszusprechen. Thorsten Galert und seine Mitstreiter, zu denen auch die Medizinethikerin Bettina Schöne-Seifert und der Rechtsphilosoph Reinhard Merkel gehören, behandeln ihr Thema aber so, als ob mit der Aussage, es gebe keine starken Gründe, die für ein Verbot von Neuro-Enhancement-Präparaten sprechen, das Wesentliche gesagt sei. Die Frage nach dem guten Leben reicht aber weiter. Sie hält ein Bewusstsein dafür offen, dass bestimmte Praktiken, die legal sein mögen, trotzdem gesellschaftlich problematisch sind. In einer Gesellschaft muss das Recht gewahrt bleiben, bestimmte individuelle Lebensstile zu kritisieren, wenn sie eine Wirkung über das einzelne Individuum hinaus entfalten. Auch wenn diese Kritik dann eher eine kulturelle denn eine im engen Sinne ethische ist.

So ist es beispielsweise nicht nur legitim, sondern angesichts des globalen Desasters, das die Finanzkrise angerichtet hat, geradezu dringlich, den verantwortlichen Akteuren eine Reflexion darüber abzuverlangen, inwiefern ihr kollektiver Verlust einer realistischen Einschätzung von Risiken mit einem kollektiv gepflegten Lebensstil zusammenhängt. Mit entgrenzter Arbeit, die Maß und Rhythmus verloren hat, mit demonstrativ gelebter Bindungslosigkeit, mit der übersteigerten Selbstwahrnehmung, durch das Jonglieren mit gigantischen Geldsummen ein »Master of the Universe« zu sein. Heute interessieren sich Historiker dafür, welche Rolle Wachmacherdrogen im Zweiten Weltkrieg gespielt haben. Morgen werden sie vermutlich recherchieren, ob Entscheidungen in Börse und Management, die das Leben vieler Menschen beeinflusst haben, unter der Wirkung von Modafinil getroffen worden sind. Jedenfalls gelten diese Milieus als dem Hirndoping besonders zugetan. Die Risiken und Nebenwirkungen mögen für den Konsumenten akzeptabel scheinen, für das Gemeinwesen sind sie es nicht.

Aber zurück zu Anna, der Büroexistenz, die ja kein »Master of the Universe« ist, sondern lediglich ihren Platz in der Konkurrenzgesellschaft behaupten oder sogar verbessern will durch die Einnahme von Happy Brain. Ähnlich wie im Leistungssport dreht sich die bioethische Enhancement-Debatte um Gerechtigkeitsfragen, also um Option zwei der möglichen Reaktionsweisen von Barbara auf Annas Verhalten. Wäre Barbara als Annas Kollegin im Recht, wenn sie böse auf sie wäre? Die Autoren des Memorandums befassen sich mit der Norm der Gleichheit, die den meisten Gerechtigkeitskonzeptionen zugrunde liegt und ähnlich wie beim Hundertmeterlauf heute zumeist als Chancengleichheit aufgefasst wird. Beim Start soll niemand einen unzulässigen Vorteil haben.

An dieser Stelle greifen die Enhancement-Philosophen um Galert zu einem argumentativen Trick. Sie weisen darauf hin, dass in unserer Gesellschaft Startchancen ohnehin ungleich verteilt sind, weil manche dadurch privilegiert sind, dass der Status der Eltern über ihre Lebensoptionen entscheidet. Sie genießen teure Bildung in Privatschulen und Eliteuniversitäten. Der Trick funktioniert im Wortlaut so: »Wenn der Kauf ungleicher Chancen durch eine Ausbildung in Salem und Harvard die Gerechtigkeit nicht verletzt, warum dann der Kauf analoger Effekte durch Neuro-Enhancement?« Unverhofft sieht man sich nun als Hirndoping-Gegner in die Rolle des Befürworters harter Ungleichheit versetzt, als habe man das teure College gutgeheißen. Die Behauptung lautet, in liberalen Gesellschaften würden wir erhebliche soziale Unterschiede akzeptieren, ohne dass geklärt wird, wer dieses Wir eigentlich ist. So wird mit einem Federstrich aus einem Sein ein Sollen und der Kapitalismus zur besten aller Welten.

Kurioserweise schlagen die liberalen Bioethiker vor, mögliche Ungerechtigkeiten auf gewissermaßen sozialdemokratische Weise auszugleichen: durch Umverteilung. Der Staat könne gegensteuern, damit sich nicht nur Begüterte ein optimiertes Gehirn leisten können.»In der Praxis könnte der Staat beispielsweise den Kauf von Neuro-Enhancement-Präparaten (NEPs) durch wohlhabende Personen besteuern und das damit eingenommene Geld für öffentliche Bildungsförderung verwenden – etwa zur Subventionierung von NEPs für Einkommensschwache [...]. Wäre der Nutzen für die gesamte Gesellschaft – die allgemeine Anhebung des geistigen Niveaus – nicht ein gewichtiges Argument für diese Lösung?«

Keine PR-Abteilung im Pharmakonzern würde sich trauen, so dreist zu formulieren. Unversehens hat die erst noch zu erfindende Pille eine weitere wundersame Eigenschaft hinzugewonnen: Sie macht uns nicht nur besser gelaunt, wacher und konzentrierter, sondern auch klüger. Der völlig unglaubwürdige Syllogismus, dass mit einer Hirndroge analoge Effekte zu erreichen seien wie mit einer exklusiven Bildungsbiografie, wird uns untergeschmuggelt. Warum sich noch beim Lernen anstrengen, wenn es doch künftig eine mühelose pharmazeutische Abkürzung gibt? Soziale Probleme, diese Illusion wird hier genährt, lassen sich auch medikamentös lösen.

Man müsste diese Glasperlenspiele nicht ernst nehmen, wenn nicht auf diese Weise eine bedenkliche gesellschaftliche Praxis im Nachhinein geadelt würde. Wenn Kevin aus der Unterschicht mit seinen Persönlichkeitsmerkmalen nicht ins PISA-förmige Schulsystem passt, dann bekommt er halt Ritalin. Die Subventionierung von NEPs findet längst statt, allerdings wird dazu bislang noch die Konstruktion benötigt, dass Kevin krank sei. 34 Kilo Methylphenidat sind 1993 in Deutschland gegen ADHS verschrieben worden, im Jahr 2011 waren es bereits 1791 Kilo.

Was macht Barbara?

Was das Memorandum nahelegt, ist nichts anderes als ein kultureller Bruch mit der humanistischen Vorstellung von Bildung. Die klassischen Bildungsromane von Goethes »Wilhelm Meister« bis zu Moritz' »Anton Reiser« waren geprägt von der Vorstellung, dass Bildung ein langer, oft mühevoller Prozess ist. Dieser Prozess wurde verstanden als allmähliche Reifung. Als Persönlichkeitsentwicklung, die sich über zahlreiche Widerstände hinweg vollzieht. Bildung bedeutete etwas anderes als das Erlernen eines möglichst großen Pensums an Wissen innerhalb möglichst kurzer Zeit. Jeder gute Pädagoge arbeitet bis heute mit diesem erzieherischen Ethos. Gerade das Aushalten von Erfahrungen der Frustration gehörte wesentlich dazu. Manche Neurophilosophen sehen ihre Aufgabe offenbar darin, solche Erfahrungen für verzichtbar zu erklären. Niemand soll mehr frustriert sein müssen, lautet ihr implizites Glücksversprechen, alle dürfen gut drauf sein.

Möglich ist das deshalb, weil Erkenntnisse der Hirnbiologie als anthropologische Tatsachen gehandelt werden. Wenn ich weiß, was biochemisch im Kopf passiert, so das Missverständnis, weiß ich beispielsweise auch, was Freude und Melancholie sind. Das eine beruht auf der Aktivität von Dopamin, das andere auf einem Mangel an Serotonin. Emotionale, menschliche Grunderfahrungen, von denen wir meinten, sie gehörten zur Conditio humana, werden von Neurophilosophen als objektivierbare Zustände beschrieben, die jederzeit veränderbar sind.

Wenn Persönlichkeit, Identität, Authentizität als überholte Konstrukte von gestern gelten, besteht kein Grund mehr, darauf zu verzichten, sich selbst durch psychoaktive Substanzen neu zu gestalten. So heißt es im Memorandum:»Der melancholische Dichter kann doch ruhig einmal ausprobieren, wie es wäre, weniger schwermütig zu sein. Sollte seine Kreativität darunter leiden und er diesen Verlust durch den Zugewinn an Lebensfreude nicht kompensiert finden, kann er das NEP absetzen (und vielleicht ein wunderbares Gedicht über den hinter ihm liegenden Zustand der Selbstentfremdung schreiben).«

Schöne neue Welt. Ein postmoderner Goethe hätte es selbst in der Hand, ob er zwischendurch ein bisschen schwermütig sein will, um diese Schwermut in unsterbliche Zeilen wie diese zu verwandeln:»Und wenn der Mensch in seiner Qual verstummt/Gab mir ein Gott, zu sagen, was ich leide«.

Die Gerechtigkeitslogik der Neuro-Enhancement-Philosophen hat wiederum PR-Format. Erst wird ein neues Bedürfnis konstruiert, das optimierte Gehirn als wünschenswerter Zustand, um anschließend die Erfüllung dieses Bedürfnisses gleichsam als Menschenrecht zu behandeln. Niemand soll sein Hirn dopen müssen, aber jeder soll es dürfen. Aus Fairnessgründen dann bitte zum möglichst kleinen Preis. Arthur Caplan, einer der bekanntesten Bioethiker in den Vereinigten Staaten, hat diesen Pfad bereits 2004 vorgezeichnet. In seinem Essay »Ist besser das Beste?« schreibt er:»In Wirklichkeit ist es unwahrscheinlich, dass irgendein Zwang ausgeübt werden muss, um Menschen dazu zu bewegen, ihre Gehirne zu optimieren. Marktwirtschaftlich geregelte Gesellschaften fördern Verbesserungen. Religiöse ebenso wie säkulare Gesellschaften belohnen die Mitglieder, die Verbesserung anstreben; jede Religion dieser Welt begreift die individuelle Verbesserung und die der Kinder als eine moralische Pflicht. Wenn überhaupt, dann verlangt die bevorstehende neurowissenschaftliche Revolution von uns, rechtliche und soziale Regelungen zu treffen, die jedem einen fairen Zugriff auf das gewähren, was die meisten von uns für das Richtige halten.«

Das Zitat dürfte klarmachen, von welch waghalsigen Voraussetzungen diese Ideologie lebt, die für sich das Label Bioethik beansprucht. Falls die Neurowissenschaft nicht liefern kann, was als Verheißung versprochen wird, bricht das komplette Gedankengebäude zusammen. Revolutionen, die angeblich bevorstehen, sind bekanntlich schon häufiger ausgeblieben, auch in der Geschichte der Medizin.»Die Erfindung eines Psychopharmakons, das uns ohne Nebenwirkungen schlauer machen könnte, wäre ein in der Wissenschaftsgeschichte präzedenzloser Fall«, so das ernüchternde Fazit des Medizinanthropologen Nicolas Langlitz.

Unseriös ist auch der Kurzschluss, jede Religion habe Hirndoping automatisch als individuelle Verbesserung zu begreifen, aus der sodann gar eine moralische Pflicht würde. Im Gegenteil gehört es ja gerade wesentlich zum religiösen Denken, Menschen in ihrer Unvollkommenheit und Hinfälligkeit anzunehmen. Dass ein Mensch schwach sein darf und frei von dem Zwang, sich unbedingt zu verbessern, war es ja gerade, was Friedrich Nietzsche, der den Übermenschen wollte, am Christentum so geärgert hat.

Caplan kann sich zudem offenbar nicht entscheiden, was uns denn nun nach den Glückspillen greifen lassen wird: der Entschluss aus freien Stücken, weil es eine prima Sache ist, oder das Wissen darum, dass dieser Schritt von der Gesellschaft erwünscht ist und auch belohnt wird? Immerhin deutet Caplan mit dieser begrifflichen Unschärfe bereits an, wie nah individuelle Freiheit und gesellschaftlicher Konformitätsdruck beieinanderliegen können. Das ist die Nahtstelle, die wir bereits aus dem Leistungssport kennen. Aus dem aktiven Doping, das wenige begünstigt, wird schnell das passive Doping, als Resultat des empfundenen Zwangs, im Wettbewerb unbedingt mithalten zu müssen. Dann läuft es in Annas Büro wie bei der Tour de France.

Anna und Barbara sollten sich stattdessen gemeinsam mit einem beliebten spieltheoretischen Gedankenexperiment, dem sogenannten Gefangenendilemma, befassen. Dann wüssten sie zumindest, welche Lösung die gerechteste wäre. Bei diesem Spiel stehen zwei Untersuchungshäftlinge vor der Frage, welche Strategie zu einem für sie günstigeren Ergebnis führt: Kooperation oder Verrat. Beide Gefangene werden getrennt voneinander verhört. Entscheiden sich beide dazu, sich gegenseitig zu vertrauen und zu schweigen, werden sie zu je zwei Jahren Haft verurteilt. Gestehen beide im Verhör, erhält jeder von ihnen eine Strafe von vier Jahren. Gesteht nur einer, kommt er als Kronzeuge mit einer einjährigen Strafe davon, während sein Mittäter, der geschwiegen hat, die Höchststrafe von sechs Jahren bekommt. Das Dilemma besteht also darin, dass es zwar kollektiv für beide günstiger wäre zu schweigen. Aber individuell kann sich der Verrat gleichwohl lohnen.

Der Versuchsaufbau des Gefangenendilemmas lässt sich nun folgendermaßen variieren: Angenommen, zwei miteinander um den betriebsinternen Aufstieg konkurrierende Arbeitnehmerinnen, Anna (A) und Barbara (B), müssen jeweils für sich entscheiden, ob sie Happy Brain nehmen sollen. Dann wird ihre Abwägung, die jede für sich vornimmt, die folgenden vier möglichen Ergebnisse produzieren: Erstens, A konsumiert Happy Brain, B aber nicht. A erzielt aus dem Konsum einen Wettbewerbsvorteil und wird dadurch möglicherweise B ausstechen, muss dafür aber ein Risiko in Kauf nehmen, siehe Beipackzettel. Zweitens, das ganze Spiel umgekehrt, B konsumiert, A aber nicht. Drittens, beide verwenden Happy Brain, niemand von beiden erzielt einen Wettbewerbsvorteil, aber beide nehmen ein Risiko auf sich. Viertens, beide verzichten auf die Pille. Folglich hat niemand einen Wettbewerbsvorteil und zugleich niemand ein Gesundheitsrisiko.

7

Moral auf Rezept

»Sind wir gut genug?« Mit dieser rhetorischen Frage beginnt das von Nick Bostrom und Julian Savulescu herausgegebene Buch über »Human Enhancement« aus dem Jahr 2009. Beide gehören zu den Propheten des Transhumanismus, die das Streben nach technischer Perfektionierung nicht nur erlauben wollen, sondern sogar für geboten halten. Wir sind nicht gut genug, deshalb ist es unsere moralische Pflicht, uns permanent zu optimieren. Die Frage der beiden Philosophen, die an der renommierten Oxford University lehren, enthält eine interessante Zweideutigkeit. Sie ließe sich zunächst so verstehen, dass der Mensch in einem handwerklichen Sinne besser sein könnte, als er ist. Folglich sollte man sich immer wieder aufs Neue den Bauplan vornehmen: Arbeit am Projekt Mensch als Verfügung über dessen biologische Grundlagen.

»Sind wir gut genug« stellt in einem zweiten Sinne aber auch die Frage nach der Moralität des Menschen. Einige Enhancement-Philosophen sind längst waghalsig genug, die bislang rein fiktive Möglichkeit zu erörtern, mittels psychoaktiver Substanzen ein moralisch erwünschtes Verhalten zu befördern. Was der Ethik als philosophischer Disziplin über Jahrtausende nicht annähernd gelungen ist, soll nun offenbar die Medizin richten. Moral wahlweise als Pille oder Saft, die Darreichungsform kennt man noch nicht so genau.

Savulescu geht gar so weit, moralisches Enhancement angesichts globaler Probleme mit der kommenden Notwendigkeit in Verbindung zu bringen, die Menschheit insgesamt zu retten. Sein Credo lautet, dass unsere angeborene Moralität nicht reicht, um mit der technologischen Welt, die wir geschaffen haben, klarzukommen. Dies wäre nun in der Tat ein weiterer spektakulärer Kulissenwechsel im großen Enhancement-Theater: Während es bislang darum ging, die Praxis des Körper- und Hirndopings im Zeichen der Rivalität unter Gerechtigkeitsaspekten zu prüfen, soll nun der optimierte zugleich der moralisch bessere Mensch sein.

Was wäre dagegen einzuwenden, wenn auf diese Weise Gewaltbereitschaft und Aggressivität verringert und uneigennützige Verhaltensweisen gefördert würden? Emotionen, so die Überzeugung von Neurowissenschaftlern, sind nichts anderes als Biochemie. Wer sich besonders für Moral interessiert, solle unter die Schädeldecke schauen, genauer in den präfrontalen Cortex. Dort falle womöglich die Entscheidung zwischen Gut und Böse.

In diesem Zusammenhang hat es in den vergangenen Jahren ein amerikanischer Eisenbahnarbeiter zu später Prominenz gebracht, dessen Schicksal in der Neurowissenschaft als Beleg dafür gilt, was moralisch schieflaufen kann, wenn ein Gehirn geschädigt ist. Sein Name: Phineas Gage. Kurz bevor Friedrich Nietzsche im 19. Jahrhundert daranging, die traditionelle abendländische Moral zu zertrümmern, wurde der arme Mann bei einem Unfall von einer Eisenstange getroffen. Sie erwischte ihn an der linken Wange, durchbohrte den Schädel nahe an der Stirn und trat an der Schädeldecke wieder aus. Wie durch ein Wunder hat Gage den Unfall überlebt, blieb sogar bei Bewusstsein, war allerdings seitdem, laut Beschreibung seines Arztes, ein anderer Mensch. Er konnte zwar noch sprechen, sich erinnern und rational denken, aber es fehlten ihm plötzlich die emotionalen Fähigkeiten, mit seinen Mitmenschen anständig umzugehen. Gage muss so unangenehm gewesen sein, dass sein Arzt ihm bestimmt ein Moral-Enhancement-Präparat verschrieben hätte, wenn es verfügbar gewesen wäre. Jedenfalls haben Neurowissenschaftler diesen Klassiker der Medizingeschichte mit ihren modernen Analysemethoden neu aufgerollt, um das moralische Problem von Phineas Gage genauer zu lokalisieren.

Allerdings ist in der Forschung die Bedeutung dieses Falles auch gleich wieder relativiert worden: Moral scheint auch neurowissenschaftlich ein komplizierter Fall zu sein und die Vorstellung, dass es hinter der Stirn eine Art moralisches Zentrum geben könnte, allzu einfach. In zahlreichen Neuroinstituten auf der Welt werden derzeit Probanden in Kernspintomografen geschoben, um im Experiment herauszufinden, welche Hirnareale bei moralisch relevanten Entscheidungen aktiviert sind.

Einiges Aufsehen haben jüngst die Forschungen der Neuropsychologin Molly Crockett aus Cambridge hervorgerufen. Sie ist der

Überzeugung, dass man einen Schlüssel für moralisches Handeln in der Hand hält, wenn man die Serotoninausschüttung beeinflusst.

Zu diesem Zweck hat sie gesunden Probanden das Antidepressivum Citalopram verabreicht, um anschließend zu prüfen, inwiefern sich ein erhöhter Serotoninspiegel auf das Verhalten bei bestimmten Planspielen auswirkt.

Eines davon war das sogenannte Ultimatum-Spiel, das seit Langem in der ökonomischen Spieltheorie beliebt ist. Mit ihm soll herausgefunden werden, in welchem Maße das Prinzip der Nutzenmaximierung unser Handeln bestimmt und welche Rolle Fairnessregeln spielen.

Molly Crockett bat also zwei Kandidaten, die sich vorher nicht kannten, in ihr Labor und gab Spieler A eine Geldsumme, die er mit Spieler B teilen sollte. Wie genau der Betrag aufzuteilen war, durfte Spieler A selbst bestimmen. Allerdings hing sein persönlicher Nutzen davon ab, ob Spieler B das Angebot annimmt oder ausschlägt. Für den Fall nämlich, dass B ablehnte, gingen beide leer aus, die Forscherin erhielt das Geld zurück. A konnte sich selbst dadurch schaden, dass er ein allzu unfaires Angebot machte, B wiederum konnte sich selbst und dem unfairen Mitspieler schaden, indem er auf seine Gerechtigkeitsvorstellung pochte.

Für gewöhnlich winken bei diesem Spiel die meisten Probanden ab, wenn ihnen vom Mitspieler von zehn Euro nur drei angeboten werden. Aber je höher der Serotoninspiegel durch Antidepressiva, so das Ergebnis von Molly Crockett, desto eher waren sie geneigt, auch ein unfaires Angebot zu akzeptieren. Crockett hat auch die Gegenprobe gemacht und das Spiel unter Serotoninmangel im Gehirn spielen lassen. Dazu mussten ihre Probanden auf Nahrungsmittel wie zum Beispiel Fleisch verzichten, die reichlich Tryptophan enthalten, das inzwischen den Ruf weghat, ein Glückshormon zu sein. Fehlt es an ihm, dann können Menschen nicht nur zu Ängsten und Depressionen neigen, sie lassen sich auch weniger gefallen und lehnen unfaire Angebote eher ab, was dann im Planspiel auch prompt der Fall war.

Ist das, was wir gemeinhin für Ethik halten, also bloß das Resultat manipulierbarer Hirnchemie? Wenn Crockett aus diesem Experiment den Schluss zieht, dass Serotonin »prosoziales Verhalten« fördert, dann ist das, wie sie selbst einräumt, philosophisch höchst vieldeutig. Denn wer sich im Ultimatum-Game als Spieler B moralisch tatsächlich besser verhalten hat, wäre erst noch zu klären.

Wer für sich die Jesus-Nachfolge anstrebt, würde es vermutlich eher für geboten halten, auch einem unfairen Angebot zuzustimmen, als auf einer abstrakten Gerechtigkeitsformel zu bestehen. Dieser ethische Pfad hieße dann: auf die Stärke eines Gegenübers lieber mit eigener Schwäche reagieren. Pflichtethiker dagegen, die im Vergleich zu den Tugendethikern eher die Stärkung sozialer Normen in den Mittelpunkt rücken, würden es problematisch finden, wenn ein durch Serotoningabe gestärktes Mitgefühl zu einer höheren Bereitschaft führt, sich von anderen über den Tisch ziehen zu lassen.

Molly Crockett hat ihre Serotonin-gedopten Probanden auch das in der gegenwärtigen Philosophie beliebte Gedankenexperiment vom »Fat Man« durchspielen lassen. Ein Beobachter auf einer Brücke sieht, wie sich unten ein Zug auf ein Gleis zubewegt, auf dem fünf Menschen angekettet sind. Ihr Leben kann nur gerettet werden, wenn es gelingt, rechtzeitig eine Weiche zu verstellen. Dazu ist ein großes Gewicht nötig, das Körpergewicht des Beobachters reicht nicht aus. Darf er den dicken Mann, der neben ihm am Geländer steht, hinunterstoßen, um das Leben der fünf zu retten?

Philosophen nutzen dieses Gedankenspiel, um Überlegungen zu moralischen Dilemmata anzustellen. Situationen, in denen es nicht die Wahl gibt zwischen Gut oder Schlecht, sondern nur zwischen zwei Übeln. Molly Crocketts Spieler waren jedenfalls umso weniger geneigt, den dicken Mann zu opfern, je höher ihr Serotoninspiegel war. Für die fünf Angeketteten wäre es nach der Neuro-Logik dagegen besser, wenn ein moralisches Urteil über sie von einem Menschen gefällt würde, der lange kein Fleisch gegessen hat.

Moralisches Enhancement, das lehren die beiden Planspiele, ist ein irreführender Begriff. Denn die Erkenntnis, dass sich Menschen unter Drogen anders verhalten als sonst, ist ja trivial. Entscheidend ist der moralische Kompass, der vorher die Richtung angibt, in welcher Weise die Hirnchemie von Menschen zu beeinflussen wäre. Ein Kantianer, für den es sittlich verwerflich ist, den dicken Mann bloß als Mittel für andere Zwecke zu sehen, würde (wenn es ihm nicht aus dem gleichen Grund verboten wäre) den Serotoninspiegel des Beobachters auf der Brücke erhöhen wollen, damit der keine moralisch falsche Entscheidung trifft. Ein Utilitarist dagegen, für den fünf Menschenleben mehr zählen als eines, würde ihn versuchen zu senken.

Nicht die Medizin macht also moralisch oder unmoralisch, sondern der Mensch, der über ihre Verwendung verfügt. Die Neurowissenschaftlerin Crockett hat sich für ihre These, dass Serotonin das Mitgefühl stärkt, prompt die Kritik zweier Bioethiker eingefangen, die utilitaristisch argumentieren: Sarah Chan und John Harris aus Manchester führen als Beispiel aus dem wirklichen Leben das Verhalten des Niederländers Jasper Schuringa an. Der hatte 2009 auf einem Flug nach Detroit bemerkt, dass ein Terrorist eine Bombe zünden wollte. Schuringa attackierte ihn und hat wohl auf diese Weise zahlreiche Menschenleben gerettet. Mit einem höheren Serotoninspiegel, der selbst gegenüber unfairen Mitmenschen versöhnlich stimmt, hätte er das Richtige vielleicht nicht getan, so die Mutmaßung von Chan und Harris.

Ohnehin ist ja die Frage ungeklärt, für wen Moraldoping eigentlich gedacht ist: für den Terroristen oder für den Helden des Alltags, der ihn an seinem mörderischen Tun hindern soll? Im Falle von Anna, der Glückspillenkonsumentin im Büro, war die Antwort einfach. Sie hat das kognitive Enhancement als Strategie der Selbstformung genutzt, allein in eigennütziger Absicht. Schwer vorstellbar, dass die gleiche Anna eine Pille schlucken würde, die altruistischer machen soll. Vermutlich würden also eher Personen danach greifen, die es noch am wenigsten nötig haben, die moralisch ohnehin sensiblen.

Der Mainzer Neuroethiker Thomas Metzinger ist davon überzeugt, dass es reizvoll wäre, die eigene ethische Integrität künstlich zu steigern. »Jeder Mensch, der überhaupt für moralische Fragen empfänglich ist und in seinem eigenen Leben nach ethischer Integrität strebt, muss auch neue Instrumente begrüßen, die ihm dabei helfen, seine eigenen ethischen Wertvorstellungen noch erfolgreicher in die Tat umzusetzen. Wer überhaupt Werte hat, der wird auch eine Verpflichtung verspüren, sich selbst nicht nur kognitiv, sondern auch seine eigenen Handlungen immer weiter zu optimieren – und sei es nur, um dadurch das Selbstwertgefühl zu erhöhen.«

Das Moraldoping ist in dieser Sicht also anscheinend besonders geeignet für all jene, die zwar wissen, was das Richtige ist, es aber trotzdem häufig nicht tun, vielleicht aus Trägheit des Herzens. Diese Lücke schließen zu können, die häufig anzutreffende moralische Dissonanz zwischen Einstellung und tatsächlichem Verhalten, könnte der Traum jedes Ethikers sein. Wenn sich obendrein auf diese Weise das Selbstwertgefühl steigern ließe, wären alle Befürchtungen, Neuro-Enhancement könne den Kern der Persönlichkeit zerstören, hinfällig.

Befürworter des Moraldopings sind im Gegenteil davon überzeugt, dass wir auf diese Weise sogar authentischer werden könnten. Weil die Pille uns helfen könnte, in Übereinstimmung mit dem Bild zu leben, das wir von unserer Persönlichkeit gern hätten. Moralisches Handeln kann ja durchaus so motiviert sein, dass wir uns selbst so betrachten wollen, wie wir von außen gern betrachtet würden. Moral ist niemals rein altruistisch.

Damit ist aber immer noch nicht geklärt, wie diejenigen zum moralischen Enhancement motiviert werden könnten, die es am nötigsten hätten. Der Spieler, der beim Ultimatum-Spiel seinem Partner von zehn Euro nur drei anbietet, würde sich ja sogar ins Fäustchen lachen, wenn sein Gegenüber moralisch gedopt wäre, er selbst aber nicht. Der cleane Egoist hätte die Nase vorn.

Falls sich moralische Eigenschaften eines Tages tatsächlich pharmazeutisch formen ließen, wäre der Gedanke also nicht abwegig, dass Gesellschaften die Entscheidung über den Konsum nicht dem Einzelnen überlassen würden. So wie es in vielen Ländern eine Impfpflicht gibt, wäre auch eine Verpflichtung zu moralischem Enhancement denkbar. Wer seine Soldaten im Kriegseinsatz unter Modafinil setzt, könnte auch geneigt sein, seinen Bürgern etwas ins Trinkwasser zu rühren.

Die optimierte Liebe

»Moralische« Medikamente werden heute bereits in therapeutischer Absicht verabreicht, um unerwünschte Verhaltensweisen abzustellen. Besonders umstritten ist die Zwangsbehandlung psychisch kranker Straftäter. In mehreren Fällen hat das Bundesverfassungsgericht dieser Praxis inzwischen enge Grenzen gesetzt. So hat etwa ein an paranoider Schizophrenie leidender Mann recht bekommen, der sich geweigert hatte, Psychopharmaka zu nehmen. Nach einer räuberischen Erpressung saß er wegen Schuldunfähigkeit in einer sächsischen Forensik. Sexualstraftätern mit gestörter Impulskontrolle wird die pharmakologische Kastration angeraten. Willigen sie in eine triebhemmende Behandlung ein, winkt als Belohnung der Straferlass. Mütter, die nach der Geburt emotional außerstande sind, ihr eigenes Kind anzunehmen, bekommen Oxytocin als Nasenspray, das soziale Verhaltensweisen steigern soll. Auch an Patienten mit Autismus wird es inzwischen ausprobiert.

Das Hormon Oxytocin spielt in den Debatten um emotionales Enhancement eine herausragende Rolle. Auch hier haben experimentelle Planspiele die These untermauert, dass ein kleiner neurochemischer Schubs genügt, um bei Testpersonen ein größeres Vertrauen in ihre Umwelt hervorzurufen. Oxytocin soll die Belohnungsareale im Hirn stimulieren und die Angstzentren lahmlegen. Der Philosoph Savulescu hat gemeinsam mit seinem Oxforder Kollegen Anders Sandberg die neurowissenschaftliche Forschung zu dem Hormon zum Anlass genommen, auch über ein Enhancement der Liebe nachzudenken. »In der Evolution wurden wir nicht dazu gemacht, eine Paarbeziehung über Jahrzehnte aufrechtzuerhalten. So lange haben wir gar nicht gelebt. Wir schlagen also vor, etwas zu entwickeln, das diese Bindung stärkt.«

Oxytocin soll nun das Zaubermittel sein, das aus dem Rätsel Liebe einen steuerbaren Prozess macht. Die Biologen der Liebe haben beobachtet, wie Partner sich unter seiner Wirkung verändert haben. Sie suchten häufiger den Blick des anderen, waren eher bereit, Kompromisse einzugehen, und ließen sich gegenseitig ausreden, wenn zuvor das Hormon gegeben wurde.

Auch auf diesem Feld beteiligen sich Bioethiker eifrig daran, eine rein naturalistische Sichtweise auf den Menschen durchzusetzen. Haben wir bislang anscheinend völlig verklärt die Liebe als romantisches Gefühl betrachtet, gilt sie nun als entschlüsselbares Ereignis im Hirn. Ein gelingendes Miteinander soll vom Hormonspiegel abhängen, nicht von Tugenden der Achtsamkeit. Die biochemischen Gewitter der Neurotransmitter sorgten dafür, dass sich zwei Menschen füreinander entscheiden. Die beiden, die es betrifft, wissen zwar nicht, wie ihnen geschieht, aber der Neurowissenschaftler als unbeteiligter Dritter hat ja seine bildgebenden Verfahren, um die Rolle der Gene und die unsichtbare Hand der Hirnchemie bei der Partnerwahl zu dechiffrieren.

Interessanterweise hat uns bislang gerade die Unverfügbarkeit der Liebe fasziniert, ihre überwältigende Kraft. Liebende beschreiben sich selbst als Unfreie, die getrieben sind, gar nicht anders können. Sie berufen sich gern auf unbekannte Mächte des Schicksals, können es nicht fassen, dass der Zufall ausgerechnet diese beiden Menschen zusammengeführt hat. »Die Liebe nimmt uns gefangen; doch diese Gefangenschaft wird in mancher Hinsicht als Befreiung erlebt«, formuliert der amerikanische Philosoph Harry G. Frankfurt. Sie bestimmt unseren Willen, wir können nicht frei entscheiden, wen wir lieben. Folglich wäre zu klären, ob wir wirklich von diesem starken, ambivalenten Gefühl, frei und gefangen zugleich zu sein, erlöst werden wollen. Und auch bei der optimierten Liebe stellt sich wieder die Frage der Authentizität. Ob wir noch echt sind, wenn uns ein Präparat dabei hilft, in der Liebe erfolgreicher zu sein.

Nun ist das Konzept der romantischen Liebe keine anthropologische Tatsache, sondern historisch entstanden und vielleicht auch nicht für die Ewigkeit gemacht. In anderen Kulturen ist es üblich, Liebesverhältnisse zu arrangieren. Folglich ist es schwierig, zwischen echten und unechten, also produzierten Gefühlen zu unterscheiden. Außerdem sind wir längst dabei, uns an inauthentisch zustande gekommene Liebesbeziehungen zu gewöhnen. Wer online die Dienste einer Partnerbörse in Anspruch genommen hat und zum ersten Rendezvous erscheint, hat seinen Gefühlen bereits versucht, eine Richtung vorzugeben, ohne sein Gegenüber jemals vorher gesehen zu haben. Nun darf das Schicksal gern zuschlagen, wenn auch nicht so willkürlich wie bei einer Zufallsbekanntschaft.

Savulescu und Sandberg könnten also recht haben mit ihrer Ansicht, dass die Übergänge fließend sind. Aus einer inauthentisch begonnenen kann ja durchaus eine authentische Liebe werden. Gleichwohl wirkt die Vorstellung befremdlich, von einem Menschen geliebt zu werden, der seine Disposition dazu erst einmal biochemisch aufbauen musste und vor dem ersten Date eine entsprechende Pille geschluckt hat. Oder sie später einwirft, wenn die Liebe zu erlahmen droht.

Noch lebt unser Liebeskonzept von der Vorstellung, dass wir uns dem geliebten Menschen so zeigen können und sollten, wie wir wirklich sind, und wir suchen im Gegenüber sein wahres Gesicht. Gerade darin besteht die Exklusivität der Liebesbeziehung. Im geschützten Raum der Intimität gelten andere Regeln als in der öffentlichen Sphäre mit ihren Rollenspielen, wenngleich natürlich auch in der Liebe Spiele gespielt werden.

Gut möglich, dass das Vorstellungen aus dem Zeitalter der romantischen Illusion sind. Aber die Tatsache, dass Liebende, die sich am Anfang ihrer Begegnung angesichts des Unerwarteten wie vom Blitz getroffen fühlten, ihre Geschichte anders erzählen als Paare, die sich über Kontaktanzeigen kennengelernt haben, zeigt doch, dass wir ein Bewusstsein dafür haben, wie hoch der Wert der romantischen Liebe zu veranschlagen ist. Wenn sie die Wahl gehabt hätten, hätten sich wohl auch die Online-Paare lieber anders kennengelernt. Wer nach der ersten gemeinsamen Nacht beim neuen Partner die Schachtel mit dem Liebes-Enhancement-Präparat findet, wird sich unweigerlich die Frage stellen, ob er wirklich als Objekt der Liebe gemeint ist. Die anschließende zweite Frage lautet, was der Partner benötigen wird, um diese Liebe auf Dauer zu stellen.

Medizin für die Moral und die Monogamie: Aristoteles, der antike Tugendethiker, hätte sich an die Stirn getippt, wenn er von diesen Vorstellungen gehört hätte. Gerecht wird ein Mensch nach der Überzeugung von Aristoteles ganz banal durch Gerechtsein, durch stetiges Einüben. In der »Nikomachischen Ethik« findet sich der Gedanke, dass man Tugenden so trainieren muss wie die Muskeln des Körpers. Auch Kant war der Auffassung, dass wir den Hang zum Laster nur durch »allmähliche Reformen« des eigenen Verhaltens in einem langfristigen Arbeitsprozess überwinden können. Am Ende ist es dann doch wohl die eigennützige Anna, die noch am ehesten zum Moraldoping greifen dürfte, weil ihr das Einüben zu zeitintensiv wäre. Für sie reichte ja völlig, kurzfristig anders zu wirken, als sie ist. Was nach moralischer Verbesserung aussähe, würde tatsächlich der Steigerung ihrer Optionen dienen. Es wäre altruistisch verkleideter Egoismus.

Der Tübinger Ethiker Roland Kipke hat in seiner Studie über Selbstformung das folgende Szenario entwickelt: »Angenommen, wir lernen eine Person kennen, die sehr zugewandt, herzlich, hilfsbereit, uneigennützig und mitfühlend ist; sie engagiert sich für notleidende Menschen und ist um Konsens und Interessenausgleich bemüht; und diese Verhaltensweisen wirken zumindest dem ersten Anschein nach keineswegs aufgesetzt, mechanisch oder dergleichen. Würden unsere Wahrnehmung dieser Person und der Umgang mit ihr dieselben bleiben, wenn wir wüssten, diese Eigenschaften sind das Ergebnis pharmakologischer oder technischer Behandlung? Schwer vorstellbar. Wir könnten die Person vielleicht immer noch genau so sympathisch finden, aber das Vertrauen in ihre Moralität könnte wohl nicht dasselbe bleiben.«

Bereits heute lässt sich besichtigen, wie »Moralität« als scheinbares Persönlichkeitsmerkmal strategisch eingesetzt wird. Jeder Student weiß, dass sich bei der Bewerbung der Hinweis auf ehrenamtliches Engagement im Lebenslauf gut macht. Auch hat sich herumgesprochen, welche Formen von sozialer Interaktion beim Assessment-Center klugerweise erfüllt werden sollten. Personalchefs wissen längst, dass dieser moralischen Performance nicht unbedingt zu trauen ist. Sie wären vermutlich die Ersten, die eine Urinprobe verlangen würden, um moralisches Enhancement im Bewerbungsgespräch nachweisen zu können.

Die Fähigkeit, dem anderen zu vertrauen, bestimmt wesentlich unser Verhältnis zur Welt. Wird sie erschüttert, sehen wir die Welt mit anderen Augen. Erst dann, wenn sich die Vertrauensfrage nicht mehr stellen würde, wenn es nicht mehr darauf ankäme, ob mein Gegenüber echt wäre oder »enhanced«, würden wir in der schönen neuen Welt leben, in der alle moralgedopt sind. So weit wird es vermutlich nicht kommen, denn noch besteht kein Anlass, darauf zu bauen, dass die hysterisch herbeidiskutierte Wunschmedizin tatsächlich in naher Zukunft lieferbar sein wird.

Nichts weiter als ein Haufen Neurone

Für den heutigen Tag interessanter ist auch in der Enhancement-Debatte die Geschwindigkeit, mit der Menschenbilder neu gezeichnet und rasch populär werden. Das Unbehagen, mit der Conditio humana des alten Menschen klarzukommen, muss groß sein, bevor neue Anthropotechniken überhaupt als Verheißung wahrgenommen werden können. Ob aber dieser Wunsch, den überkommenen Menschen möglichst rasch abzuschütteln, tatsächlich so ausgeprägt ist, darf bezweifelt werden. Naheliegender ist der Gedanke, dass hier aus ökonomischem Interesse das Feld bereitet wird, um neue Bedürfnisse zu schaffen, die durch innovative Produkte befriedigt werden.

Überhaupt verdienen die genannten Wünsche selbst einen kritischen Blick. Wir haben uns inzwischen daran gewöhnt, dass Neurowissenschaftler mentale Phänomene biologisch erklären. Mit ihren Experimenten haben sie die These, der Mensch sei ein Wesen mit Willens- und Handlungsfreiheit, zu erschüttern versucht. Die alte, dualistische Position, dass unser Körper zwar naturwissenschaftlichen Gesetzen gehorchen muss, der Geist aber frei sei, mag zwar in unserem Alltagsverständnis noch präsent sein. Dort erleben wir uns in unserer Selbstwahrnehmung als absichtsvoll Handelnde, als Herr im eigenen Haus. Wir wüssten auch nicht, wie wir weiterleben sollten ohne die Vorstellung, dass jeder für sein Handeln Verantwortung trägt.

Aber prominente Hirnforscher wie Wolf Singer und Gerhard Roth behandeln diese Erfahrung von Freiheit als subjektive Illusion. Während wir glauben, zu tun, was wir wollen, wollen wir tatsächlich, was wir tun, so die neurowissenschaftliche 180-Grad-Drehung. Das klingt so, als ob wir von biochemischen Prozessen im Gehirn ferngesteuerte Wesen wären. Denn diese Synapsengewitter verlaufen ja unterhalb unseres Bewusstseins. Seit den berühmten Experimenten des amerikanischen Physiologen Benjamin Libet müssen wir uns unsicher fragen, was es eigentlich ist, das uns beispielsweise den rechten Arm bewegen lässt.

Libet hatte Anfang der 1980er-Jahre seinen Probanden gesagt, sie könnten den Arm zu einem beliebigen Zeitpunkt heben. Beim nächsten Mal waren sie aufgefordert, ihre Armbewegung genauer zu planen, indem sie zwischen der Entscheidung und der Ausführung einen Moment verstreichen lassen sollten. Elektroden an der Kopfhaut und an den Muskeln der Hand zeichneten auf, was im Inneren der Versuchsperson passierte. Libet stellte fest, dass der bewussten Handlungsentscheidung eine elektrische Veränderung im Hirn vorausgeht. Bevor der Proband für sich entschied, »jetzt will ich handeln«, war im Motorkortex-Gebiet seines Gehirns bereits das erste Lied gesungen, ohne dass er davon etwas mitbekommen hätte. Das Bewusstsein kommt immer zu spät.

Diesen elektrophysiologischen Vorbereitungsprozess nennen Neurowissenschaftler »Bereitschaftspotenzial«. Allerdings hat Libet den Menschen nicht als bloße Marionette betrachtet, die motorische Handlungen wie die Armbewegung wie von unsichtbaren Fäden gezogen einfach willenlos ausführt. Er hat unserem Bewusstsein eine Art Vetorecht eingeräumt. Zwischen Bereitschaftspotenzial und der Handlung selbst ist genügend Zeit, um den Prozess noch abzubrechen.

Die Debatte um Willensfreiheit und Determinismus und die Frage, welche Schlüsse aus solchen Experimenten zu ziehen sind, sind hoch kompliziert. Wichtig in unserem Zusammenhang ist die Tatsache, dass es der Neurowissenschaft als vermeintlicher Leitwissenschaft unserer Zeit gelungen ist, ein Bild vom Menschen zu etablieren, das der Biochemiker und Nobelpreisträger Francis Crick in folgender Weise zugespitzt hat: »Sie, Ihre Freuden und Leiden, Ihre Erinnerungen, Ihre Ziele, Ihr Sinn für Ihre eigene Identität und Willensfreiheit – bei alledem handelt es sich in Wirklichkeit nur um das Verhalten einer riesigen Ansammlung von Nervenzellen und dazugehörigen Molekülen. Lewis Carrolls Alice aus dem Wunderland hätte es vielleicht so gesagt: ›Sie sind nichts weiter als ein Haufen Neurone.‹«

Der Mensch ist Hirn. Der neuronale ist der ganze Mensch. Der mag sich zwar frei fühlen, ist es aber nicht. Diese Sichtweise wird hier vorgeschlagen. Ein schönes von zahlreichen Beispielen dafür, dass Neuroforscher die Disziplin wechseln. Sie beginnen zu philosophieren, ohne es zu merken, und halten es weiterhin für Naturwissenschaft. Umgekehrt haben Philosophen zuletzt demonstrativ die Nähe zu Naturwissenschaftlern gesucht und sich ihre naturalistische Sichtweise auf den Menschen teilweise zu eigen gemacht. Vorneweg logischerweise die Theoretiker des Enhancements, die ja sogar meinen, die kommenden Revolutionen der Psychopharmazeutik vorhersagen zu können. Sie wollen, dass wir heute schon ethisch präpariert sind für das Präparat von morgen.

Es ist ein Treppenwitz, dass ausgerechnet in den philosophischen Kreisen, die so neugierig darauf schauen, was in Hirnlabors geschieht, Wünsche als vollkommen frei gedacht werden. Denn Neurowissenschaftler sagen uns doch immer, wie wenig wir Herr im eigenen Haus sind, weil unser Bewusstsein von neuronalen Prozessen abhängt, über die wir nicht einfach verfügen können. Beim Enhancement soll nun aber das autonome Individuum sich ein Freiheitsrecht nehmen, das ihm zusteht. Die Idee des Enhancements lebt ja von der Vorstellung, dass erst der Wunsch da ist, sich selbst klüger, optimistischer, moralischer zu machen, und dann erst sollen wir darangehen, den Körper nach diesen Wünschen zu optimieren. Der freie Wille soll es also sein, der geistige Zustände und einen Körper umzugestalten vermag, die als unfrei gedacht werden. Die Natur des Menschen kann man verändern, sein Körper ist eine Baustelle, aber die Wünsche bleiben davon anscheinend unbeeinflusst. Sie schweben frei. Offenkundig passt hier etwas nicht zusammen.

Wir erinnern uns an die Argumentation der liberalen Bioethiker: Die freiheitliche Gesellschaft darf dem autonomen Subjekt keine Vorschriften machen, wenn es sich eigenverantwortlich für die Happy Pills entscheidet. Wünsche darf man anscheinend nicht kritisieren, weil das Freiheitsberaubung wäre. Dabei wissen wir doch, dass ganze Industrien damit beschäftigt sind, uns in unseren Wünschen zu manipulieren. Auch Werbeleute interessieren sich für Hirnforschung. Sie wollen wissen, in welchen Momenten wir besonders empfänglich sind für bestimmte Reize, die neue Bedürfnisse stimulieren.

Jeder von uns kennt die Erfahrung, dass Wünsche unfrei machen können, wenn sie zu weit weg sind von dem, was wir tatsächlich realisieren können. Das beste Beispiel ist die Liebe. Wenn wir uns in einen Menschen verliebt haben, der für uns unerreichbar ist, benötigen wir mentale Techniken, um mit dieser Enttäuschung umzugehen. Wir selbst kritisieren also unsere Wünsche, um wieder Boden unter die Füße zu kriegen. Warum sollte es dann einer Gesellschaft insgesamt verboten sein, über die Wünschbarkeit von bestimmten Zielen nachzudenken? Liberale Theoretiker sperren die Bioethik in ein Gefängnis, wenn sie hier ein Verbot aufzurichten versuchen.

8

Das kapitalistische Lazarett

Der depressive Mensch ist ein Sünder. Er verletzt permanent ein zentrales Gebot des entfesselten globalen Kapitalismus: Du sollst positiv denken. Wem das nicht gelingt, wer in düsteren Gedanken festhängt, hat persönlich versagt bei der notwendigen Bewirtschaftung der eigenen Gefühle. Denn es reicht heute nicht mehr, pünktlich zur Arbeit zu kommen und sie gewissenhaft zu erledigen. Gefühlsarbeit, das Management der eigenen emotionalen Ressourcen, gehört zu den wichtigsten Kompetenzen der Erfolgreichen.

Wer nach dem Grund sucht, warum die Optimierungsprogramme aus den Neurolabors überhaupt auf Interesse stoßen, wird sich damit beschäftigen müssen, wie sich die Arbeitswelt in jüngster Zeit verändert hat. Harte körperliche Arbeit ist für die meisten zwar Vergangenheit, aber niemals zuvor waren die psychischen und kognitiven Anforderungen so hoch wie heute. Vor allem das beschleunigte Innovationstempo, das in immer kürzeren Abständen gewohnte Arbeitsabläufe umkrempelt, wird häufig als Form der Fremdbestimmung erlebt. Wie wir gesehen haben, halten es schon heute viele für vertretbar, ihre individuelle Leistungsfähigkeit durch den Konsum von Neuro-Enhancement-Präparaten zu steigern, falls sie nebenwirkungsarm wären. Fünf Prozent der Beschäftigten haben laut einer DAK-Studie bereits mit verschreibungspflichtigen Medikamenten experimentiert, auch um ihre Stimmung aufzuhellen.

Lange Zeit haben die Analytiker des Kapitalismus geglaubt, dass in der Sphäre der Ökonomie die schiere Kälte herrsche. Emotionen gehörten für sie allenfalls in den Feierabend. Am Arbeitsplatz aber gelte allein das Prinzip der Rationalität. Max Weber, der vor hundert Jahren den Geist des Kapitalismus beschrieben hat, betrachtete es als Schicksal unserer Zeit, dass sich das Prinzip der Rationalisierung allmählich von der Ökonomie her in alle Sphären der Gesellschaft ausbreite. Im Kapitalismus werde alles entzaubert und versachlicht, jede Irrationalität möglichst zum Verschwinden gebracht.

Die Vorzüge dieses Prozesses sind offenkundig. Keine Gesellschaftsordnung zuvor hat jemals solche Effizienzsteigerungen hervorgebracht. Aus Brechts »Dreigroschenoper« wissen wir: Nur wer im Wohlstand lebt, lebt angenehm. Allerdings hat Weber auch die düstere Seite dieser Entwicklung gesehen, gewissermaßen die Kostenrechnung, die die neue Ordnung produziert. Der von alten Zwängen befreite Mensch des kapitalistischen Zeitalters schaffe sich selbst ein »stahlhartes Gehäuse«, in dem er frieren werde. Der Kapitalismus zerstöre die menschliche Seele. »Dass die Welt nichts weiter als solche Ordnungsmenschen kennt – in dieser Entwicklung sind wir ohnedies begriffen, und die zentrale Frage ist also nicht, wie wir das noch weiter fördern und beschleunigen, sondern was wir dieser Maschinerie entgegenzusetzen haben, um einen Rest des Menschentums freizuhalten von dieser Parzellierung der Seele, von dieser Alleinherrschaft bureaukratischer Lebensideale«, so der pessimistische Weber in einem Aufsatz. Erstaunlich, wie früh er gesehen hat, was uns heute selbstverständlich scheint: die Hingabe an den Beruf als charakteristisches Merkmal kapitalistischer Kultur.

Auch in Georg Simmels »Philosophie des Geldes« findet sich die Auffassung, dass der Kapitalismus zwischenmenschliche Beziehungen versachliche und zu einer »eigentümlichen Abflachung des Gefühlslebens« führe. Was diese Prognosen angeht, hatten Simmel und Weber recht und unrecht zugleich. Sie würden sich jedenfalls wundern, wenn sie den neuen Geist des Kapitalismus kennenlernen würden, mit dem wir es heute zu tun haben. Denn der lebt nicht mehr nur davon, dass Gefühle gedämpft, sondern im Gegenteil, dass bestimmte Gefühle überhaupt erst mobilisiert werden.

Zur Logik des Gefühlskapitalismus gehört, dass wir die Fähigkeit besitzen sollen, zwischen erwünschten und unerwünschten Emotionen zu unterscheiden. Die einen sollen gezielt aufgerufen, die anderen zügig weggedrückt werden. Denn wir selbst sollen es sein, darin besteht die Rationalität des emotionalen Selbstmanagements, die es in der Hand haben, mit unseren Gefühlen virtuos und erfolgreich zu spielen. Gerade deshalb gilt der depressive Mensch als Sünder. Er hat es offenkundig versäumt, rechtzeitig die nötigen Praktiken zu erlernen, mit deren Hilfe er negative Affekte in Schach hätte halten können. Ihm fehlt das derzeit wertvollste Humankapital, die »emotionale Intelligenz«.

Das gleichnamige Erfolgsbuch des amerikanischen Psychologen Daniel Goleman ist nur eines von vielen mentalen Trainingsprogrammen, die sich in den Buchhandlungen türmen und von Coaches in Motivationsseminaren gepredigt werden. Sie alle ventilieren eine gemeinsame Botschaft: Mit guten Gefühlen lassen sich zählbare Werte schaffen. Und das Tolle ist, unsere Gefühle sollen wir uns aussuchen können. Man muss es nur glauben und wirklich wollen. Es überrascht nicht, dass auch auf diesem Feld der Selbstoptimierung die neuere Hirnforschung als Kronzeuge aufgeführt wird.

Goleman beschreibt das menschliche Gehirn als »emotionalen Manager«, der nach dem Prinzip der Kosten-Nutzen-Rechnung vorgehe. Wenn der Manager namens Gehirn gut arbeite, werde er unerwünschte Gefühle rasch eliminieren, weil wir sie uns nicht leisten können. Ein gelungenes Zusammenspiel von Neokortex und Mandelkern soll es sein, das negative Emotionen umwandelt in eine optimistische Stimmung, auf die jeder, der erfolgreich sein will, unbedingt angewiesen ist.

»Reframing« lautet das Zauberwort für die Kompetenz, negative Erlebnisse in positive umzudeuten. Das Erlebnis selbst, nehmen wir als Beispiel einen unangenehmen Konflikt am Arbeitsplatz, wird auf diese rätselhafte Weise einfach zum Verschwinden gebracht. Wenn ich über ein gerütteltes Maß an emotionaler Intelligenz verfüge, das will uns das Konzept sagen, habe ich nach einem Konflikt kein emotionales Problem mit jemandem, sondern nur mit mir selbst. Der Inhalt des Konflikts hört auf, für mich eine Rolle zu spielen, sobald ich verstanden habe, dass das Problem in meiner Emotionalität zu suchen ist. Mein Unglück, das bin ich selbst.

Goleman ist der Überzeugung, dass emotionale Intelligenz für den Erfolg am Arbeitsplatz inzwischen wichtiger geworden ist als kognitive Intelligenz. Ausstrahlung schlägt sachliche Kompetenz, der mittelmäßige Optimist den klugen Miesepeter. Denn der weiß noch nicht, dass er auch zum Ingenieur seiner eigenen Gefühle werden könnte. Er hat noch nicht verstanden, dass unerwünschte Gefühle kein Verhängnis sind, sondern durch mentale Techniken umgepolt werden können, ja sogar müssen. Denn wem das nicht gelingt, wer das Gebot, positiv zu denken, nicht erfüllt, wird bei Goleman schnell zum therapeutischen Fall. Negative Stimmungen schlagen in der Arbeitswelt auf die Motivation, folglich ist eine

»Umerziehung des emotionalen Gehirns« anzuraten, durchaus auch mithilfe von Psychopharmaka.

Soziologen und Philosophen beschreiben als neuen Geist des Kapitalismus, dass nunmehr Gefühle ökonomisiert und umgekehrt die Ökonomie emotionalisiert wird. Jeder Konsumakt ein großartiges Erlebnis. Eine Bedingung dafür ist, dass die Grenze zwischen Arbeits- und Privatsphäre eingerissen worden ist. Der Gefühlskapitalismus lädt uns dazu ein, unser authentisches Selbst, das zuvor in die eigenen vier Wände verbannt war, in die Arbeit einzubringen. Unsere Leistungsbereitschaft wächst, wenn wir Arbeit als Entfaltung unserer Persönlichkeit erleben. Erfolgreiche Unternehmen inszenieren sich daher zunehmend als Gefühlgemeinschaften, die viel mehr miteinander erleben, als bloß zusammen am Schreibtisch zu sitzen. Arbeitsfreude wird geboten und zugleich erwartet.

Die Emotionen, die auf diese Weise bewirtschaftet werden, sind angenehm für den arbeitenden Menschen und zugleich nützlich für betriebswirtschaftliche Zwecke. Insofern sind Freiheit und Fremdbestimmung hier eigenartig miteinander verschränkt. Es arbeitet sich angenehmer als im alten Industriekapitalismus, aber die Zwänge, die damals äußerliche waren, sind nicht einfach verschwunden, sondern ins Innere gewandert. Der Kapitalismus als lernendes System ist einen Schritt weiter. Er hat auf Kritik erfolgreich reagiert.

Das Büro des 21. Jahrhunderts

Luc Boltanski und Eve Chiapello haben sich für ihr Buch »Der neue Geist des Kapitalismus« durch Berge von Managementliteratur gewühlt, um den Prozess zu analysieren, wie das Postulat der Selbstverwirklichung in die Ökonomie eingesickert ist. Die beiden französischen Soziologen unterscheiden dabei zwei klassische Formen der Kritik am Kapitalismus, die inzwischen eine lange Tradition haben: die soziale und die künstlerische. Die soziale Kritik richtet sich auf Ungerechtigkeit. Sie kann materiell durch Lohnerhöhungen abgefedert werden. Die Künstlerkritik richtet sich auf Entfremdungsprozesse in der Arbeit: Wer ein freies, selbstbestimmtes Leben wünscht, kommt in der kapitalistischen Organisation der Arbeit unter die Räder, weil dort harte Zwänge und steile Hierarchien herrschen und die Identifikation mit den Produkten der eigenen Arbeit misslingt.

Der alte Kapitalismus hatte auf diese »Künstlerkritik« lange keine Antwort, weil er noch dem Denken Max Webers verhaftet war, dass in der Ökonomie notwendig kalte Temperaturen herrschen müssten und Freiheit und Kreativität keinen Platz hätten. Deshalb war ja der Künstler die Gegenfigur zur standardisierten Arbeitswelt. Zum neuen Geist des Kapitalismus gehört dagegen die Idee, dass deutlich gelockerte Zügel, also Freiheiten in der Arbeitsorganisation, leistungssteigernde Wirkungen entfalten. Daher ist Motivation das Schlüsselwort für alle Managementtechniken, die auf Steuerung der Emotionen abzielen. All das, was früher erst nach Feierabend erreichbar schien, Genuss, Individualität, Kreativität, Autonomie, soll nun das Wesen der Arbeit selbst bestimmen, nach der alten Parole »Fantasie an die Macht«.

Wer bereit ist, sein Bestes zu geben, nämlich genau diese Potenziale als Ressource einzubringen und stets durch emotionales Management frisch zu halten, wird im Büro des 21. Jahrhunderts wahrscheinlich ein glücklicher Mensch sein. Freilich zahlt er für dieses Glücksversprechen auch einen Preis. Das Tauschgeschäft läuft nämlich so:»Wir lassen mehr Freiheit und Selbstbestimmung zu, aber ihr werdet weniger Sicherheit haben.« Seitdem dieser Leitsatz gilt, gehört es zu den schwersten Verfehlungen am Arbeitsplatz, nicht genügend von sich selbst und seinem Tun begeistert zu sein. Sich selbst immer wieder aufs Neue enthusiasmieren zu können, gehört zu den Grundtugenden, die heute erwartet werden.

Zudem muss dieser Enthusiasmus auch sichtbar vorgeführt werden. Es reicht nicht, gute Arbeitsergebnisse vorzuweisen. Die Präsentation dieser Ergebnisse, die Performance der eigenen Leistung entscheidet wesentlich über die anschließende Belohnung.»Der Wettbewerbsindividualismus«, schreibt Sighard Neckel vom Frankfurter Institut für Sozialforschung,»stellt vor allem performative Anforderungen. Er gebietet, die Nachfrage nach der eigenen Person sichtbar zu inszenieren, um Vorsprünge zu erhalten und ausbauen zu können. Hier gelten die drei Grundfragen, welche die amerikanische Kulturkritikerin Susan Faludi aufgezählt hat: ›Are you known? Are you sexy? Had you won?‹« An die Seite des Gebots»Du sollst positiv denken« tritt also als zweites Gebot»Du sollst dich üben in der Kunst des permanenten Selbstmarketings«.

Die Analytiker des Gefühlskapitalismus sind uneinig darüber, wie viel emanzipatorisches Potenzial in diesem neuen Geist steckt. Eine eigene Disziplin, die sogenannte Emotionssoziologie, widmet sich der Frage, wie sich Autonomie und Konditionierung in diesem System des Managements der eigenen Gefühle zueinander verhalten. Die einen heben den Zugewinn an persönlicher Autonomie am Arbeitsplatz hervor. Der flexible Mensch kann freier über seine Zeit disponieren, er genießt die »Vertrauensarbeitszeit«, während er früher von strengen Arbeitsregimen viel stärker getaktet war. Er bewegt sich in flacheren Hierarchien und trägt tendenziell höhere Verantwortung für das eigene Tun. Kreativität muss nicht unterdrückt werden, sondern ist ausdrücklich erwünscht. Der flexible Mensch ist aufgefordert, seine gesamte Persönlichkeit in die Arbeit einzubringen, nicht bloß wie früher ein halbiertes Ich, das wie eine Maschine funktioniert. Die optimistische Deutung des neuen kapitalistischen Geistes lautet »Hier bin ich Mensch, hier darf ich's sein«. Die Arbeit wird zum Zuhause.

Die amerikanische Soziologin Arlie Russell Hochschild hat in ihren Studien dagegen herausgestellt, wie problematisch diese Umpolung von Arbeit und Zuhause ist. Ihr paradoxer Befund lautet: Wenn wir uns in der Arbeit mehr und mehr befreit fühlen, sieht plötzlich das Zuhause nur noch nach Arbeit aus. In der Sphäre der Arbeit wird gesellschaftliche Anerkennung verteilt, in der Privatsphäre warten nur lästige Pflichten. Hochschild hat beobachtet, wie beruflich stark engagierte Eltern sich zu Hause ein strenges Zeitregime schaffen. Die immer knapper werdende freie Zeit muss perfekt durchorganisiert sein, damit für die Arbeit zusätzlich »Freiräume« erschlossen werden können.

Auch was das Management der Gefühle angeht, betont Hochschild die Seite der Fremdbestimmung. Moderne Arbeit ist für sie so beschaffen, dass sie permanent Anreize schafft, Gefühle strategisch einzusetzen. Wir lernen, sie als »emotionales Kapital« zu begreifen. Wir verrichten Gefühlsarbeit als Dienstleistung. »Aber wenn das massenhaft herzustellende Produkt ein Lächeln, eine Stimmung, ein Gefühl oder eine Beziehung ist, dann wird es immer mehr Teil des Unternehmens oder der Organisation und gehört immer weniger zum Selbst«, so Hochschild.

Mit der Unterscheidung zwischen echten, wahren Gefühlen und den emotionalen Produkten von mentaler Selbstmanipulation kehrt seit einigen Jahren eine philosophische Denkfigur zurück, die bereits ausgemustert schien, nachdem sie eine Zeit lang überstrapaziert worden war: die Entfremdung. Es existiert ein Riss, so der Gedanke, zwischen dem, was wir innerlich fühlen, und dem, was wir als Gefühl äußerlich zum Ausdruck bringen. Unser Wollen und unser Können sind eigentlich auf etwas anderes ausgerichtet als das, was wir tatsächlich tun. Unsere soziale Rolle als Mitspieler in entfremdeten Verhältnissen bedingt es, dass wir Opfer und Täter zugleich sind.

Es ist auffällig, wie intensiv inzwischen wieder die Pathologien in den Vordergrund gerückt werden, die der Kapitalismus produziert. Die Zeitspanne, in der sein globaler Triumph als Ende der Geschichte auch in der Philosophie gefeiert wurde, war doch recht kurz. Die soziale Kritik, die sich auf verschärfte Ungleichheiten bezieht, hat längst die Mitte der Gesellschaft erreicht. Und die erneuerte künstlerische Kritik prüft, wie aus neuen Freiheiten paradoxerweise neue Zwänge werden konnten.

Eine prominente Stimme der aktualisierten Entfremdungskritik ist der amerikanische Soziologe Richard Sennett. Schon vor der Finanzkrise, als die sogenannte New Economy sich noch als lockerer Lebensstil mit popkulturellen Umgangsformen inszenieren ließ, lautete sein Befund, dass dieser neue kulturelle Kapitalismus mit seinem Leitbild vom flexiblen Menschen massenhaft soziale Fähigkeiten zerstöre und auf eine »Zerrüttung des Charakters« abziele. Das Bild von den jungen Kreativen, die in der hippen Firma zwischendurch fröhlich am Tischkicker spielen, hielt er für trügerisch. Denn an diesem Ort würden wir Formen eines Egoismus lernen, der sich als Teamfähigkeit tarne, das Vortäuschen von Kooperation, wo tatsächlich der Ellbogen eingesetzt werde.

Sennett hat sich von Angehörigen verschiedener Hierarchieebenen die Regeln der neuen Arbeitskultur erklären lassen, die, äußerlich betrachtet, Bindungen zwischen Beschäftigten zu stärken scheinen. Überall wird der kreative Geist der Teamarbeit beschworen. Sennett sind zwei Entwicklungen aufgefallen, die dagegen Bindungen zerstören. Zum einen werden Teams nur für kurze Zeit gebildet und rasch wieder aufgelöst. Zum anderen konkurrieren Teams mit anderen Teams, die zeitgleich am selben Projekt arbeiten. Im Netzwerkkapitalismus müssen soziale Fäden ständig neu gesponnen werden, folglich sind sie dünn. Sennett hält diese Tendenz zu schwachen Bindungen wohlgemerkt nicht für eine unbeabsichtigte Nebenfolge neuer Kreativtechniken in der Arbeit, sondern für strategisch gewollt. Die Arbeit frisst soziale Fähigkeiten mehr und mehr auf, wenn ihr Horizont nur bis zum Ende der gerade laufenden Zielvereinbarung reicht.

Zum Phänomen der Entfremdung gehört für Sennett auch die Erfahrung einer radikalen Beschleunigung. Der globale Kapitalismus mache uns zu Getriebenen, deren Kompetenzen in hohem Tempo entwertet würden. Der flexible Mensch sehe sich gezwungen, eine Tätigkeit bereits wieder aufzugeben, bevor er sie überhaupt richtig beherrscht habe. Sennett führt als Beispiel den Ingenieur an. Noch vor einer Generation konnte dieser sicher sein, von seinen Kompetenzen ein Vierteljahrhundert zehren zu können. Heute sind sie häufig bereits nach zehn Jahren nichts mehr wert. »Die Menschen leiden darunter, dass fortschrittliche Institutionen mit ihrer kurzen, kaum greifbaren Zeitperspektive ihnen das Gefühl einer lebensgeschichtlichen Entwicklung und biografischen Einheit nehmen. Denn ein bloß kurzfristig orientiertes Ich, das vergangene Erfahrungen bereitwillig aufgibt, ist – freundlich ausgedrückt – eine ungewöhnliche Sorte Mensch. Die meisten Menschen sind nicht von dieser Art. Sie brauchen eine durchgängige Biografie und legen Wert auf Erfahrungen, die sie in ihrem Leben gemacht haben«, so Richard Sennett in einem Essay zur Zukunft des Kapitalismus aus dem Jahr 2005.

Arbeiten wie Stradivari

Ein solch kulturkritischer Ton in der Kapitalismusanalyse steht natürlich schnell unter Nostalgieverdacht. Früher konnten wir Mensch sein, eine authentische Biografie leben, heute leider nicht mehr. Sennett befeuert diesen Verdacht zusätzlich, indem er der radikal beschleunigten, entfremdeten Arbeit im neuen Kapitalismus ein Ideal aus einer versunkenen Epoche entgegenhält, das Ethos des Handwerkers. In Stradivaris Geigenmanufaktur habe noch das Prinzip gegolten, »eine Arbeit um ihrer selbst willen gut zu machen«. Nun mag sich jeder fragen, ob er tatsächlich vergleichbare Talente wie der geniale Geigenbauer hat.

Aber Sennett interessiert sich nicht für die konkreten gesellschaftlichen Verhältnisse in dieser Werkstatt, schon gar nicht wünscht er sich vergangene Zustände zurück. Ihm geht es um einen anthropologischen Ansatz von überzeitlicher Bedeutung. Wer seine eigene Arbeitssituation daraufhin überprüft, ob sie den eigenen Bedürfnissen entspricht, wird Sennett recht geben: Wir wollen kein animal laborans sein, kein Arbeitstier, dem es egal ist, was es produziert, solange die Bezahlung stimmt und die Existenz gesichert ist. Wir wollen uns mit den Produkten der eigenen Arbeit, mit unserem Tun identifizieren können. Was Sennett »handwerkliche Einstellung« nennt, ist der selbst gestellte Anspruch, am Ende eines Arbeitszyklus von sich selbst denken zu können: Das habe ich gut gemacht. Wobei damit nicht in einem engen Sinne die Perfektion des Produkts gemeint ist. Nicht jeder muss ein Meister wie Stradivari sein. Man muss dazu nicht mal Handwerker sein. Sennett ist der Überzeugung, dass wir alle den Wunsch und auch die Fähigkeit teilen, gut zu arbeiten.

Entscheidend ist der Akt der Herstellung selbst. In ihm steckt viel Mühsal, der Wille, sich durch stetiges Üben immer weiter zu verbessern. Das ist das humanistische Ethos, von dem heute die Pharma-Philosophen nichts mehr wissen wollen. Sie setzen auf Optimierung unserer Fähigkeiten ohne Mühsal, auf die biochemische Abkürzung in Pillenform. Dabei vergessen sie, dass in gelingender Arbeit diese Mühsal ja gerade aufgehoben wird. Raum und Zeit verlieren, weil der Handwerker in sein Werkstück versunken ist, ihre Bedeutung. Folglich untergräbt es unseren Stolz, wenn wir in der Tretmühle, die sich heute »lebenslanges Lernen« nennt, niemals bis an den Punkt kommen können, eine Fertigkeit wirklich gut zu beherrschen.

Arbeitsplätze im 21. Jahrhundert ähneln eher einem Flughafen-Terminal als einer Werkstatt. »Man ist heute nicht mehr Bäcker, sondern man arbeitet als Bäcker«, so die Formulierung des Sozialtheoretikers Hartmut Rosa, der sich seit Langem mit der Wahrnehmung von Zeitstrukturen beschäftigt. Rosa hält soziale Beschleunigung für die Grundtendenz der Moderne. Aus dem Beruf, der einst Identität gestiftet hat, ist der Job auf Zeit geworden, aus dem Lebenspartner der Lebensabschnittsgefährte, aus einer stabilen weltanschaulichen Orientierung eine vorübergehende Haltung mit Verfallsdatum. Das, was wir Gegenwart nennen, schrumpft mehr und mehr zusammen.

Der Raum, in dem wir Dauer und Stabilität erleben, verengt permanent seinen Horizont, und was hinter diesem Horizont liegt, können wir nicht mehr einschätzen. Bei hohem Tempo verlieren wir »Erwartungssicherheit«.

Nun wird jeder von uns wenig Mühe haben, zügig jemanden zu finden, der darüber klagt, dass alles immer schneller wird. Allerdings ist diese Klage alt. Bereits Shakespeare hat seinen Hamlet jammern lassen, die Zeit sei aus den Fugen. Als die ersten Eisenbahnen fuhren, hat man sich nicht mit der Prognose blamiert, dieser Geschwindigkeitsrausch werde die Reisenden irre machen. Heute hören wir bei Tempo 250 an Bord des ICE eine wortreiche Entschuldigung dafür, dass der Zug fünf Minuten verspätet ist.

Beschleunigungsdiagnosen gibt es, seitdem Menschen ihre Lebenszeit als knapp bemessen empfinden, also schon immer. Aber seitdem es den Kapitalismus gibt, hat sich die Dramatik verschärft. Er hat ein Regime aus strenger Zeitdisziplin errichtet, in dem Zeitverschwendung als moderne Todsünde betrachtet wird. Sein Programm war von vornherein die Abschaffung der Faulheit. Wir vergessen heute in unserer Umtriebigkeit, dass der fleißige Mensch, der niemals rastet, erst einmal erfunden werden musste. Noch im 18. Jahrhundert hätte niemand verstanden, warum wir heute auch am Donnerstag noch zur Arbeit erscheinen, wenn wir bereits bis Mittwoch das Nötige für unseren Lebensunterhalt verdient hätten. Die ersten Fabriken in England sind bankrottgegangen, weil die Arbeiter unwillig waren, täglich zehn Stunden zu arbeiten. Sie taten es erst, als ihnen nichts anderes mehr übrig blieb, weil nämlich die Löhne gesenkt wurden, um den Arbeitstakt künstlich zu verlängern und die Disziplin zu erhöhen. Diese Form der Ausbeutung im frühen Kapitalismus tarnte sich als Moral. Die Ökonomie war der Hebel, um Menschen vorgeblich vor dem Laster des Müßiggangs zu bewahren.

Der fleißige und der faule Mensch

Zur Geschichte der Philosophie gehört der Streit darum, ob der arbeitende Mensch der eigentliche Mensch ist oder ein entfremdetes Wesen. Und umgekehrt, ob der Müßiggänger auf dumme oder kluge Gedanken kommt. Für Aristoteles schlossen sich Arbeit und Freiheit gegenseitig aus. Die Arbeit gehörte für ihn ins Reich der Notwendigkeit, frei seien wir nur dann, wenn wir Dinge tun, die ihren Zweck in sich selbst haben. Zum Beispiel, sich in der Polis um das Gemeinwesen zu kümmern. Hannah Arendt hat im 20. Jahrhundert an diese aristotelische Vorstellung angeknüpft und es für verhängnisvoll gehalten, die Arbeit als die höchste unter den menschlichen Tätigkeiten zu betrachten. Das freie Handeln habe seinen Ort in der Politik, nicht im Büro.

Wenn Menschen in der öffentlichen Sphäre zusammenkommen, also einen Raum öffentlicher Freiheit herstellen, sich aus Fremdbestimmung lösen, machen sie die Erfahrungen, so Arendt, die wirklich zentral sind für ihren Bezug zur Welt. Sie hören auf, bloß private Menschen zu sein, bourgeoise Existenzen. Der auf Arbeit fixierte Mensch verliere dagegen seinen Weltbezug. Eine Gesellschaft, die aus lauter Jobholdern bestehe, die mehr und mehr arbeiten, bloß, um konsumieren zu können, lebe in der »tödlichsten, sterilsten Passivität«.

Die Entfremdung in der modernen Arbeitsgesellschaft besteht für Arendt in einer Existenzform, die sie »Weltlosigkeit« genannt hat. Das steht völlig quer zu unserem derzeit dominanten Lebensstil, der die Zugehörigkeit zur Welt und gesellschaftliche Anerkennung an die Erfolge in der Arbeitssphäre bindet. »Was machen Sie eigentlich?«, ist der klassische Beginn eines Gesprächs zweier Unbekannter. Der Beruf ist es, der hier als das Eigentliche gilt. Die Ausgeschlossenen von heute haben weder Arbeit noch einen Platz in der Polis. Ihre Stimme bleibt in der öffentlichen Arena stumm.

Der berühmteste Müßiggänger der antiken Philosophie ist selbstverständlich Diogenes. Wir würden die Geschichte von seinem bedürfnislosen Leben in der Tonne nicht wieder und wieder erzählen, wenn damit nicht eine immer noch präsente menschliche Sehnsucht aufgerufen würde. Diogenes hält uns den Spiegel vor, dass Luxus in freiwillige Sklaverei führt, weil sich selbst geschaffene Bedürfnisse zu Abhängigkeiten entwickeln. »Fordere, was du wünschst« hat Alexander der Große in der berühmten Anekdote dem sonnenbadenden Diogenes zugerufen. Und der beantwortet die darin mit schwingende Frage nach dem, was im Leben wirklich wichtig ist, mit einem Satz: »Geh mir aus der Sonne.«

Nun könnte Diogenes, der berühmteste Aussteiger der Welt, ja stets ungestört beim Sonnenbaden gewesen sein, wenn er sich als Eremit in die Wüste zurückgezogen hätte. Aber Diogenes suchte die Nähe zu den Städtern, um sich als Gegenspieler des geschäftigen Lebens inszenieren zu können. Das ruhige Leben in der Tonne zehrte vom scharfen Kontrast zur Unruhe in der Stadt. Diogenes wusste selbst, das erzählt eine andere Anekdote, dass auch er den Stachel der Unruhe in sich trägt. »Ein Mann kam zu ihm und fragte ihn: ›Was suchst du, Diogenes?‹ Er antwortete: ›Ruhe.‹ ›Hast du sie gefunden?‹, fragte der Mann weiter. ›Ich habe gefunden‹, sagte Diogenes, ›dass ich sie in dieser Welt nicht finden werde.‹« Leider beantwortet die Anekdote nicht, wie eine Welt beschaffen sein müsste, die Ruhe zulässt.

Entfremdungskritik ist jedenfalls von Beginn an Kritik des unruhigen Lebens. Logisch, dass sie sich verschärfen musste, als die Ruhelosigkeit zum Programm und die Beschleunigung zum Ideal wurden. Rousseau ist der Diogenes der Neuzeit. Er rief zwar »Zurück zur Natur!«, aber auch er suchte die Nähe zur Stadt. War bei Diogenes das Leben in der Tonne das Gegenbild zur Verderbtheit der Zivilisation, so ist es bei Rousseau die Existenz des Wilden, dessen Leben er sich als träge vorgestellt hat. »Der immer tätige Bürger schwitzt, arbeitet und quält sich unaufhörlich, um sich noch mühsamere Beschäftigungen zu verschaffen. Er arbeitet sich tot, um leben zu können, oder nimmt sich das Leben, um unsterblich zu werden [...] Was für ein Schauspiel für einen Kariben, wenn er die mühsame und von anderen beneidete Arbeit eines europäischen Staatsministers sehen könnte. Wie viel mal lieber wird dieser träge Wilde nicht eines grausamen Todes sterben, als ein so greuliches Leben führen wollen?«

Rousseau hat kein Schiff Richtung Karibik bestiegen, um so werden zu können wie der Karibe. Und hätte er es doch getan, wäre er ganz bestimmt nicht in einem Land angekommen, in dem ein Naturzustand existiert. Rousseau wollte ja gar nicht erzählen, wie die Menschheitsgeschichte wirklich angefangen hat. Sein träger Wilder, der eine Vorstellung von der Natur des Menschen verkörpern sollte, war eine reine Kunstfigur. Ihr Wert besteht für uns bis heute darin, dass sie hilft, vermeintliche Normalität infrage zu stellen. Rousseau kam es auf die Erkenntnis an, dass das, was wir fast schon wie die Gewalt eines Naturgesetzes erleben, die permanente

Beschleunigung des Lebens, nicht natürlich ist, sondern Produkt unserer entfremdeten Lebensweise. In diesem Punkt ist der Aufklärer Rousseau, obwohl er bereits den 300. Geburtstag hinter sich hat, noch immer unser Zeitgenosse. Wenn wir klagen, dass Beschleunigung allmählich irre macht, ruft er uns zu: Die Zwänge sind nicht vom Himmel gefallen, sie sind selbst geschaffen. Nun muss der zivilisierte Mensch, so der Vorschlag von Rousseau, Wissenschaft und Bildung nutzen, um einen Ausweg aus der Beschleunigungsspirale zu finden.

Auch heute gilt: Wir wollen gar nicht mehr zurück und wieder ein faules Tier unter Tieren sein. Denn was uns von den Affen unterscheidet, ist das, was Rousseau »perfectibilité« genannt hat. Die unstillbare Neigung und starke Energie, uns immer vollkommener zu machen. Rousseaus Einspruch gegen die Logik der Rastlosigkeit kam früh, Mitte des 18. Jahrhunderts. Zu einem Zeitpunkt, als die alte Logik der Muße noch gar nicht lange zuvor zu Grabe getragen worden war. Denn bevor das Leben mit Beginn der Neuzeit Fahrt aufnehmen konnte, galt die Ruhe als höchstes Ideal. Wer Ablenkung und Zerstreuung benötigte, und die Arbeit zählte ausdrücklich dazu, war fern von Gott. Den Ruhezustand nicht aushalten zu können, galt als seelisches Defizit. Die Philosophen des Mittelalters waren immer auch Ruhesucher, nicht Unruhestifter.

Die Aufklärung feierte dagegen das Ideal der Bewegung. Für den Fortschritt zählte jede Minute, deshalb durfte Lebenszeit nicht verschwendet werden. Was Mystiker im Mittelalter als höchsten Zustand anstrebten, eine innere Leere, war für Immanuel Kant eine Horrorvorstellung. Wir kennen ihn heute zuallererst als Moralphilosophen. Aber nebenbei war Kant auch der Erfinder der Freizeit. Ruhe hielt er nur nach getaner Arbeit für legitim, sie sei allein dazu gedacht, die Arbeitskraft zu regenerieren. Und auch in der Freizeit, so lautete Kants Rat, sollten wir möglichst beschäftigt sein. Lieber ein Kartenspiel, als gar nichts tun. Kant hat viele pragmatische Vorschläge gesammelt, wie man seinem Leben durch Tätigkeit eine Form geben kann, einen festen Rhythmus aus Anspannung und Entspannung, damit der gefürchtetste Zustand möglichst vermieden wird: die Langeweile.

Auch bei Kant taucht der Karibe als Kontrastfigur auf, als die große Ausnahme von der anthropologischen Regel, dass Menschen den Stachel der Tätigkeit in sich tragen und deshalb die Langeweile um jeden Preis vermeiden müssen. Dieser Stachel bereite einen positiven Schmerz. Er sei ein Antreiber. Die Langeweile dagegen, ein negativer Schmerz, bringe das Leben aus dem Takt. Nur der Karibe mit seiner »angeborenen Leblosigkeit« sei frei davon. Er halte es mühelos aus, stundenlang am Fluss zu sitzen und zu angeln, ohne etwas zu fangen. Kant hält die Langeweile für ein so großes Übel, weil sie den Sinn der Existenz untergrabe. Deshalb lautet auch sein Ratschlag, Arbeit so zu strukturieren, dass sie niemals langweilig wird. Ein Ziel müsse stets erkennbar sein und die einzelnen Schritte dahin transparent. Kants Disziplinierungsprogramm wirkt wie eine Vorlage für heutige Managementtechniken. Sein Arbeitsethos lebt von der Vorstellung, dass Menschen sich in der Arbeit und nicht von ihr befreien sollten. Der faule Mensch lebt dagegen lasterhaft.

Merkwürdig, dass der Müßiggang von Philosophen so gern mit dem Angeln in Verbindung gebracht wird. Auch Karl Marx hat das Bild vom Menschen am Flussufer benutzt, um seine Entfremdungsgeschichte zu erzählen. Anders als der träge Karibe, sollte sein befreiter Mensch in der Zukunft des Kommunismus aber ein Multitalent sein, das viel mehr kann, als bloß die Angelrute zu halten. Der unentfremdete Mensch sollte die Freiheit haben, »heute dies, morgen jenes zu tun, morgens zu jagen, nachmittags zu fischen, abends Viehzucht zu treiben, nach dem Essen zu kritisieren, wie ich gerade Lust habe, ohne je Jäger, Fischer, Hirt oder Kritiker zu werden«.

Im Kommunismus hat man also keinen Beruf mehr, aber tätig ist man offenbar rund um die Uhr. Denn Arbeit ist laut Marx das Wesen des Menschen, unser eigentliches Zuhause. Marx wünscht, dass wir uns in unserer Arbeit bejahen und nicht währenddessen an den Feierabend denken. Entfremdet ist nämlich nach seiner berühmten Wendung, wer »erst außer der Arbeit bei sich und in der Arbeit außer sich« ist. Im Gefühlskapitalismus von heute könnte ein solcher Satz auch vom Coach im Motivationsseminar kommen.

Der faule Mensch kann bei Marx jedenfalls nicht auf Sympathien rechnen. Das erklärt auch die Aversionen von Marxisten gegen Paul Lafargue, den Schwiegersohn von Marx, der 1883 ein »Recht auf Faulheit« proklamiert hat. Er hätte uns heute für verrückt gehalten, dass wir weiterhin bereit sind, den ganzen Tag zu schuften, obwohl wir längst die Technologien besitzen, die uns helfen könnten, die Arbeit auf das Nötigste zu beschränken. Drei Stunden pro Tag erschienen ihm als Maximum.

Lafargue ist deshalb heute so interessant, weil er schon früh darauf hingewiesen hat, welche Rolle verinnerlichte Zwänge für den Arbeitsbegriff spielen. Arbeitssucht entstehe dann, wenn es der kapitalistischen Moral gelänge, eine »Religion der Arbeit« zu stiften. Und Sozialisten waren in seinen Augen dumm genug, diese Einladung in den Tempel anzunehmen und sogar die Forderung nach einem Recht auf Arbeit für besonders revolutionär zu halten. Die falsche Liebe zur Arbeit ist für Lafargue die Wurzel für eine rastlose Existenzform, die sich schließlich selbst erschöpft. Lafargue stellt Kant vom Kopf auf die Füße. Hatte der Königsberger noch gesagt, dass die Ruhe nach der Arbeit dazu gedacht ist, neue Kräfte für den nächsten Arbeitsschub zu sammeln, so betrachtet Lafargue umgekehrt ein bisschen Arbeit zwischendurch als willkommene »Würze der Vergnügungen der Faulheit«.

Geschwindigkeit als Göttin unserer Tage

Zurück in unsere Gegenwart, in der das Gefühl dominant ist, dass wir längst mit einem Zuviel an Beschleunigung und einem Zuwenig an Muße leben. Viele Lebensgeschichten, die derzeit erzählt werden, handeln von Erschöpfung, vom Hamsterrad. Das Thema der Beschleunigungserfahrung findet sich in jeder populären Zeitschrift. »Kein Zweifel«, schreibt der Philosoph Stefan Breuer, »die Geschwindigkeit ist die Göttin dieser Tage.« Der Ausweg aus der Tretmühle scheint versperrt, weil das Naheliegende als unrealistisch gilt: die Befreiung, wenn nicht von der Arbeit, so doch von einem guten Batzen davon. Die Maschinen könnten nicht nur einen Großteil der Arbeit übernehmen, sie tun es längst. Dennoch stellen wir fest, dass jede eingesparte Minute, die uns raffinierte Technologie schenkt, stets aufs Neue auf geisterhafte Weise versickert. Wir gewinnen permanent Zeit und verlieren sie unter der Hand. Was wir längst im Überfluss haben müssten, erleben wir als Mangel.

Eine Frau, die vor hundert Jahren ihre Wäsche mühsam und vor allem zeitraubend am Bach geschrubbt hat, würde unsere permanente Zeitnot nicht verstehen können. Im voll automatisierten

Haushalt mit Spülmaschine und Roboter-Staubsauger wird euch doch alles abgenommen, würde sie uns zurufen, wo bitte ist das Problem? Offenkundig ist es zweierlei, wie viel Zeit wir faktisch haben, nämlich objektiv eine ganze Menge, und wie wir dieses Zeitbudget erleben, nämlich immerzu als knapp. Objektive und subjektive Zeit fallen auseinander. Schon lange bevor Menschen damit begonnen haben, ständig auf die Uhr zu gucken, hat Augustinus vor 1500 Jahren dieses Rätsel des inneren Erlebens von Zeit in dem berühmten Paradoxon gefasst:»Was ist Zeit? Wenn niemand mich fragt, weiß ich es. Will ich es einem Fragenden erklären, so weiß ich es nicht.« Auch wir könnten es der Waschfrau am Bach wohl nicht erklären. Aber ein paar Hinweise gäbe es schon. So ist etwa eine Stunde vor hundert Jahren, die mit Arbeit zugebracht wurde, völlig anders gestaltet gewesen als eine Arbeitsstunde von heute. Die Verdichtung von Zeit, die immer effektivere Nutzung jedes kleinen Zeitpartikels, die ja das Ziel jedes weiteren Rationalisierungsschrittes ist, trägt wesentlich zur Beschleunigungserfahrung bei. Wir erledigen unsere Tätigkeiten ständig»just in time«. Wer dieses Tempo gewohnt ist, erlebt plötzlich schon die kleinste Verzögerung als Ärgernis. Dies erklärt, warum die lächerlichen fünf Minuten Verspätung im ICE mit Unmut quittiert und nicht etwa als willkommene Entschleunigung genossen werden.

Beschleunigung ist eine Form der Konditionierung. Zeittakte müssen eingeübt werden. Es gibt also eine physikalische Zeit, die die Uhr anzeigt, und daneben ein soziales Konstrukt, das Zeit genannt wird. Ich bin mit meiner Zeiterfahrung nicht allein. Ob ich das Verstreichen der Zeit als gedehnt oder als gerafft erlebe, als unendlich langsam oder irre schnell, hängt nicht allein an meinem Temperament, sondern wird auch beeinflusst von den Zeitpraktiken der Gesellschaft, in der ich lebe. Fahrpläne gelten schließlich für alle.

Wenn nun aktuelle Zeitdiagnosen immer häufiger darauf hinauslaufen, dass ein kritischer Punkt überschritten sei, dass viele Menschen ihre innere Wahrnehmung von Zeit nicht mehr synchronisieren könnten mit dem Zeitsystem einer ganzen Gesellschaft, muss etwas Gravierendes geschehen sein. Wir nennen es: Globalisierung.

Im digitalen Zeitalter finden plötzlich alle Ereignisse auf der Welt gleichzeitig statt. Börsianer müssen am Schlaf sparen, weil unterschiedliche Zeitzonen nicht mehr entschleunigend auf den Welthandel wirken. Sie üben sich in der Kunst des »Powernap«, ein kurzer Stakkatoschlaf muss genügen. Das Gefühl, nicht mehr hinterherzukommen, ist nun nicht mehr bloß ein individuelles, sondern eine kollektive Erfahrung. Sie betrifft darüber hinaus ganze Institutionen.»Individuen und Nationalstaaten sind zu langsam geworden für das Transaktionstempo der globalisierten Moderne; Bildung, Politik und Recht können mit den ›Entwicklungen der Zeit‹ nicht mehr Schritt halten. Zugleich werden quantitativ große, aber marginalisierte Gruppen [...] ›desynchronisiert‹, indem sie von den strukturell und kulturell maßgebenden Entwicklungen abgeschnitten werden. Die Gleichzeitigkeit des Ungleichzeitigen, darin sind sich Globalisierungsdiagnosen einig, nimmt rapide zu, ›Steinzeit‹ und ›Cyberage‹ existieren unvermittelt nebeneinander«, schreibt der Zeittheoretiker Hartmut Rosa in seiner Studie über Beschleunigung.

Er macht darauf aufmerksam, dass wir gegenwärtig gleich mit zwei Zeitdiagnosen zurechtkommen müssen, die sich auf den ersten Blick zu widersprechen scheinen. Die erste ist uns bereits vertraut, sie handelt von der Beschleunigung des Tempos. Wenn alles im Fluss ist und nichts mehr beständig, dann wird die Zukunft ungewiss, das Vertraute aus der Vergangenheit wird jedenfalls nichts mehr gelten. Wir sind Zeugen eines Beschleunigungsschubes, wie es ihn in der Menschheitsgeschichte noch nicht gegeben hat. Niemals zuvor sind Erfahrungen, Wissensbestände, Einstellungen, Moden, elektronische Geräte, kurz all das, was unsere alltägliche Lebenspraxis bestimmt, so rasch entwertet worden. Konservatismus in einem politischen Sinne will nicht mehr gelingen, aber der Wunsch zumindest nach einer Atempause ist allgegenwärtig.

Daneben gesellt sich aber die kollektive Erfahrung des Stillstands. Wir haben uns daran gewöhnt, unsere eigene Epoche als Post-Zeitalter zu benennen. Wahlweise leben wir in der Postmoderne, Postdemokratie, vielleicht gar schon im Postkapitalismus. Damit wird das Lebensgefühl zum Ausdruck gebracht, dass die Zeit stürmischer Umbrüche vorbei sei. Die wichtigsten Lieder seien gesungen, die utopischen Fantasien erschöpft, was jetzt noch zu tun ist, erledigen Realpolitiker.

Der amerikanische Politikwissenschaftler Francis Fukuyama hat nach dem Fall der Mauer die These vom »Ende der Geschichte« aufgestellt. Die liberale Demokratie setze sich überall durch, und dann passiere nichts Wesentliches mehr. Man kann ihm entgegenhalten, dass es seitdem nicht an dramatischen Ereignissen gefehlt hat. Die globale Krise des Finanzkapitalismus hat das Vertrauen, in sicheren Verhältnissen zu leben, massiv erschüttert. Gleichwohl sind wir inzwischen tief imprägniert von der Vorstellung, jedenfalls im Politischen ohne Alternative zu leben. Kein Krisenmanagement kommt ohne diese beschwörende Formel aus: There ist no alternative.

Die Zeit der großen Erzählungen ist vorbei, also kann sich jeder Einzelne nur noch im Kapitalismus als bester aller Welten einrichten. Das bedeutet Stillstand. Wir verfügen zurzeit nicht über einen Möglichkeitsraum, der Platz bietet für überschreitendes Denken. Paul Virilio hat beide Zeitdiagnosen, die Beschleunigung und den Stillstand, zusammengefügt zu einer einzigen Metapher: rasender Stillstand. Das ist für ihn die paradoxe Formel für unsere gegenwärtige Erfahrung von Zeit: Bei hohem Tempo kommen wir nicht vom Fleck.

Wer diese Metapher als passend für sein eigenes Leben betrachtet, räumt ein, bereits einen Verlust von Autonomie erlitten zu haben. Denn wir wollen ja beides: vom Fleck kommen, also biografische Entwicklung, und Kontrolle über die eigenen Bewegungen. Kein Wunder, dass derzeit neben den diversen Optimierungsprogrammen auch Entschleunigungsprogramme Konjunktur haben. Das Misstrauen wächst, ob auf Beschleunigungsprobleme mit weiterer Beschleunigung reagiert werden sollte, was wir ja tun, wenn wir auf kürzere Wartezeiten und schnellere Computerprogramme setzen und Zeit immerzu managen wollen. Selbst die Auszeit will vorher durch hohe Schlagzahl verdient sein.

Gering ist die Hoffnung, dass Arbeit selbst entschleunigt werden könnte, deshalb werden Inseln der Langsamkeit um sie herum errichtet, als lauter kleine, private Wellness-Oasen, die sich nicht zu einer kollektiven Entschleunigungsstrategie zusammenfügen wollen. Wenn der Manager für eine Woche ins Kloster geht, dann in der Erwartung, anschließend umso dynamischer zupacken zu können. Rasender Stillstand ist eine Metapher der Ohnmacht. Ihr fehlt die Zuversicht, dass man mit seiner Lebenszeit auch anders umgehen könnte. Der Getriebene sieht sich nicht als souveräner Akteur, obwohl er doch selbst als Dauerläufer den Knopf gedrückt hat, damit das Laufband startet.

Um noch einmal auf die Büroexistenz Anna zurückzukommen, die die Glückspille Happy Brain eingenommen hat, um ihre berufliche Performance zu verbessern: Dies wäre der wichtigste Punkt, auf den sie Barbara ansprechen sollte, nachdem der Enhancement-Konsum aufgeflogen ist. Wie es sein kann, dass sie auf eine kollektive Erfahrung, nämlich dass Leistungsanforderungen und Konkurrenzdruck am Arbeitsplatz für alle erhöht werden, allein mit einer individuellen, noch dazu geheimen Strategie der Selbstoptimierung reagiert. Hier zeigt sich nämlich, wie tief wir inzwischen imprägniert sind von der Logik des Neoliberalismus. Zu dessen Leitbild gehört es, dass der flexible Mensch harte Zwänge in der Konkurrenzgesellschaft für sich zu Freiheiten umdeutet. Dies setzt einen Akt der Selbstdressur voraus. Erfolgreich ist nicht, wer sich selbst sagt: »Ich muss ein guter Performer sein. Ich muss mir ständig überlegen, wie ich auf andere wirke.« Erfolgreich ist im Gefühlskapitalismus, wer es genießt, ein guter Performer zu sein. Jeden Tag ein bisschen besser, heißt es im Werbe-Slogan.

Rasender Stillstand

Steigerungslogik ist auf breite Zustimmung angewiesen. Wachstum und damit weitere Beschleunigung entsteht im Kapitalismus nur, wenn Produzenten und Konsumenten ein weiteres Mehr für sinnvoll halten. Weitere Beschleunigung ist aber die Grammatik dieser Gesellschaft. Sie ist so organisiert – das ist die Wachstumsfalle, in der wir ratlos zappeln –, dass sie sich nur durch Dynamik erhalten kann. Stabilität durch Beschleunigung. Genauso ein Paradoxon wie der rasende Stillstand. Ohne den Willen zur Selbststeigerung wird es nicht gehen, ruft deshalb das Wachstumslager den Langsamen zu. Wer träge und unflexibel ist, dem sollen Beine gemacht werden. Nicht auszudenken, was passieren würde, wenn sich die Sehnsucht nach einem Leben wie Diogenes breitmachte.

Die Wachstumsmetapher der Ökonomen wirkt zunächst freundlich, weil sie aus der Biologie stammt. Wachstum ist doch Leben, denken wir. Aber Bäume, die niemals aufhören würden zu wachsen, wären schnell das Opfer des nächsten Sturms. Wachsen zu müssen, aber nicht mehr wachsen zu können, diese gesellschaftliche Pathologie wird, auf den Einzelnen gewendet, gern Depression genannt.

In den Zeitanalysen der vergangenen Jahre fehlt es nicht an Hinweisen darauf, dass mit Depression nicht mehr bloß individuelles Leid, sondern auch eine soziale Diagnose gemeint ist. Sie gilt als die Krankheit unserer Zeit, weshalb sich eben nicht nur Ärzte und Psychologen für sie interessieren, sondern auch Soziologen und Philosophen. Ohnehin ist ja Depression lediglich ein unscharfer Sammelbegriff in der Psychiatrie für sehr verschiedene Krankheitsphänomene.

Einer der Ersten, die nach dem sozialen Kontext psychischer Störungen gefragt haben, war der französische Soziologe Alain Ehrenberg. Er hat die Depression als Müdigkeit, man selbst zu sein, definiert. Der depressive Mensch sei bei dem Versuch gescheitert, nur sich selbst gehören zu wollen. Ehrenberg schaut also auf die Kollateralschäden einer Kultur der Autonomie. Das Individuum hat es geschafft, sich aus den alten Zwängen zu lösen, Familie, Religion und Klasse haben ihre bevormundende Rolle eingebüßt, und plötzlich wird die Freiheit selbst zum Problem. Das stolze Ich ist für Glück und Unglück nunmehr allein zuständig.»Sich befreien macht nervös. Befreit sein depressiv. Die Angst, man selbst zu sein, versteckt sich hinter der Erschöpfung, man selbst zu sein«, so Ehrenberg. Bestimmte Nöte sind also den Zeitumständen geschuldet. Sigmund Freuds Patienten wurden, weil es noch die Zeit harter äußerer Zwänge war, Neurosen und Nervosität bescheinigt. Die heutigen Psychiater behandeln dagegen Menschen, die darunter leiden, selbst gesetzte Ideale nicht verwirklichen zu können.

Die Triebe sind frei, sie wissen aber nicht, wohin sie treiben sollen. Aus einer grandiosen Chance, nämlich erstmals im wirklichen Sinne ein eigenes Ich zu sein, ist ein Zwang geworden, unbedingt ein grandioses Ich zu sein. Das Ideal der Freiheit ist nun alltägliche Norm. Ehrenberg weist darauf hin, dass die Verschiebung von der Disziplin zur Autonomie, die sich in wenigen Jahrzehnten ereignet hat, entscheidend ist. Wir sind heute nicht mehr von Neurosen geplagt, weil die alte Disziplinargesellschaft abgedankt hat. Sie hat früher den Individuen quälende Selbstprüfungen auferlegt.

Es blühten die Neurosen, weil es da eine Frage gab, die sich jeder zu stellen hatte. Sie lautete: Was darf ich tun? Diese Frage produzierte Schuldgefühle. Vom depressiven Typus ist dagegen die Frage, die uns heute plagt: Besitze ich die Fähigkeit, es zu tun? Sich selbst behaupten zu müssen, wird gerade deshalb als innerer Zwang erlebt, weil das Ziel so erstrebenswert ist: Autonomie, Selbstverwirklichung, die Herrschaft über das eigene Ich. Aber dieses stolze Ich, das sich selbst auf einen so hohen Sockel stellt, lebt mit einer beträchtlichen Gefahr abzustürzen. Wirklich lebbar ist dieses Autonomie-Ideal wohl nur, wenn wir im Vollbesitz unserer Kräfte sind. Geraten wir dagegen in Lebenssituationen, in denen es auf unsere Wünsche nicht ankommt, wird der Verlust von Autonomie als umso brutaler empfunden. Dies erklärt beispielsweise die verbreitete Sehnsucht nach einem schnellen Tod.

Schuldgefühle entstehen heute dann, wenn ein Individuum sich als unzulänglich wahrnimmt, von der Freiheit Gebrauch zu machen. Gesellschaften ohne diese Leitkultur der Autonomie haben andere Sorgen. Aus diesem Grund ist bei uns ein riesiger Psychomarkt entstanden, der laufend neue Angebote zur Stärkung des Ich unterbreitet. Er lebt von der stillschweigenden Annahme, dass, wenn jeder für sich allein leidet, auch jeder allein wieder seelisch gesund werden muss. Der depressive Mensch ist ein einsamer Sünder, weil er die Erfahrung, dass nichts mehr geht, ausgerechnet in einer Gesellschaft macht, die mit dem Freiheitsversprechen lebt: Nichts ist unmöglich.

Das berührt ein grundsätzliches Problem heutiger Entfremdungskritik. Es ist auffällig, dass dieser Begriff momentan wieder eine Renaissance erlebt, nachdem er eine Zeit lang aus dem philosophischen Vokabular verschwunden war. Wenn sich die Diagnosen häufen, dass Gefühle des Unbehagens wuchern, dass viele Menschen sich mit sich selbst entzweit fühlen, sich als ohnmächtig, beziehungslos und getrieben erleben, dann stößt das Wort Entfremdung auf Resonanz. Es kehrt ausgerechnet zu einem Zeitpunkt zurück, da individuelle Selbstbestimmung in einem nie gekannten Maß möglich scheint.

Entfremdungskritik weist auf nicht eingelöste Freiheitsversprechen hin und prüft, wie sich individuelle Autonomie mit sozialer Freiheit verträgt. Aber der archimedische Punkt, darauf hat die Berliner Philosophin Rahel Jaeggi in ihrer Entfremdungs-Studie hingewiesen, ist ihr abhandengekommen. Die Analyse von Entfremdungsprozessen, von Sinnverlust und Machtverlust, muss einstweilen ohne konkrete Vorstellung auskommen, wie denn ein nicht entfremdetes Leben aussehen könnte. Wir leben da mit einem Bilderverbot, weil die utopische Energie erschöpft scheint. Alles soll so bleiben, wie es ist, aber möglichst ein wenig langsamer, das klingt nach utopischer Diät. Der Blick in eine bessere Zukunft ist verhangen.

Und auch der Blick zurück will nicht mehr überzeugen. Wir können nicht mehr, wie noch Rousseau, eine ursprüngliche Ganzheit des Menschen herbeifantasieren. Die Geschichte vom edlen Wilden ist auserzählt. Die politische Depression unserer Tage hat einen Leitsatz, dem wohl viele zustimmen würden: Auf den Einzelnen kommt es nicht an. Ausgerechnet die individualistische Gesellschaft produziert massenhaft das Gefühl eigener Handlungsunwirksamkeit. Vielleicht wäre es ein Anfang, in einem solchen Moment nicht auch noch positiv zu denken.

9

Projekt Unsterblichkeit

Jeder hält sich für einzigartig, niemand wird überleben. Jedenfalls nach dem jetzigen Stand der Dinge, wo die Arbeit am Projekt »biologische Unsterblichkeit« noch in den Anfängen steckt. Einstweilen werden wir noch mit der narzisstischen Kränkung leben müssen, dass das Wesen, um das sich ein Leben lang eine ganze Welt zu drehen scheint – weil es sich in seiner Selbstwahrnehmung als selbstverständlichen Mittelpunkt dieser Welt betrachtet –, einfach stirbt und verschwindet. Und der Welt wird es egal sein. Der subjektiven Bedeutsamkeit, die sich jeder selbst zuschreibt, entspricht keine objektive Bedeutung in der Welt. Der schottische Philosoph David Hume war schon im 18. Jahrhundert der Überzeugung, dass ein Menschenleben für das Universum nicht bedeutender sei als das Leben einer Auster. Spätestens nach zwei Generationen verliert sich jedenfalls allmählich die Spur der Erinnerung an einen Menschen, der sich selbst zu Lebzeiten für unentbehrlich gehalten hat.

Der Tod ist ein Skandal. Wie man sich zu ihm verhält, ist eine Frage der persönlichen Strategie. Man kann ihn bagatellisieren, man kann gegen ihn rebellieren, man kann es mit Praktiken der Einübung in den Tod probieren. Egal, für welchen Pfad man sich entscheidet: Ohne Techniken des Trostes kommen wir offenbar nicht aus.

Häufig wird behauptet, das Sterben sei in unserer Gesellschaft ein Tabu. Das ist ungefähr so richtig wie die Behauptung, Sex sei ein Tabu. Tatsächlich wird inzwischen über beides permanent geredet. Was das Sterben angeht, dürfen wir das als ängstliches Pfeifen im Walde deuten. Ständig wird thematisiert, was in den letzten Stunden eines Menschenlebens zu tun oder zu lassen ist, ob dem Leid am Lebensende ein Sinn abgerungen werden kann oder nicht, wie viel Schmerz und Ohnmacht dazugehört, ob Ärzten oder Angehörigen erlaubt sein sollte, dem Sterbewilligen oder auch Entscheidungsunfähigen einen hilfreichen Schub zu geben. Eine Gesellschaft, die in ihrer Mehrheit radikal diesseitig denkt und lebt und dabei nichts so sehr feiert wie die Autonomie des Subjekts, das sich stets als Herr im eigenen Hause fühlen soll, starrt auf diese Abbruchkante und sucht verzweifelt einen Umgang damit, dass ein Sterbender eben Stück für Stück genau diese Autonomie einbüßt. Die Sterbehilfe-Debatte zeigt zudem, dass wir mehr und mehr dazu neigen, die Begriffe Autonomie und Würde miteinander zu verkoppeln. Als ob wir unweigerlich mit dem einen auch das andere verlieren. Gewiss schwindet mit den körperlichen Kräften Handlungsmacht, und es wächst das Angewiesensein auf andere. Aber unsere Würde behalten wir bis zum letzten Atemzug. Sie ist ja gerade der Schutz der Schwachen vor der Unerbittlichkeit der Starken. Auch wer hinfällig ist, behält den Anspruch, noch dazuzugehören. Anders als im Tierreich, wo das sterbende Tier von der Herde zurückgelassen wird. Würdelos ist es allerdings, wenn der Starke den Anblick des Schwachen nicht mehr erträgt und meint, aus Mitleid dessen Abtritt beschleunigen zu müssen. Heute geht es darum, ob eine Gesellschaft der Sieger dabei ist, den Umgang mit Hinfälligkeit mehr und mehr zu verlieren. Und ob die Schwachen den Verlust ihrer Autonomie tatsächlich zugleich als Verlust ihrer Würde interpretieren.

Keine ethische Debatte zum Thema Lebensende kommt mehr ohne das Schlagwort »Patientenautonomie« aus, ein Begriff, der häufig ideologisch gebraucht wird. Mag sein, dass wir in den Sternstunden unseres Lebens grandiose Erfahrungen von Autonomie machen. Aber es gibt definitiv mindestens zwei Lebenssituationen, in denen wir nicht über uns selbst verfügen können: den Anfang und das Ende. Keiner hat uns gefragt, ob wir geboren werden wollen, schon gar nicht, ob von diesen Eltern, in diese Lebensumstände hinein. Wir sind in dieses Dasein geworfen worden, wie Heidegger formuliert hat. Man kann sich nicht dazu verhalten, man kann es nur gestalten. Und genauso wird uns keiner fragen, ob wir sterben wollen. Auch dies gehört zum Skandal der Sterblichkeit: dass es auf unsere Haltung nicht ankommt.

Nicht das Sterben ist in unserer Gesellschaft also das Tabu, sondern der Tod. Er ist das große Nichts, über das sich nichts sagen lässt. Menschen früherer Epochen, die noch durchdrungen waren von der Vorstellung, dass wir nach unserem letzten Atemzug auf irgendeine Weise fortexistieren werden, hätten vermutlich wenig

Verständnis dafür aufgebracht, dass wir eine solche Heidenangst vor dem Sterben haben. Sie deuteten es als notwendige Passage auf einer Reise hin zu einem verheißungsvollen Ziel. Und es standen Fantasiebilder zur Verfügung, um sich dieses Ziel vorstellen zu können. Das Leid beim Sterben galt immer nur als das Vorletzte.

Diese Gewissheit, dieser Trost, ist weithin abhandengekommen, selbst vielen unter uns, die sich für religiös halten. Ewiges Leben, unsterbliche Seele, Auferstehung der Toten – das sind Begrifflichkeiten wie aus einer anderen Zeit, die nicht mehr zu uns spricht. Bei uns dominiert das Bild von der Abbruchkante. Was jenseits dessen liegt, entzieht sich unserer Sprache, jedenfalls trauen wir es uns nicht mehr zu, darüber Aussagen zu machen.

»Den Tod erlebt man nicht«, schreibt Wittgenstein. Er ist keine Tatsache der Welt, »kein Ereignis des Lebens«. Lebenden ist es unmöglich, dem Tod eine Bedeutung zu geben. Sie können zwar den Tod anderer von außen zu beschreiben versuchen, den eigenen aber niemals aus der Innenperspektive erleben. Der Tod eines anderen lehrt uns nichts. Dabei Zeuge zu sein, ist bloß »Stimmung«, wie Kierkegaard gesagt hat. Sich selbst tot zu denken, das ist der Ernst.

Dass der Tod entgegen der wohlfeilen Behauptung eben nicht Teil des Lebens ist, hilft uns allerdings in keiner Weise. Vielleicht verschärft dies seine Dramatik sogar noch. Denn wenn ein Leben eines Tages schonungslos abbricht, muss es seine Bedeutung bis dahin möglichst voll ausgeschöpft haben. Der diesseitige Mensch gerät unter Druck. Es sei denn, es gelänge ihm, an diesem Ernst, sich selbst tot zu denken, vorbei zu leben.

Zweifellos gibt es Menschen, die sich für letzte Fragen, die immer Sinnfragen sind, über weite Strecken ihres Lebens wenig interessieren. Nirgendwo steht geschrieben, dass diese Auseinandersetzung zu unseren Pflichten gehört. Es ist nicht einmal sicher, dass sie einen persönlichen Gewinn verspricht. Man kann auch so leben, wie es der Philosoph Thomas Nagel gedanklich durchgespielt hat: »Es reicht, dass es sinnvoll ist, wenn ich am Bahnsteig bin, bevor der Zug abfährt, oder wenn ich die Katze nicht vergesse. Mehr brauche ich nicht, um in Gang zu bleiben. Vielleicht braucht es uns gar nicht zu beunruhigen, falls das Leben als Ganzes sinnlos ist. Vielleicht können wir dies anerkennen und weitermachen wie bisher.«

Vielleicht aber auch nicht. Kein Menschenleben bleibt auf Dauer in Gang. Irgendwann stirbt die Katze, oder es ist ein anderes Ereignis, das den Motor stottern lässt. Das Einverständnis mit einem Leben, das als Ganzes als sinnlos verstanden wird, verschärft geradezu die Notwendigkeit, dem einzelnen, besonderen Leben eine Bedeutung abzuringen. Jedenfalls gilt es unter Existenzphilosophen, deren großes Thema ja die Verlorenheit des Menschen ist, als ausgemacht, dass die Erfahrung der Kontingenz sehr wohl beunruhigt. Sie wirft Probleme auf und bereitet Schmerz.

Zu dieser Kontingenzerfahrung gehört nicht allein das Wissen um die eigene Hinfälligkeit und Endlichkeit, das schon von Kindern erworben wird, wenn sie den Tod anderer Lebewesen miterleben. Zu einem Zeitpunkt also, wo sich dieses frische Wissen noch nicht krisenhaft bemerkbar macht. Kontingenz heißt in einem viel weiteren Sinne, dass ich niemals alles erkennen kann, was ich wissen möchte, niemals alles bekommen werde, was ich begehre und wünsche, niemals alles tun kann, was ich gerne täte. Kontingenz heißt, dass ich mit jeder Entscheidung für eine bestimmte Lebensoption andere Optionen ausschließe. Entscheide ich mich beispielsweise in der Lebenspartnerschaft für einen bestimmten Menschen, entscheide ich mich zugleich gegen andere, mit denen ich womöglich glücklicher geworden wäre. Kontingenz heißt auch, mit dem Gedanken der Zufälligkeit zu leben: Man kann sein, man muss aber nicht sein. Auf meine Anwesenheit kommt es nicht an. »Wir sind gleichsam traurig geschaffen«, heißt es bei dem Philosophen und Schriftsteller George Steiner.

Zur menschlichen Existenz gehört also eine Kontrasterfahrung. In den grandiosesten Momenten unseres Lebens empfinden wir pure Individualität, gelingende Freiheit, ein Bewusstsein von Singularität: Ich bin anders als die anderen, aus freien Stücken, und das ist es, was mich ausmacht. Zugleich aber stößt dieses singuläre Ich mit seiner tief sitzenden Sehnsucht nach Unendlichkeit permanent gegen die Decke. Es erfährt Kontingenz als Beleidigung: Was so einzigartig ist, darf doch nicht einfach so verschwinden! Selbstgewissheit und Unvollkommenheit wollen so gar nicht zueinander passen. Müssen es aber irgendwie in einem Leben, das gelingen soll. Diese Kontrasterfahrung beschert uns ein Gefühl, das sich in jedem Moment des Alltags unverhofft regen kann und nur sehr schwer zu verscheuchen ist: die Melancholie.

Die Krankheit zum Tode

Viele Philosophen haben sich für diese Schwermut, die wie ein Schleier über unserem Leben hängen kann, interessiert. Sie waren sich nicht einig darin, ob das melancholische Gefühl den Menschen lähmt oder ihn womöglich auf produktive Weise in Bewegung setzt. Aristoteles hat der Melancholie genialische Wirkungen zugeschrieben, Krankheit und menschliche Größe hingen für ihn zusammen. Er war davon überzeugt, dass Menschen mit schwarzer Galle herausragende Leistungen erbringen. Die Melancholie konnte in antiker Sichtweise beides: positiv inspirieren oder zum Wahnsinn führen.

In der christlichen Tradition wurde die Melancholie als Sünde betrachtet, wegen ihrer Nähe zur Trägheit und Langeweile. Wer ihr verfallen war, galt als unfähig, Gott zu begegnen. Der Melancholiker war einer, der sich an diesseitige Dinge klammert und sich von weltlichen Angelegenheiten nicht lösen kann. Sigmund Freud hielt die Melancholie für eine krankhafte Störung des Selbstgefühls, eine »großartige Ichverarmung«.

Vermutlich vermag sie tatsächlich beides auszulösen: Lähmung und Kreativität. In der Existenzphilosophie ist der Gedanke wichtig, dass die melancholische Erfahrung unausweichlich ist. Kierkegaard nennt sie »die Krankheit zum Tode«. Niemals könne der Mensch der Verzweiflung entkommen. Wer die Flucht in der Weise probiert, dass er sich allein darum bemüht, den Zug nicht zu verpassen und die Katze zu füttern, wird sich erst recht in ihr verstricken. Ohne Verzweiflung gibt es laut Kierkegaard, dem Denker des Paradoxen, auch keine Heilung. Er hielt es für ein Unglück, die Verzweiflung nicht zu empfinden. Er nannte sie »ein wahres Gottesglück«.

Dazu muss man wissen, dass für Kierkegaard die Verzweiflung der Weg zu Gott war. Ein Mensch, der sich seiner sicher ist, der nicht zerrissen ist zwischen den beiden Polen, einerseits verzweifelt er selbst sein zu wollen und andererseits verzweifelt nicht er selbst sein zu wollen, wird keinen Anlass haben, den berühmten Sprung in den Glauben zu riskieren. Denn zu glauben ist für den modernen Menschen ja zunächst mal wider alle Vernunft. Erst die Erfahrung des Absurden, der brutalen Kontingenz macht laut Kierkegaard den Weg frei zur Erlösung. Sich selbst als tot zu denken, ist für ihn etwas völlig anderes als die abstrakte Einsicht, dass das Leben irgendwann zu Ende geht. Die Verschärfung lautet: Es ist mein Leben, das hier erlischt.

Albert Camus, der andere große Denker des Absurden, wollte da nicht mitgehen. Er hielt den Ausweg aus der absurden Existenz für versperrt. Kierkegaards Sprung in den Glauben hat er als philosophischen Selbstmord betrachtet. Camus war nicht bereit, den Preis zu zahlen, den Kierkegaard so bereitwillig entrichtet hat, nämlich die Vernunft für diesen Glaubensakt zu opfern. Selbst wenn wir wollten, meinte Camus, könnten wir gar nicht mehr in den Glauben hineinspringen, weil wir zu viel wissen über das Leid in dieser Welt. Die Vernunft werde es zu verhindern wissen, dass wir wirklich glauben.

»Ich werde mich bis in den Tod hinein weigern, die Schöpfung zu lieben, in der Kinder gemartert werden«, heißt es in Camus' Roman »Die Pest«. Vor diesem Hintergrund ist die Annahme, dass Gott nicht existiert, günstiger für beide, für Mensch und Gott. Das alte philosophische Problem der Theodizee, wie sich Gott rechtfertigen lässt angesichts der Übel in dieser Welt, wird von Camus so beantwortet: »Der Held des Absurden soll sich gegen Gott auflehnen. Seinen Lebenssinn findet er nicht in religiösen Versuchen, Kontingenz zu bewältigen, sondern in der Revolte. Er kämpft gegen den Tod, obwohl er weiß, dass er letztlich verlieren wird.«

Berühmt ist Camus' Bild vom Sisyphos, der die absurde Existenz verkörpern soll. Immer wieder donnert der Fels zurück ins Tal, den er gerade erst so mühsam den Berg hinaufgerollt hat, und immer wieder setzt Sisyphos zum nächsten vergeblichen Versuch an. Camus fordert uns auf, uns den antiken Helden als glücklichen Menschen vorzustellen. Schade, dass er es offenlässt, worin dieses Glück der Vergeblichkeit bestehen soll.

Interessant ist, dass die melancholische Erfahrung, die zum Nachdenken über den Tod führt, zuletzt immer beim Leben landet. Sie verwandelt sich in ein Nachdenken vor dem Tod. Dabei spielt es keine Rolle, ob der Melancholiker ein Glaubender oder ein Ungläubiger ist: Beide verbindet die Einsicht, dass das kontingente Dasein in sich selbst keinen Sinn hat. Dieser Sinn muss vielmehr immer erst geschaffen werden. Der Tod wird so zum Lehrmeister des Lebens. Wer Kierkegaards Gedanken annimmt, dass der Ernstfall immer nur der eigene Tod sein kann, der Tod anderer aber nichts lehrt, wird dies in einem zweiten Schritt auch auf das Leben beziehen. Es ist immer nur mein Leben, das ich führen kann, und wenn ich mich führen lasse, bin ich selbst schuld.

Ludwig Feuerbach hat in seinen Gedanken über Tod und Unsterblichkeit bereits im Jahr 1830 diesen Prozess der Rückspiegelung beschrieben: Der Blick, der eigentlich auf die Blackbox namens Jenseits gerichtet war, landet im umso heller strahlenden Diesseits.»Nur wenn der Mensch wieder erkennt, dass es nicht bloß einen Scheintod, sondern einen wirklichen und wahrhaften Tod gibt, der vollständig das Leben des Individuums schließt, und einkehrt in das Bewusstsein seiner Endlichkeit, wird er den Mut fassen, ein neues Leben wieder zu beginnen.« Dann aber wird es wohl nicht reichen, rechtzeitig am Bahnsteig zu sein.

Die Labore der Unsterblichkeit

Feuerbachs Versuch, Energien, die einst aufs Jenseits gerichtet waren, ins Diesseits umzulenken, kann heute auf große Zustimmung rechnen. Mit dem Tod ist alles aus, das dürfte wohl die mehrheitliche Überzeugung sein. Trotzdem sind die Unsterblichkeitserzählungen, die die Menschheitsgeschichte seit Jahrtausenden prägen, nicht totzukriegen. Sie sind der Ursprung der Religionen, sie finden sich aber auch in zahlreichen Mythen und literarischen Erzählungen.

Den Traum von der Unsterblichkeit gibt es in zwei Varianten. Entweder als Glaube, dass es nach dem Tod doch noch irgendwie weitergeht, wenn auch unkörperlich, oder als Hoffnung, hier auf Erden ewig zu leben. Für die eine Variante steht Jesus, der gestorben ist, damit wir ewig leben dürfen, für die andere Woody Allen, der es sich angewöhnt hat, auf die Frage nach seiner Haltung zum Tod zu antworten:»Ich bin entschieden dagegen.«

Was der Filmregisseur noch ironisch meinte, nehmen namhafte Naturwissenschaftler inzwischen todernst. Sie arbeiten daran, die Sterblichkeit des Menschen wenn nicht gleich abzuschaffen, so doch mindestens radikal zu verzögern. Die Unsterblichkeitserzählungen des 21. Jahrhunderts kommen aus den Bio- und Nano-Labors.

Im Jahr 2009 haben drei Biologen den Nobelpreis für Medizin für die Entdeckung der sogenannten Telomere gewonnen. Das sind Bausteine in der Zelle, DNA-Abschnitte an den Enden der Chromosomen, die ihre Reproduktion sichern sollen. Mit zunehmendem Lebensalter arbeiten diese Telomere aber immer unzuverlässiger. Sie verkürzen sich, nutzen sich bei jeder neuen Replikationsrunde der DNA weiter ab. Telomere gelten als mit verantwortlich für das Altern und in der Konsequenz auch für das Sterben. Nun gibt es ein Enzym, Telomerase, das diese schwächelnden Telomere reparieren kann, indem es sie wieder verlängert. Gelänge es, dieses Jungbrunnen-Enzym künstlich zuzuführen, woran die Pharmaindustrie bereits arbeitet, wäre ein Mechanismus des Alterns womöglich ausgehebelt.

Interessant dabei ist, dass das Altern von Biologen nicht länger als natürlicher Abschnitt im Lebenszyklus aufgefasst wird, sondern als Krankheit, die irgendwann heilbar sein wird. Altern ist wie Krebs und muss bekämpft werden. Liest man etwa die Prophezeiungen des prominenten Alternsforschers Aubrey de Grey, Herausgeber einer Fachzeitschrift für Verjüngungsforschung, so stößt man immerzu auf bellizistische Formulierungen. Gegen das Altern solle ein Krieg geführt werden, und zur Finanzierung dieses Feldzuges würden Kriegsanleihen benötigt, denn er werde teuer. Der Mann meint das ganz und gar unironisch, schließlich ist er der Überzeugung, dass das Altern der älteste Feind der Menschheit ist, der aber in einigen Jahrzehnten dank einer biomedizinischen Revolution endlich besiegt sein soll.

De Grey bietet seinen Lesern die Vision von einem künftigen Leben, das wie ein »endloser Sommer einer buchstäblich unbefristeten Jugend« sein werde. Er fordert sein Publikum dazu auf, politischen Einfluss auf Abgeordnete zu nehmen, damit der Staat sich beispielsweise massiv in der embryonalen Stammzellenforschung engagieren kann. De Grey sieht alle Verteidiger des Alterns und der menschlichen Sterblichkeit in einer Kluft des Denkens befangen. Gegen ein moderates Hinauszögern des Alterns habe niemand etwas einzuwenden, sonst würde die Anti-Aging-Industrie nicht so viele zweifelhafte Produkte absetzen können. Ein Blick ins Schaufenster jeder beliebigen Apotheke zeigt, dass er in diesem Punkt recht hat. Das Konzept der Abschaffung des Alterns stößt dagegen weithin auf intuitive Ablehnung. De Grey hält dies für ein rein psychologisches Problem, er nennt es den Tithonos-Fehler.

Tithonos war in der griechischen Mythologie ein Krieger, in den sich Eos, die Göttin der Morgenröte, verliebte. Daraufhin ging sie zu ihrem Göttervater Zeus und bat ihn darum, ihrem Geliebten, aber leider sterblich Geborenen die Unsterblichkeit zu schenken. Ihre Bitte wurde von Zeus erhört, allerdings in boshafter Absicht: Er nutzte nämlich Eos' Versäumnis aus, die vergessen hatte, zugleich um ewige Jugend zu bitten. Folglich alterte Tithonos und fiel seiner Geliebten als gebrechlicher und mäkelnder Greis, der einfach nicht sterben wollte, auf die Nerven.

Ein solcher Mythos hätte nicht Jahrtausende überleben können, wenn die Moral von der Geschichte, dass nämlich der Wunsch nach einem ewigen Leben töricht ist, nicht als einleuchtend verstanden worden wäre. Niemand wünscht sich schließlich, dass das Lebensband ausgerechnet an seinem Ende in die Länge gezogen wird. Einige Naturwissenschaftler fordern uns nun dazu auf, diesen Mythos aus dem kollektiven Gedächtnis zu verbannen und stattdessen an die Vision vom endlosen Sommer zu glauben. Der Winter des Lebens soll dagegen ausfallen.

Gestützt wird diese Vision zunächst einmal von in der Tat beeindruckenden Ergebnissen aus den Forschungslabors. Dort arbeiten seit Jahrzehnten Wissenschaftler daran, das Leben verschiedener Organismen zu verlängern. Biogerontologen, die Gene identifizieren konnten, die die Geschwindigkeit des Alterns beeinflussen, haben zum Beispiel die Lebensdauer von Fadenwürmern fast verzehnfachen können. Diese Tierchen sind unter Forschern deshalb so beliebt, weil sich mit ihnen im Labor praktisch und billig arbeiten lässt. Sie altern und sterben innerhalb von zwei Wochen, sodass Biologen ihren gesamten Lebenszyklus immer wieder beobachten können. Dabei setzen sie jede neue Generation anderen Einflüssen aus, um Mechanismen ausfindig zu machen, die das Leben verlängern oder auch verkürzen.

Wen Experimente mit Fadenwürmern wenig beeindrucken, etwa weil sie ohne Lupe kaum zu erkennen sind und damit doch als einigermaßen menschenunähnlich gelten können, der sei auf die Erfolge bei der Genmanipulation von Mäusen verwiesen. Immerhin ein Wirbeltier und deutlich komplexer als der Wurm. Mutationen an einem bestimmten Gen haben die Lebenszeit von Labormäusen um bis zu 80 Prozent strecken können. Das war in den 1990er-Jahren der Startschuss für einen internationalen Boom der Biogerontologie, der bis heute anhält. An zahlreichen Instituten liefern sich Forscher einen Wettlauf, um den Geheimnissen des Alterns auf die Spur zu kommen. Inzwischen soll es etwa 300 konkurrierende Theorien geben, die die Biologie des Alterns zu entschlüsseln versuchen. Sicherlich mehr ein Beleg für gegenwärtig noch sehr große Unwissenheit als ein deutliches Anzeichen für den bevorstehenden wissenschaftlichen Urknall, der unser aller Leben massiv verändern würde. Gleichwohl ist festzuhalten, dass es erstaunlich einfach war, die Lebensspanne von unterschiedlichen Organismen im Labor zu verlängern. Damit ist der Beweis erbracht, dass man prinzipiell in den Prozess des Alterns eingreifen kann, und es gibt keinen vernünftigen Grund für die Annahme, dass dies beim Menschen prinzipiell ausgeschlossen sein sollte.

Vielleicht geht es uns in einigen Jahrzehnten so wie den Fischen in den Aquarien des Leibniz-Instituts für Altersforschung in Jena. Dort erforscht man die Genetik des Alterns an einer Fischart namens Prachtgrundkärpfling, die im heimischen Afrika eine Lebenszeit von höchstens zwölf Wochen hat. Die Molekularbiologen haben die Kärpflinge mit einem Naturstoff versorgt, der sich zuvor schon bei Hefen, Fadenwürmern und Taufliegen als wahres Lebenselixier erwiesen hatte, dem sogenannten Resveratrol. Nun wollten die Forscher wissen, ob sich die gleichen Effekte auch bei Wirbeltieren einstellen. Nachdem man den Fischen pro Gramm Futter 600 Mikrogramm Resveratrol zugesetzt hatte, verlängerte sich ihre Lebenserwartung um mehr als die Hälfte. Sie waren noch fit und fruchtbar, als ihre Artgenossen aus der Kontrollgruppe ohne Lebenselixier im Futter schon längst verendet waren. Dieses Experiment dürfte Weintrinker besonders interessieren, denn Resveratrol ist eine Substanz, die in der Schale von Weintrauben zu finden ist.

Medizin 2.0

Selbstverständlich werden die Biogerontologen immer wieder gefragt, wann denn Menschen von diesen Forschungen profitieren werden. Je nach Temperament kommen dann vorsichtige oder visionäre Antworten. David Gems etwa, Wissenschaftler am Institute of Healthy Ageing des University College London, der an Fruchtfliegen und Mäusen forscht, betont immer wieder, dass bislang noch niemand herausbekommen hat, was das Altern eigentlich ist. Zugleich beschreibt er aber als Ziel seiner Disziplin die Entwicklung eines Medikaments, das eine Art Breitbandschutz bieten würde vor all den Krankheiten, an denen heute Menschen sterben: Krebs, Schlaganfall, Demenz, Herz-Kreislauf-Erkrankungen. Jede einzelne von ihnen setzt einen Alterungsprozess des biologischen Systems voraus. Mit seinem deutlich forscheren Wissenschaftskollegen Aubrey de Grey, der ja das Altern nicht bloß verlangsamen, sondern sogar umkehren will, verbindet ihn zumindest die Auffassung, dass das Altern als Ärgernis zu betrachten sei.

Jeden Wissenschaftler, der auf diesem Gebiet forscht, bewegt ja die Frage, worin der evolutionäre Sinn des Alterns bestehen könnte, wofür es gut sein könnte. David Gems' Antwort lautet: für nichts. Damit hat die heutige Evolutionsbiologie einen Bruch mit den Auffassungen ihrer Vorgänger aus der Pionierzeit des eigenen Faches vollzogen. Ein Zeitgenosse Charles Darwins, Alfred Russel Wallace, hatte damals die Theorie vertreten, dass das Altern jedes einzelnen Individuums dem Überleben der Art diene. Wenn der Tod Lücken schlage und verbrauchte Individuen aus dem Rennen nehme, dann profitierten die Jüngeren im harten Konkurrenzkampf um knappe Güter. Der Tod belebt. Ausgerechnet er ist das kreative Element in der Natur. Er wurde als Fitnessprogramm der Evolution verstanden. Biologen nannten dies das Darwin'sche Paradox.

David Gems hält diese Idee für widerlegt. Die moderne Theorie der Evolution des Alterns, begründet in den 1930er-Jahren vom Humangenetiker J.B.S. Haldane, betrachtet das Altern als tödliche Erbkrankheit. Die genetischen Anlagen dazu brächten wir mit, ihre Symptome zeigten sich erst später. Der evolutionären Fitness könne dieser Prozess schon deshalb nicht dienen, weil die entsprechenden Mutationen, die die tödlichen Krankheiten verursachen, mit dem Tod nicht verschwinden. Sie bleiben in der Population, weil sie vom Verstorbenen zuvor an die Nachfahren weitergegeben wurden. Damit werde das Altern evolutionär sinnlos. Gems ist im Gegenteil davon überzeugt, dass solche Individuen von der natürlichen Selektion bevorzugt würden, die sich dagegen sträuben, vorzeitig aus dem Konkurrenzkampf auszuscheiden. Schließlich könnten sie, indem sie weiterleben, sich auch weiter reproduzieren.

Verlängerung der mittleren Lebensspanne um zehn bis zwanzig Prozent, auf dieses Ziel lässt sich Gems momentan festlegen. Vor dem Hintergrund einer kontinuierlichen Steigerung der Lebenserwartung in den Industrieländern seit der Mitte des 19. Jahrhunderts wirkt diese Prognose nicht allzu verwegen. Dann dürfte auch der Altersrekord unter Menschen absehbar gebrochen werden. Gehalten wird er bislang von der Französin Jeanne Calment, die 1997 im Alter von 122 Jahren gestorben ist. Die alte Dame hatte drei Jahre zuvor übrigens das Rauchen aufgegeben.

Nicht jeder Organismus endet als Leiche. Es gibt in der Natur erstaunliche Beispiele für biologische Unsterblichkeit: Pilze, Seeanemonen und Rädertierchen, die sich seit Millionen von Jahren durch Zellspaltung reproduzieren. Diesen Organismen fehlt also etwas, worauf wir ungern verzichten würden, und sei es um den Preis der Sterblichkeit: Sex. Menschen und Tiere, die ihre Existenz sexueller Fortpflanzung verdanken, sind einem Prozess des Zerfalls ausgesetzt, der sich allenfalls theoretisch, durch das Klonen, außer Kraft setzen ließe. Mit dieser prinzipiellen Feststellung beginnt Michael Rose seine Überlegungen zu den Möglichkeiten des Anti-Agings. Unsterblichkeit, so seine Einschränkung, ist für uns nicht zu haben, die Suche nach dem Elixier des Lebens nicht mehr als eine fixe Idee.

Michael Rose, Biologe an der University of California, war der erste Experimentator, der das Leben von Fruchtfliegen künstlich verlängern konnte. Trotz seiner prinzipiellen Vorsicht gibt sich Rose optimistischer als sein Forscherkollege Gems. Er vergleicht die Entwicklung der Alternsforschung mit dem Entstehen der Automobilindustrie. Folgt man seiner Analogie, dann ist die Biogerontologie gerade dabei, die erste Kutsche mit einem Ein-Zylinder-Motor auszurüsten. Alle weiteren Sprünge und Verfeinerungen stehen dieser Wissenschaft erst noch bevor. Die Transformation der menschlichen Lebensspanne, so Rose, wird progressiv und kumulativ sein, vom heutigen Niveau aus betrachtet also radikal.

Es wird nach seiner Auffassung nicht das eine Lebenselixier geben, das den Menschen unsterblich macht, dafür seien aber die Möglichkeiten, auf die menschliche Physiologie des Alterns manipulativ einzuwirken, prinzipiell unbegrenzt. Folglich gebe es kein absehbares Limit. Jede weitere Generation werde die Chance haben, die Phase der Vitalität immer noch ein Stückchen weiter auszudehnen. Also nicht bloß ein längeres Leben, sondern verlängerte Gesundheit. Rose ist stolz darauf, dass die langlebigen Kreaturen, die er in seinem Labor gezüchtet hat, nicht eine verlängerte Phase der Gebrechlichkeit durchleben müssen.

Michael Rose gehört zu den Propheten einer kommenden Revolution in der Medizin, die unter dem Stichwort »personalisierte Medizin« längst auch die Fantasien in der Pharmaindustrie beflügelt. Dank neuer Techniken der Bioinformatik soll die Medizin 2.0, wie Rose sie nennt, passgenau Hilfen für jeden Einzelnen bieten. Ein Medikament werde dann nicht mehr für Hunderttausende entwickelt, die entsprechend mit vielen unerwünschten Nebenwirkungen rechnen müssen, sondern abgestimmt auf ein Individuum, dessen Genom zuvor gescannt worden ist. »Die Aufgabe der Medizin 2.0 wird darin bestehen, die Menschen von den Operationssälen und Pflegeheimen fernzuhalten.«

Wem auch dies noch ein zu kleines Karo ist, der kann sich an die Visionen der Nanomedizin halten. In dieser Disziplin wird an molekularen Werkzeugen gearbeitet, die blitzschnell innere Reparaturen an kranken Körperzellen vornehmen sollen. Der Fantasie sind keine Grenzen gesetzt, was diesen winzigen Robotern in Zukunft alles zuzutrauen ist. Robert A. Freitas Jr. vom Institute for Molecular Manufacturing in Palo Alto hat schon vor Jahren ein künstliches rotes Blutkörperchen konstruiert, allerdings noch als einfaches Modell. Es ist dazu gedacht, im Notfall unterversorgtes Gewebe mit Sauerstoff zu versorgen und gleichzeitig Kohlendioxid abzupumpen. Freitas rechnet vor, dass ein halber Liter dieser Blutroboter im menschlichen Körper ausreichen würde, um zum Beispiel vier Stunden lang mit einem einzigen Atemzug tauchen zu können. Der Nanoforscher hat auch ein künstliches weißes Blutkörperchen entworfen. Dieser Roboter hat Greifarme, die Bakterien und Viren einfangen sollen. Wofür unsere natürlichen weißen Blutzellen oftmals Wochen benötigen, eine ganze Krankheitsphase lang, sollen Nanozellen künftig in Minuten erledigen können.

Freitas ist ein typischer kalifornischer Technofuturist, der den menschlichen Körper als Maschine betrachtet. Diese Maschine benötige »jährliche Checks, Reinigungen und gelegentliche größere

Reparaturen«. Sogar bedrohliche geistige Zustände sollen künftig durch die Segnungen der Nanotechnologie behoben werden können. In der Summe laufen seine Zukunftserwartungen auf einen Prozess hinaus, den er »Dechronifikation« nennt. Die kaum zu fassende Möglichkeit, die Uhr zurückzudrehen. Nach seiner Vision soll noch in diesem Jahrhundert jeder die Wahl haben, sein biologisches Alter auf ein konstantes Wunschalter zurückprogrammieren zu lassen. Schlagartig wären alle demografischen Probleme gelöst, denn plötzlich wären alle wieder Anfang zwanzig und so verliebt wie damals.

Wie sein Bruder im Geiste, Aubrey de Grey, sieht auch er sich dem Projekt biologische Unsterblichkeit verpflichtet. Menschen sollen künftig nur noch durch Mord, Suizid oder Unfall zu Tode kommen können. Wer weiß, sollte dieser Technofuturismus tatsächlich triumphieren, dann könnte womöglich auch James Bedford eines Tages wieder unter uns sein. Er ist 1967 eines natürlichen Todes gestorben und war, weil testamentarisch alles geplant war, der Erste, der sich anschließend einfrieren ließ. In flüssigem Stickstoff, bei minus 196 Grad Celsius.

Als von Nanoforschung noch keine Rede war, hoffte der amerikanische Psychologie-Professor Bedford bereits, dass die Wissenschaft irgendwann so weit sein würde, Krankheiten und Todesursachen rückgängig zu machen. »Was immer uns heute tötet, früher oder später werden unsere Freunde in der Zukunft der Aufgabe gewachsen sein, uns wiederzubeleben und zu heilen«, hatte wenige Jahre zuvor Robert Ettinger geschrieben, der Begründer der sogenannten Kryonik. Eine Science-Fiction-Bewegung, die von der Hoffnung zehrt, dass der Schritt ins ewige Leben zunächst durch eisige Kälte führt. Damals wusste man noch nicht, dass die Tiefkühltruhe zum menschlichen Ersatzteillager werden würde. Heute lagern dort menschliche Embryonen und Ersatzstoffe wie Herzklappen, Teile von Bauchspeicheldrüsen, Haut und Blut.

Langes Leben, lange Weile

Wenn ein Mensch in der zweiten Halbzeit seines Lebens, von ersten körperlichen Verschleißerscheinungen geplagt, tapfer verneint, noch einmal zwanzig sein zu wollen, dann nennen wir das womöglich weise. Aber glauben werden wir ihm wohl nicht. Was also ist davon zu halten, wenn die allermeisten unter uns nicht nur skeptisch, sondern geradezu erschrocken auf die Vision reagieren, möglicherweise 150, 500 oder sogar 1000 Jahre alt werden zu können? Die Pioniere des Technofuturismus sind hingegen davon überzeugt, an Optionen zu arbeiten, die weitverbreiteten Wünschen entsprechen. Sobald die Anti-Aging-Forschung attraktive Angebote unterbreiten könne, würden sie auch genutzt werden. Wenn man eine Option auf 400 gesunde Jahre hat, meint etwa der Zellbiologe Peter Gruss, dann gäbe es nur wenige, die dies ablehnen würden. »Diesen Egoismus hat der Mensch«, so Gruss.

Im Übrigen widerspricht es natürlich dem Eigensinn der Wissenschaft, im Vorhinein Zustimmung einzuholen für Forschungsprojekte, deren Realisierung ungewiss ist. Vor dem ersten Atlantikflug gab es auch keine Volksabstimmung darüber, ob künftige Urlaube auf Mallorca verbracht werden sollen. Aber der Traum vom Fliegen – vermutlich ebenso alt wie der, Unsterblichkeit zu erlangen – hat Forscherfantasien beflügelt, die seinerzeit den Menschen genauso verrückt erschienen wie uns heute die Vision vom neuen Menschen, der nicht länger ein hinfälliges Mängelwesen sein soll. Der das Ticken der Uhr nicht mehr als Bedrohung empfinden muss.

Wir kennen bislang nur das moderne Grundgefühl der Knappheit von Zeit. Ständig kommt Neues in die Welt, aber mit jedem weiteren Tag müssen wir die Erfahrung machen, dass das Wenigste davon noch für uns bestimmt ist. Hans Blumenberg hat den Menschen als Wesen definiert, »das mit endlicher Lebenszeit unendliche Wünsche hat«. Stunde um Stunde klaffen Lebenszeit und Weltzeit dramatischer auseinander.

In Rainer Maria Rilkes Roman »Die Aufzeichnungen des Malte Laurids Brigge« taucht als Figur der kleine Beamte Nikolaj Kusmitsch auf, den eines Sonntags der Gedanke in Hochstimmung versetzt, vermutlich noch fünfzig Jahre vor sich zu haben. Übermütig beginnt er, diese Jahre in Tage, Stunden, Minuten, schließlich sogar Sekunden umzurechnen, und kommt dabei auf eine so gigantische Summe, dass er meint, Besitzer eines riesigen Zeit-Vermögens zu sein. Doch bald schon merkt er, wie schnell die Sekunden verrinnen, und träumt von einer Zeitbank, bei der man das Kleingeld der Sekunden in Scheine zu zehn Jahren umtauschen könnte.

Seine Endlichkeit schlägt dem modernen Menschen aufs Gemüt, er erlebt sie als Skandal. Das ganze menschliche Leben ist nichts anderes als ein Vorlauf zum Tode, meinte Heidegger. Ob dieser Tod ein Gut oder ein Übel ist, ist eine klassische Kontroverse in der Philosophie. Für den amerikanischen Philosophen Thomas Nagel ist die Sache klar: Der Tod ist immer schlecht. Er beraubt uns einer Lebensspanne, die wir hätten nutzen können, er verhindert die Verwirklichung von Projekten. Sich für die Zukunft etwas zu wünschen, gehört für Nagel zur Natur des Menschseins. Ähnlich der britische Philosoph Bernard Williams: »Etwas wollen heißt in eben dem Maße auch Grund haben, sich dem zu widersetzen, was den Besitz dieses Dinges ausschließt; und der Tod ist gewiss etwas, das sehr viele Dinge ausschließt, die man sich wünscht.« Der Tod ist hier der Feind, der eine Rebellion verdient.

Der Berliner Philosoph Héctor Wittwer hält die Sterblichkeit dagegen für ein Gut, weil durch sie das Leben erst seine Bedeutsamkeit bekomme. Nur einem befristeten Dasein stelle sich mit Dringlichkeit die Frage, ob die eigenen Wünsche und Lebensziele wesentlich seien oder ihren Sinn verfehlten. Wittwer illustriert dies anhand des Romans »Alle Menschen sind sterblich« von Simone de Beauvoir aus dem Jahr 1946. Dort tritt Fosca auf, ein Mann von über 600 Jahren, der einige Jahrhunderte zuvor eine Unsterblichkeitsmedizin eingenommen hat. Für ihn, der unendlich viel davon besitzt, hat die Zeit ihren Wert verloren. Nichts ist mehr dringend im Leben, für nichts kann er sich noch begeistern. Er führt ein Leben in Lethargie und empfindet seine Unsterblichkeit nicht als Segen, sondern als Fluch, unverstanden von denen um ihn herum, die sterblich sind und daher Dinge im Leben haben, die ihnen wichtig sind.

Auch in Douglas Adams' satirischem Science-Fiction-Roman »Per Anhalter durch die Galaxis« leidet ein Mann an seiner Unsterblichkeit. Begonnen hatte es als großer Spaß. Er konnte waghalsig leben, genoss den Kitzel des Risikos und wusste doch stets, dass ihm Gefahren nichts anhaben konnten. Aber irgendwann erschöpfte sich dieser Spaß und mündete in der grauenhaften Lustlosigkeit endloser Sonntagnachmittage.

Der Gedanke, dass gerade die Befristung der einzelnen Biografie Bedeutung verleiht, zieht sich wie ein roter Faden durch die Philosophiegeschichte. Die knappe Zeit zwingt uns zu unterscheiden, was wesentlich oder belanglos ist für die eigene Lebensführung, denn angesichts des tickenden Zeigers können wir ja nicht alles tun.

»Philosophieren heißt Sterben lernen«, der Titel eines Essays von Michel de Montaigne, steht programmatisch für zahlreiche Versuche, dem Tod seinen Schrecken zu nehmen, indem man ihm in die Augen schaut. Allein eine unabdingbare Grenze, heißt es bei Hans Jonas, liefert uns den Antrieb, »unsere Tage zu zählen und sie zählen zu machen«.

Freilich hat das Gedankenexperiment von Simone de Beauvoir und Douglas Adams über Unsterblichkeit einen Schönheitsfehler: Es beruht auf Mutmaßungen darüber, wie es sich anfühlt, unsterblich zu sein. Aber darüber können wir nichts wissen. Wir kennen nur unser Gefühl der rasend verstreichenden Zeit. Womöglich hätten Zeitgenossen des 19. Jahrhunderts, die nur eine halb so hohe Lebenserwartung hatten wie wir, auch nicht gewusst, wie sie so vielen zusätzlichen Jahren eine subjektive Bedeutung hätten abringen sollen, wenn sie auf einen Schlag ein paar Zehn-Jahres-Scheine dazubekommen hätten.

So viel ist gewiss: Mit radikaler Lebensverlängerung würden sich auch die Lebensentwürfe verändern. Wer mit 150 oder noch mehr Jahren rechnen kann, lebt anders als ein Mensch unserer Tage. Ob dies ein Leben in Langeweile und Bedeutungslosigkeit sein muss, können wir nicht beantworten.

Sterblichkeit als Gut und nicht als Übel zu betrachten, ist im Übrigen auch bei Héctor Wittwer nur die halbe Miete. Denn der Tod selbst, das Ereignis, das den Faden kappt, kommt niemals gelegen. Wittwer formuliert daher folgendes Paradoxon: »Es ist einerseits gut für uns, dass wir sterben können, und andererseits ist es häufig schlecht für einen Menschen, dass er zu einem bestimmten Zeitpunkt stirbt.« So oder so, der Skandal des Todes will einfach nicht aus der Welt.

Das Neidverbot

Verbannen wir die Unsterblichkeitsfantasien von de Grey, Freitas Jr. und anderen Posthumanisten dorthin, wo sie einstweilen hingehören, ins Reich der Science-Fiction, und beschäftigen uns allein mit der bedeutend realistischeren Möglichkeit einer radikalen Verlängerung menschlichen Lebens. Zwei verschiedene Betrachtungsweisen bieten sich an. Die eine fragt danach, ob diese Verlängerung ein Zugewinn für das einzelne davon betroffene Individuum wäre, die andere, ob davon zugleich alle profitieren würden.

Peter Singer, der australische Utilitarist, der stets danach urteilt, ob durch eine bestimmte Handlung die Gesamtsumme des Glücks gesteigert oder verringert wird, kommt zu dem Ergebnis, dass sich der Vorteil vieler Einzelner zu einem allgemeinen Schaden aufsummiert. Er arbeitet mit dem hypothetischen Szenario, dass eine Anti-Aging-Pille entwickelt werden könnte, die die durchschnittliche Lebenserwartung auf 150 Jahre heraufschraubt, bei guter gesundheitlicher Verfassung. Singer findet keinen stichhaltigen Einwand gegen die Annahme, dass diese Perspektive für gegenwärtige Individuen ausgesprochen verlockend ist. Das Altern mindestens auszubremsen, entspräche den Interessen heute lebender Individuen, die hinzugewonnene Zeit würde für sie von Wert sein.

Anders als die gegenwärtige Generation würden künftige Generationen dagegen eine geringere Gesamtsumme an Glück erfahren. Die durchschnittliche Lebensqualität würde sinken. Was kommenden Generationen an Ressourcen zustünde, hätte die gegenwärtige mit ihrem ohnehin zu hohen Lebensstandard bereits verfrühstückt. Jedes zusätzliche Lebensjahr knabbert sozusagen am Pflichtteil, der eigentlich vererbt werden müsste.

Das Thema Lebensverlängerung ist nur ein Beispiel dafür, dass die Frage der Zukunftsverantwortung, die Orientierung an den Interessen zukünftiger Generationen, immer bedeutsamer in der aktuellen Philosophie wird. Sie taucht ebenfalls bei den Themen Weltarmut, Klimawandel und Bevölkerungswachstum auf. An die Protagonisten der Anti-Aging-Forschung wäre also die kritische Frage zu richten, woher ihr Selbstbewusstsein rührt, dass künftige Generationen überhaupt Wert legen würden auf unsere längere Anwesenheit. Schließlich werden bereits heute alte Leute häufig als Last empfunden. Gut möglich, dass der tiefgefrorene James Bedford auch dann nicht aufgetaut würde, wenn man ihn tatsächlich wiederbeleben und verjüngen könnte. Peter Singer kommt jedenfalls zu dem Schluss, die Entwicklung der Anti-Aging-Pille nicht zu empfehlen.

Ganz anders John Harris, einer der führenden britischen Bioethiker. Er hält die technische Lebensverlängerung nicht nur für erlaubt, sondern sogar für moralisch geboten, sofern sie praktisch realisierbar wäre. Dem Argument vom gerechten Anteil für jede Generation von Peter Singer hält er ein bestechendes Gedankenexperiment entgegen. Harris fordert uns auf anzunehmen, die umstrittene Lebensverlängerung würde uns durch Zufall in den Schoß fallen, nicht durch den Einsatz von Forschungsgeldern, die so oder so verwendet werden könnten. Wäre es dann moralisch erlaubt, fragt er rhetorisch, dieses zufällig verlängerte Leben abzukürzen,»die Nutznießer der Lebensverlängerung zu töten, sobald sie ihr Haltbarkeitsdatum überschritten haben?« Die Antwort liegt natürlich auf der Hand. Wer der Idee von der Heiligkeit des Lebens anhängt, darauf läuft Harris' Argument hinaus, wird jeden gewonnenen zusätzlichen Tag als hohes Gut auffassen. Er wird die Lebensverlängerung sogar als eine Form der Lebensrettung verstehen. Und Leben zu retten, das bedroht ist, gehört zu unseren Pflichten, sofern wir es können und nicht gezwungen sind, unser eigenes Leben dabei aufs Spiel zu setzen. Wir müssen hinein in den Teich, notfalls auch im feinen Anzug, wenn dort jemand zu ertrinken droht. Kurios, dass hier ausgerechnet im Zeichen der Heiligkeit des Lebens ein Freifahrtschein ausgestellt wird, den Bauplan menschlichen Lebens neu zu zeichnen.

Mit dieser einfachen Gleichung – Lebensverlängerung ist eine lebensrettende Maßnahme, denn jede Form von Lebensrettung bedeutet einen Aufschub des Todes – können Befürworter einer radikalen Lebensverlängerung ihre Argumentation so scharf machen, dass Skeptiker sich plötzlich in der Rolle wiederfinden, eine mögliche unterlassene Hilfeleistung begründen zu müssen. Wer verhindert, dass die Verjüngungspille entwickelt wird, macht sich schuldig. Auf diese Weise liefert der Bioethiker Harris eine Steilvorlage für jeden, der daran interessiert ist, für die Entwicklung entsprechender Technologien großzügig Gelder lockerzumachen.

Dabei lässt Harris außer Acht, dass der Konsument eines Anti-Aging-Präparats, der den Sommer seines Lebens strecken will, nicht mit einem Ertrinkenden verglichen werden kann, der von einem Passanten am Ufer unbedingt aus dem Wasser gezogen werden muss. Der Pillenschlucker steckt nämlich nicht in akuter Not, die gegeben sein muss, bevor die Rettungstat tatsächlich als Pflicht gelten kann. Der Pillenschlucker sollte bei der Entscheidung, wofür knappe Ressourcen in der Forschung eingesetzt werden sollen, auch nicht mit dem Aidskranken konkurrieren, der auf die Entwicklung eines lebensverlängernden Präparats wartet, sonst geraten Prioritäten durcheinander. Nicht alles, was den Tod aufschiebt, ist gleich wichtig. Auch John Harris bemerkt natürlich, dass lebensverlängernde Technologien Gerechtigkeitsfragen aufwerfen. Realistischerweise wird dieser Fortschritt teuer erkauft sein, und nur eine Minderheit wird ihn sich leisten können. Ob die technische Lebensverlängerung ein erstrebenswertes Ziel ist oder nicht, ist eine ethische Fragestellung, die überhaupt nur in reichen Ländern diskutiert wird und auch dort lediglich eine privilegierte Schicht betrifft. Harris spricht vom Entstehen paralleler Bevölkerungen: Die einen müssten mit einer gewöhnlichen Lebensspanne hinkommen, andere genössen das Vorrecht, in ihrem ausgedehnteren Leben noch ein, zwei weitere Nachfolgegenerationen kennenlernen zu dürfen. Im Extremfall, den Harris durchaus mit bedenkt, würden Sterbliche und Unsterbliche nebeneinander existieren.

Wünschenswert sei eine solche gesellschaftliche Spaltung selbstverständlich nicht, das meint auch Harris. Er fragt aber im Anschluss, ob es legitim sei, den wenigen ein Gut vorzuenthalten, nur weil es knapp ist und nicht für alle reicht. »Es wird immer Umstände geben, in denen wir nicht alle vor Schaden bewahren oder allen Gutes tun können, aber sicherlich würde niemand meinen, dass dies einen Grund liefert, niemanden vor Schaden zu bewahren.« Um es deutlicher zu formulieren: Niemand hat das Recht, neidisch zu sein. Harris nennt zwei Beispiele, um sein moralisches Prinzip des Neid-Verbots zu illustrieren.

Zunächst Zwillinge, die an Krebs leiden, wobei der eine Zwilling heilbar ist und der andere nicht: Da würden wir nicht auf die Behandlung des heilbaren Kindes verzichten, weil dies dem Geschwisterkind gegenüber ungerecht wäre. Dann Patienten mit Nierenversagen: Auch hier würden manche eine zweite Lebenschance durch Transplantation bekommen, andere aber nicht, weil nicht alle Patienten mit dem gleichen knappen Gut versorgt werden können. Auch hier dienen wiederum dramatische Beispiele dazu, die technische Lebensverlängerung in die Nähe der Lebensrettung zu rücken.

In einem weiteren Punkt ist Harris' Argumentation ebenfalls nur scheinbar schlüssig: Man kann nicht einerseits bezweifeln, meint er, ob die Lebensverlängerung überhaupt ein wünschenswerter Vorteil ist, und gleichzeitig Gerechtigkeitslücken bei der Verteilung dieses Vorteils anprangern. Denn wenn Langlebigkeit nicht von jedem als unbestrittenes Gut betrachtet wird, dann wäre es auch nicht ungerecht, wenn sie in einer Gesellschaft oder global ungleich verteilt wäre. Recht hätte Harris hier nur, wenn das Projekt Unsterblichkeit ausschließlich von denen finanziert würde, die es später für sich nutzen wollen. Dann würden wir es wie eine Art Porsche behandeln. Im neoliberalen Kapitalismus gilt halt das Prinzip, dass jeder Wunsch erlaubt ist, der anderen nicht schadet, Hauptsache, man kann ihn sich finanziell leisten. Ein längeres Leben als Spielart des Luxus.

Mit dieser Sicht der Dinge wäre freilich die Analogie zur Lebensrettung für den Ertrinkenden vom Tisch. Genauso wie die daraus abgeleitete vermeintliche Pflicht zur technischen Lebensverlängerung, wie sie nicht nur von John Harris, sondern auch von Biogerontologen und Transhumanisten versucht wurde zu konstruieren. Tatsächlich sind aber beide Fragestellungen durchaus miteinander vereinbar: Ist es überhaupt erstrebenswert, 150 Kerzen auf dem eigenen Geburtstagskuchen auszupusten? Ist es gerecht, Forschungsgelder für Projekte radikaler Lebensverlängerung einzusetzen, während anderswo bedrückende Kindersterblichkeit herrscht? Die erste Frage mag jeder für sich persönlich beantworten, nach individuellen Vorstellungen von Glückseligkeit. Die zweite Frage aber betrifft das System der öffentlichen Gesundheit, in dem Prioritäten offen diskutiert und politisch entschieden werden müssen.

Altern als Krankheit

Der Dreh- und Angelpunkt der bioethischen Debatte ist stets die Frage, ob das Altern als Krankheit zu betrachten sei oder nicht. Auf diesem Feld werden interessante Kämpfe um Deutungshoheit ausgefochten. Wer die Frage bejaht, wird daraus die normative Verpflichtung ableiten, etwas dagegen zu tun. Der Kampf gegen diesen Feind wäre, ganz im Sinne von Aubrey de Grey, eine Aufgabe der Solidargemeinschaft. Dann gäbe es folgerichtig eines Tages die Verjüngungspille auf Rezept als Kassenleistung, denn mit der Anerkennung als Krankheit entstünden automatisch Ansprüche auf Übernahme medizinischer Therapien.

Im Jahr 2002 haben 570 Leser des »British Medical Journal«, die Medizinberufe ausüben, an einer Abstimmung teilgenommen, bei der es darum ging, sogenannte »Nichtkrankheiten« zu identifizieren. Körperliche und psychische Zustände, bei denen es den Lesern unangemessen schien, von Krankheit zu sprechen. Aus einer Liste von etwa 200 solcher Nichtkrankheiten setzten die Leser bei der Abstimmung das Altern auf Platz eins. Unter den ersten zehn fanden sich auch Arbeitsplatzprobleme, Langeweile, Tränensäcke und große Ohren. Der Herausgeber Richard Smith wollte mit der Veröffentlichung eine Debatte über die zunehmende Tendenz auslösen, dass menschliche Probleme als Krankheiten klassifiziert werden. Ihm ging es nicht darum, persönliche Nöte zu bagatellisieren.

Im Prinzip scheint jeder menschliche Makel geeignet zu sein, zur Krankheit erklärt zu werden, sofern eine entsprechende gesellschaftliche Vereinbarung existiert. Von großer Bedeutung ist dabei, in welcher Weise von einem Problem gesprochen wird, welche Sprache sich im öffentlichen Raum, in der Wissenschaft und im Alltag durchsetzt. Die folgende Sprechweise des amerikanischen Bioethikers Arthur Kaplan mag heute noch befremdlich wirken: »Ich glaube, Altern ist ein Unfall. Es ist nicht natürlich. Es ist einfach das Resultat der biologischen Geschichte unserer Spezies. Es ist etwas, das bloß in uns hineinentwickelt wurde.«

Wer so spricht, gewöhnt sein Publikum an den Gedanken, dass diese Krankheit auch genauso wieder aus uns herausentwickelt werden kann. Er verschiebt die Koordinaten dessen, was als normal betrachtet wird. Eine veränderte Sprache verändert unsere Intuitionen und Bewertungsmuster. Es gibt in der Medizin keine verbindliche Definition, keine Krankheitstheorie, die auf allgemeine Zustimmung trifft. Dafür aber harte wirtschaftliche Interessen, möglichst viele menschliche Probleme Krankheiten zu nennen, um das Tor zur Medikalisierung zu öffnen.

Folglich könnte die nächste Abstimmung im »British Medical Journal« schon ganz anders ausgehen, und das Altern wäre von der Liste der Nichtkrankheiten verschwunden. Genauso wäre es denkbar, etwa die Unfruchtbarkeit von Frauen nach der Menopause, die heute noch als normal angesehen wird, zur Krankheit umzudefinieren. Die Logik wäre die Gleiche, und erste Versuche dazu von Medizinern gibt es bereits.

Derzeit lässt sich keine halbwegs sichere Prognose abgeben, wie jung man heute sein müsste, um tatsächlich noch rechtzeitig die Option für die radikale Verlängerung des eigenen Lebens zu haben. Es gibt zahlreiche, finanziell gut ausgestattete biomedizinische Forschungsvorhaben mit diesem Ziel. Aber ob es gelingt, die Effekte, die bei einfachen Organismen erzielt werden konnten, auf den Menschen zu übertragen, ist ungewiss. Wir sind momentan nicht einmal in der Lage, darauf hat der Gerontologe Leonard Hayflick hingewiesen, »das Ausmaß des Alterns in etwas so unendlich Unkomplizierterem wie unseren eigenen Automobilen zu beherrschen«. Der menschliche Organismus ist aber viel komplexer als ein Auto oder ein Fadenwurm.

Interessanter dürfte für den Moment die Frage sein, wie zwei Entwicklungen miteinander zusammenhängen, die sich auf den ersten Blick zu widersprechen scheinen. Zum einen werden Kämpfe um das Recht auf einen schnellen Tod ausgefochten. Der Tod wird vorverlegt. Wer das wünscht, soll die Freiheit haben, Sterbehilfe als Dienstleistung zu bestellen. Und wer gar nichts mehr wünschen kann, ein Mensch ohne Bewusstsein, soll den Tod angeblich schon hinter sich haben. Zum anderen aber wird dem Tod der Krieg erklärt. In der radikalen Variante, der Vision von der biologischen Unsterblichkeit, soll dieser Feind eines Tages besiegt werden. In der milderen Variante, der Option Lebensverlängerung, gilt jeder zusätzliche Tag, der diesem Feind abgerungen werden kann, als Etappensieg. Beide Diskurse berühren sich in einem Punkt: Sie etablieren das Leitbild, dass nur ein gesundes Leben ein perfektes Leben ist. Sterbehelfer und Biogerontologen betrachten es als unerträglich, wenn sich ausgerechnet die letzte Lebensphase hinzieht. Sie wünschen, dass das Lebensband in der Mitte in die Länge gezogen wird. Das Ende des Bandes darf dann gern abgeschnitten werden. Fit oder tot, das ist die Alternative.

10

Die Arbeit am Robo sapiens

Manches von dem, was früher Fiction war, ist heute längst Science.
Noch vor zehn Jahren hätte man sich an die Stirn getippt, wenn
jemand prophezeit hätte, dass bald ein tragbares Telefon nur einen
kurzen Moment benötigen wird, um die mündlich gestellte Frage
»Wie viel Grad sind es in Peking?« korrekt zu beantworten. Heute
haben wir schon wieder aufgehört, darüber zu staunen. Technische
Innovationen verwandeln sich blitzschnell in Alltagsroutinen, wobei neuerdings auffällt, dass der Preis, nämlich der Zeitaufwand,
den wir für das Beherrschen jeden neuesten Schreis zu zahlen haben, drastisch sinkt.

Bislang schien es zur Eigenlogik des technologischen Wandels
zu gehören, dass die Geräte immer komplizierter werden. Das neue
Ding und seine Gebrauchsanweisung stellten Anforderungen an
den Besitzer, die er sklavisch zu erfüllen hatte, wollte er technologisch Anschluss halten. Nun aber, mit dem iPhone, ist Technik
plötzlich einfacher geworden. Sie verlangt nicht mehr die volle
Aufmerksamkeit, sondern zieht sich diskret zurück. Smarte Technik werde endlich wieder unauffällig, bloßes Werkzeug im Dienst
des Menschen, jubelt der Kultur- und Techniktheoretiker Martin
Gessmann und betrachtet schon jetzt das Jahr 2011, die Markt-
einführung der neuen Handy-Generation, die nun auch sprechen
kann und eine Art digitaler Diener in allen Lebenslagen sein soll,
als »Wendepunkt der Geistesgeschichte«.

Steve Jobs, der Apple-Gründer, der Mann, der uns in all unseren
kleinen und großen Dingen des Alltags an den Computer fesseln
wollte, habe uns in Wahrheit befreit. Die Zeit der Demut sei vorbei.
Wir sollen nicht mehr wollen müssen, was das Gerät anbietet. Stattdessen soll das Gerät unaufdringlich unsere Bedürfnisse erfüllen. Die
neue Übersichtlichkeit tritt an die Stelle der alten Über-Komplexität.

Aber warum Wendepunkt der Geistesgeschichte? Weil die Ära
der Postmoderne vorbei sei, in der wilde Ängste wucherten, der

Mensch des Medienzeitalters könne sich durch Internet und soziale Netzwerke aus der Wirklichkeit in eine virtuelle Welt verabschieden und sich in einem Second Life verlieren. Wir sind zurück in der wirklichen Welt. Der Mensch steht wieder im Mittelpunkt, meint Gessmann, gewinnt neue Handlungsoptionen, weshalb die Kulturkritik, die bei jeder neuen technologischen Welle immer nur Manipulation und Verfall moralischer Werte wittert, einstweilen schweigen möge. Zweifellos eine steile These, die der Alltagserfahrung vieler Menschen widersprechen dürfte, deren Lebensgefühl in der technischen Welt von Atemlosigkeit, permanenter Umwälzung, Verlust des Vertrauten geprägt ist. Die Giganten des Internets kalkulieren schließlich mit dieser Desorientierung ihrer Nutzer. Google und Facebook wollen unser elektronisches Gedächtnis sein, mehr über uns wissen, als wir imstande sind, im entscheidenden Moment aktiv aus der Erinnerung abzurufen. Um anschließend aus diesem Wissen Vorschläge zu generieren, was wir tun sollen. Das Bild vom Menschen, das in der Google-Welt gepflegt wird, verrät eine Aussage des Aufsichtsratsvorsitzenden Eric Schmidt: »Ich denke, die meisten Menschen möchten, dass Google ihnen sagt, was sie als Nächstes machen sollten.« Ein interessanter Satz, gut 200 Jahre nach Kants Definition, Aufklärung sei der Ausgang des Menschen aus selbst verschuldeter Unmündigkeit.

Google-Gründer Larry Page rechnet derweil damit, dass seine Suchmaschinen-Technologie eines Tages in menschliche Gehirne eingebaut wird. Dann könnten wir uns das Eintippen sparen. Wer nachdenkt und auf Wissenslücken stößt, bekäme vom Chip im Hirn automatisch die entsprechende Information. Heute ist es noch schwer vorstellbar, wie sich dann unsere inneren Monologe, die wir tagträumend mit uns selbst führen, verändern würden, wenn sie permanent durch Informationsangebote unterbrochen werden. Aber das Beispiel denkt nur eine Entwicklung zu Ende, in der wir bereits heute stecken.

Wilhelm von Humboldt hat Anfang des 19. Jahrhunderts als Ideal eines gebildeten Menschen formuliert, »so viel Welt als möglich zu ergreifen und so eng als er nur kann mit sich zu verbinden«. Wer dies beim Surfen wörtlich nimmt, ist im Netz schon verloren. Kein menschliches Gehirn ist dafür geschaffen, die tägliche Informationsflut zu bewältigen.

An diesem Punkt kommen die Visionen der sogenannten Trans- oder Posthumanisten ins Spiel: Sie setzen auf eine Zukunft, in der ab einem bestimmten Punkt Menschen aufhören werden, Menschen zu sein. Sie werden demnach ihre eigene Spezies verlassen, um als posthumane Wesen eine neue, perfektere Existenz zu führen. Der alte Adam würde endlich die Begrenztheit seiner Hirnkapazität hinter sich lassen. Dieser Punkt soll nach Auffassung des Fortschrittseuphorikers Ray Kurzweil erreicht sein, wenn Computer nicht bloß intelligenter als ein einzelner Mensch sein werden, sondern schlauer als neun Milliarden Menschen zusammen.

Im Jahr 2045 könnte es nach Kurzweils Prognose so weit sein. Er selbst nennt diese Schätzung konservativ. Kein Bericht über Kurzweils Vision von unserer absehbaren Verwandlung in eine Menschmaschine kommt ohne die Bemerkung aus, dass der Mann kein Spinner sei, schließlich argumentiere er mathematisch und könne darauf verweisen, dass sich seine früheren Prognosen als zutreffend erwiesen hätten. In den 1980er-Jahren wurde er zum Beispiel für seine Vorhersage noch ausgelacht, dass im Jahr 1998 ein Computer einen Menschen im Schachspiel besiegen werde. Bereits ein Jahr früher musste der Weltmeister Garry Kasparov vor dem Großrechner Deep Blue kapitulieren. Und schon zu Beginn der Internet-Ära hatte Kurzweil prophezeit, dass im Jahr 2008 Smartphones zu haben sein werden. Heute sagt er, dass sie in zehn Jahren nicht mehr Platz benötigen werden als eine menschliche Zelle.

Das Fundament seiner Prognosen ist die Annahme, dass, wie bereits in der jüngsten Vergangenheit, die Kapazität von Rechnern nicht linear wachse, also dreißig aneinandergereihte Schritte die Zahl 30 ergeben, sondern exponentiell. Bei jedem Schritt würde sich die Rechenleistung verdoppeln, sodass bei dreißig Schritten schon die Milliardengrenze überschritten wäre. Das sogenannte Moore'sche Gesetz in der IT-Branche besagt, dass sich etwa alle 18 Monate die Leistungsfähigkeit von Computerchips verdoppelt. An dem besagten Punkt, den Kurzweil »Singularität« nennt, soll die Maschine intelligenter als ihre Schöpfer sein und wird fortan in immer rascherer Folge noch intelligentere Maschinen hervorbringen. Heute noch schwer vorstellbare Supercomputer, mit denen wir auf allerdings noch völlig ungeklärte Art verschmelzen werden, um ein ewiges Leben zu führen, das an biologische Grenzen nicht mehr gebunden ist. Den alten Menschheitstraum von der Unsterblichkeit sollen ausgerechnet wir noch erleben dürfen.

Dazu wäre es freilich notwendig, das, was wir menschliches Bewusstsein nennen, digital umzuwandeln, ein nur schwer vorstellbares Uploading des Geistes in eine künstliche Matrix zu meistern. Falls dies gelänge, könnte aus dem Homo sapiens mit all seinen Defiziten und Hinfälligkeiten ein hochbegabter Cyborg, also ein Mischwesen aus lebendigem Organismus und Maschine, mit einem Intelligenzquotienten womöglich im vierstelligen Bereich werden. Kurzweil würde vermutlich die Frage zurückweisen, ob eine solche Existenzweise mit unseren heutigen Maßstäben von einem guten Leben zu vereinbaren wäre. Ihm käme diese Frage schon alt europäisch, eben humanistisch vor, also von gestern. Denn die Annahme einer Singularität, die Vorstellung von einem Wendepunkt in der Zivilisationsgeschichte, lebt ja gerade davon, dass wir Heutigen nicht wissen können, wie das zukünftige Leben sein wird, wenn natürliche in künstliche Intelligenz verwandelt sein wird. Sicher ist dann lediglich, dass uns nur der Platz des Beobachters auf dem Beifahrersitz bleiben wird, wenn intelligente Maschinen die Herrschaft übernehmen und sich selbst reproduzieren können.

Kurzweil hat sich den Begriff Singularität bei Astrophysikern geborgt, die damit das Innere eines Schwarzen Lochs bezeichnen, in dem die klassischen Gesetze der Physik außer Kraft gesetzt sind. Singularisten sind allerdings der glaubensstarken Überzeugung, dass eine posthumane einer humanen Existenz unbedingt vorzuziehen sei. Schließlich geht es um das ewige Leben. Gläubige Christen halten sich an die Erzählung von der Auferstehung der Toten, gläubige Singularisten an die Vision vom Uploading, dem jüngsten Tag, an dem das individuelle menschliche Gehirn für alle Zeit eingescannt wird.

Der Robotikforscher Hans Moravec, einer der Begründer der posthumanistischen Utopie, hat schon vor dreißig Jahren mit seinem Buch »Mind Children: The Future of Robot and Human Intelligence« Aufsehen damit erregt, dass er die Entwicklung von künstlicher Intelligenz mit dem Thema Unsterblichkeit verknüpft hat. Die biologische Menschheit, so Moravec, ist auf diesem Planeten zum Aussterben verurteilt, weil sie unvollkommen ist. Im Speicher eines Computers aber könnten wir eine unbegrenzte virtuelle Existenz führen.

Längst legendär ist Moravecs Schilderung einer sogenannten »Immortalisierung«: Der alte Adam wird in den Operationssaal geschoben, wo ein Hirnchirurg-Roboter auf ihn wartet. Der hält einen Roboter-Rohling bereit, dem erst noch Leben eingehaucht werden muss. Er ist gewissermaßen ein unbeschriebenes Blatt. Es fehlt ihm noch die richtige Software, um ein posthumanes Leben führen zu können. Der Hirnchirurg-Roboter öffnet Adams Schädel und scannt Schicht für Schicht des Hirngewebes ein. Dieses Programm wird dem wartenden Roboter-Rohling installiert. Ein letztes Zucken, und der verlassene menschliche Körper stirbt. Nach einem Moment der Stille und Dunkelheit öffnet der neue Roboter-Adam seine Augen: Seine Metamorphose ist abgeschlossen.

Zarathustra in Kalifornien

Wir könnten es uns nun leicht machen, indem wir kurz schmunzeln und solcherart Visionen als Fiction behandeln, die niemals Science werden kann. Allerdings sollte man sich die Zusammenkünfte von Posthumanisten nicht als Club der toten Dichter vorstellen. Hier trifft sich beeindruckende ingenieur- und naturwissenschaftliche Intelligenz, die um üppige Forschungsgelder nicht lange bitten muss. Mögen die Zukunftsvorhersagen auch noch so schrill und bewusst als Spektakel inszeniert sein, so ist der Einfluss auf unser Bild vom Menschen doch bereits jetzt enorm.

Denn wenn erst die Vorstellung fest verankert ist, dass der Mensch ein defizitäres Wesen ist, das der permanenten Optimierung bedarf – wer wird sich dann noch aufregen, wenn eines Tages die Entscheidung ansteht, ob Wunschbabys designt werden dürfen? Wer wird noch verstehen, dass bereits die Gendiagnostik bei Embryonen von vielen als moralischer Dammbruch empfunden worden ist, wenn doch der Mensch, wie Kurzweil behauptet, im Prinzip eine Datei ist, ein Softwareprogramm, das stetig verbessert werden muss?

Das soll nicht heißen, dass die Äußerungen von Posthumanisten rein taktisch zu verstehen sind. Sie werden schon selbst daran glauben, dass ihre Visionen umsetzbar sind. Sie betreiben die Umbauarbeiten am Menschen als fröhliche Wissenschaft. Man hat von der kalifornischen Ideologie gesprochen, um die Ideenwelt dieses Netzwerks aus Philosophen, Ingenieuren, Programmierern und Biowissenschaftlern zu etikettieren, das sich als Speerspitze des technologischen Fortschritts begreift. Hier trifft sich eine libertäre Auffassung vom Netz als herrschaftsfreiem Reich der Glückseligkeit mit einem radikalisierten Evolutionismus. Die kalifornische Ideologie gibt sich atheistisch, verfolgt aber ein quasireligiöses Projekt: die Schöpfung eines Übermenschen. Ray Kurzweil pflegt auf die Frage, ob es einen Gott gebe, zu antworten: noch nicht. Ein lässiges Bonmot, das mindestens halb ernst gemeint sein dürfte.

Wir können nicht wissen, ob Friedrich Nietzsche einverstanden gewesen wäre, wenn seine Vorstellungen von der Überhöhung des Menschen, die er seinem Zarathustra in den Mund gelegt hat, heute primär als technologische Machbarkeitsfantasie gedeutet werden. Sicher ist allerdings, dass Posthumanisten oftmals fleißige Nietzsche-Lektüren hinter sich haben. In Kalifornien fällt es wohl leichter, an die Idee des Übermenschen anzuschließen, als in Deutschland, wo Nietzsche in der Zeit des Nationalsozialismus als Vordenker von Eugenik und Menschenzüchtung herhalten musste.

Mensch oder Übermensch, das ist heute zuallererst ein Streit um die Frage, was wir angesichts technologischer Möglichkeiten aus unserer Gattung machen sollten oder dürfen. Zum Humanismus gehört wesentlich die Vorstellung, dass Menschen alle Potenziale in sich haben, um sich zu verwirklichen und ein autonomes Leben zu führen. »Mich selbst, ganz wie ich da bin, auszubilden, das war dunkel von Jugend auf mein Wunsch und meine Absicht«, heißt es in Goethes »Wilhelm Meister«, dem klassischen deutschen Bildungsroman, in dem die Vorstellung einer allmählichen Höherentwicklung menschlicher Persönlichkeit durchgespielt wird.

Das Humanismus-Projekt war der Idee verpflichtet, dass Menschen aus eigener Kraft das Rohe und Unreife in der eigenen Natur überwinden können, indem sie sich bilden. Was selbstverständlich nicht reduziert verstanden wurde als Anhäufung von möglichst viel Wissen in möglichst knapper Zeit (das Leitmotiv heutiger Bildungsplanung), sondern als Arbeit an der Persönlichkeitsentwicklung. Bildung, bei Lessing die »Erziehung des Menschengeschlechts«, war der Schlüsselbegriff für ein Fortschrittskonzept, das auf eine stetige Selbst-Perfektionierung des Menschen ausgerichtet war.

»Edel sei der Mensch, hilfreich und gut! Denn das allein unterscheidet ihn von allen Wesen, die wir kennen«, hat wiederum

Goethe 1783 im Gedicht formuliert. Alle Anlagen, so lässt es sich deuten, sind beim Menschen vorhanden, aber vollendet, edel, ist er noch nicht, sondern muss sich erst strebsam bemühen, es zu werden.

Dieses Humanismus-Projekt ist in der zweiten Hälfte des 20. Jahrhunderts immer wieder philosophisch für tot erklärt worden, zumeist mit dem Hinweis auf Auschwitz. Das Konzentrationslager als Beleg für das Scheitern von Kultur, weil dieser monströse Ort selbst im Geiste abendländischer Rationalität entstanden sei. Man konnte Beethoven hören und trotzdem ein Menschenschinder sein. Seit Horkheimer und Adorno ist es uns geläufig, von der Dialektik der Aufklärung zu sprechen. Die Idee des Fortschritts steht seitdem unter Verdacht.

Posthumanisten tun hingegen so, als ob eine skeptische Haltung zum Segen technologischen Fortschritts ganz und gar abwegig wäre. Sie sehen sich in einer optimistischen Traditionslinie der Aufklärung und knüpfen rhetorisch an die humanistische Vorstellung an, der Mensch solle sich selbst perfektionieren. Aber diese Perfektionierung wird heute nicht mehr in einem moralpädagogischen Sinne verstanden, sondern als technische Optimierung. Die kann schon vorgeburtlich beginnen mit der Auswahl der »besten« Embryonen und sich dann später fortsetzen, beispielsweise mit dem Konsum von Neuro-Enhancement-Präparaten. Wie wir gesehen haben, muss man kein Posthumanist sein, um so etwas gutzuheißen. Es reicht die liberale Doktrin, dass jeder mit seinem Körper und Geist anstellen möge, was er will. Posthumanisten dagegen streben ausdrücklich den Nachmenschen an. Der soll ein aufgerüstetes Wesen sein, das das biologische Gefängnis des alten Menschen verlassen hat.

»Man nehme nur die Form des menschlichen Körpers«, heißt es bei Moravec, »er ist eindeutig nicht für einen Wissenschaftler gemacht. Die geistige Kapazität ist extrem limitiert. Und man lebt gerade lang genug, dass man anfangen kann, herauszubekommen, wie die Dinge funktionieren, bevor das Gehirn zu verkalken beginnt. Dann stirbt man.«

Von Ray Kurzweil ist bekannt, dass er täglich 150 Pillen schluckt und seinen Körper einem harten Fitnessprogramm unterwirft. Auf diese Weise will der heute Mitte 60-Jährige seine Chance wahren, das Jahr 2045 zu erleben, das angepeilte Datum für besagte Singularität. Ray Kurzweils Hausphilosoph ist der Futurist mit dem hübschen Pseudonym Max More, der früher Max O'Connor hieß. Gemeinsam mit T. O. Morrow (eigentlich Tom Bell) hat er in Kalifornien die sogenannte Extropianer-Bewegung gegründet, die von einem psychotechnisch verbesserten Nachmenschen träumt, der alle negativen Persönlichkeitsmerkmale aus unseren Tagen hinter sich gelassen hat: kein Neid mehr, keine Lüge, keine Gewalttätigkeit. Extropianer, daher die Wortschöpfung, sehen sich als Kämpfer gegen die Entropie. Vermutlich wird man einige Semester Physik studiert haben müssen, bevor man versteht, was dieser Begriff aus der Welt der Thermodynamik zu bedeuten hat. In seiner populären Verwendung durch Nichtphysiker und futuristische Philosophen wird er zumeist auf das Schlagwort reduziert:»Alles zerfällt«.»Es ist die Entropie«, schreibt More,»die unsere Autos kaputtgehen lässt, unsere Computer durchschmoren, unser Fleisch verfallen. Entropie ist der Erzfeind menschlicher Hoffnung!«More ist bekennender Nietzscheaner, er zitiert immer wieder aus dessen Zarathustra:»Und dies Geheimnis redete das Leben selber zu mir. ›Siehe‹, sprach es, ›ich bin das, was sich immer selber überwinden muss. Freilich, ihr heißt es Wille zur Zeugung oder Trieb zum Zwecke, zum Höheren, Ferneren, Vielfacheren.‹«

More sieht sich selbst als Mythenzerstörer. Er möchte, dass die alten Geschichten von Ikarus, von Frankenstein, vom Turmbau zu Babel und viele andere, die darauf hinauslaufen, dass Menschen ihre Grenzen anerkennen sollten, nicht länger erzählt werden. »Niemand wird uns bestrafen, wenn wir die Büchse der Pandora öffnen«, ruft er seinen philosophischen Jüngern zu und begrüßt euphorisch jede neue Schnittstelle zwischen Mensch und Maschine.

Alle posthumanistischen Utopien laufen darauf hinaus, dass es Menschen durch Technik endlich selbst in der Hand haben, ihren Entwicklungspfad zu bestimmen. Sie sind zwar Produkt von Evolution, so wie andere Lebewesen auch, zugleich aber die einzige Spezies, die sich selbst evolutionieren kann. Die Vorstellung, dass wir mit den Schöpfungen unseres Geistes in eine Koevolution eintreten werden, ist unter Naturwissenschaftlern weit verbreitet. Der Evolutionsbiologe Richard Dawkins, bekannt geworden als Galionsfigur eines kämpferischen Atheismus, ist der Auffassung, dass die Zukunft hybriden Wesen gehören wird, die biologisch-digital produziert worden sind. Auch der Astrophysiker Stephen Hawking sieht uns am Anfang eines Zeitalters, in dem Cyborgs das menschliche Erbe antreten und eines Tages mit der Besiedlung des Weltalls beginnen werden.

Prometheus wird posthuman

Womöglich sind wir längst transhumane Wesen, die nur noch nicht wissen, dass sie schon auf dem Weg sind, eines Tages definitiv posthuman zu sein. Singularisten denken an einen Tag X, von dem ab alles anders sein wird. Vorstellbar wäre aber auch, dass die Schranke zwischen menschlicher und nachmenschlicher Existenz unmerklich passiert wird, weil sie gar nicht sichtbar sein wird.

Helmuth Plessner hat, wie schon erwähnt, als zentrales Wesensmerkmal des Menschen das Prinzip der »natürlichen Künstlichkeit« genannt. Von vornherein hat es also zur Natur des Menschen gehört, dass die Grenze zwischen »geworden« und »gemacht« nicht festgelegt ist, sondern ständig weiter verschoben werden kann, selbstverständlich immer in Richtung Künstlichkeit. Was vor Jahrtausenden mit Tier- und Pflanzenzucht begonnen hat, setzt sich halt heute in der Biotechnologie, in Robotik und künstlicher Intelligenz fort. Dann wird es aber schwierig, einen Punkt zu benennen, von dem ab es nicht mehr sinnvoll erscheint, ein Wesen noch als Mensch zu bezeichnen. Wer eine Brille trägt oder eine künstliche Hüfte, würde wohl kaum als Posthumaner betrachtet werden. Beim Parkinsonkranken, dessen mentale Zustände über einen Chip im Hirn gesteuert werden, sieht die Sache schon anders aus. Oder reden wir erst dann über ein anderes Wesen, wenn es möglich sein wird, das menschliche Ich auf einen USB-Stick herunterzuladen?

Die Diskussion über den Posthumanismus allein entlang technischer Fantasien zu führen, endet auf jeden Fall in der Sackgasse, weil keiner wissen kann, welche Manipulationen am alten Adam tatsächlich realisierbar sein werden. Da wird, wie schon heute, über jeden einzelnen Schritt bioethisch gestritten werden müssen, und stets werden die Macher, wie schon heute, die besseren Karten haben. Was realisierbar ist, wird wohl unweigerlich realisiert.

Schon jetzt können es die Posthumanisten als Triumph betrachten, eine veränderte Redeweise über den Menschen fest etabliert zu haben. Die Bilder haben sich verändert, in deren Licht wir uns selbst und unsere Welt deuten. Ob wir eine Maschine mit einem Menschen vergleichen oder nicht, hängt nicht allein am Intelligenzquotienten der Maschine oder anderen messbaren Daten, sondern auch an kulturellen Faktoren. Wer es für möglich und wünschenswert hält, dass man eines Tages einen maschinenähnlichen Menschen oder eine menschenähnliche Maschine herstellt, hat bereits eine Wertentscheidung getroffen. Ein religiöser Mensch wiederum wird sich auf das Gegenteil festlegen: Für ihn kann ein Supercomputer, der nicht von Gott geschaffen ist und keine Seele besitzt, niemals menschenähnlich sein.

Der Streit um Humanismus und Posthumanismus trägt Züge eines Kulturkampfs, weil zwei Parteien keine gemeinsame Sprache mehr für den Gegenstand ihrer Kontroverse finden können. Zu unvereinbar scheint das, was unter einem Menschen verstanden wird: entweder ein Wesen, das seine Würde auch und gerade in Situationen der Begrenztheit erfährt und zu akzeptieren vermag, dass sich bestimmte Dinge unserem gestaltenden Zugriff entziehen. Ein Wesen, das trauert und leidet und sein Leben als gut zu begreifen vermag, obwohl es endlich ist. Oder eine prometheische Gestalt, die den Aufstand probt und keine körperlichen und psychischen Grenzen der eigenen Identität akzeptieren will. Die hofft, den Kampf gegen das »unerwünschte Sterben«, wie Max More es formuliert hat, gewinnen zu können.

Erwähnt werden muss allerdings, dass diese Prometheus-Pose den meisten Forschern zu weit geht, die sich mit künstlicher Intelligenz befassen. Der amerikanische Computerpionier und Philosoph David Gelernter etwa hält die Differenz zwischen menschenähnlichem und menschlichem Verhalten für so groß, dass sie niemals geschlossen werden könne. Ein Superrechner wie »Watson« kann eine Quizshow gegen bestens vorbereitete Kandidaten aus Fleisch und Blut gewinnen. Aber nur, weil dafür keine Gefühle, keine Wahrnehmungen, kein inneres Selbst nötig sind.

Gelernter wählt als Beispiel, um diese Kluft zwischen Mensch und Maschine zu erklären, eine Gedichtzeile des englischen Dichters John Keats: »Mein Herz tut weh, und schläfriges Erlahmen quält mich.« Der IBM-Rechner »Watson« kann diese Zeile zwar nachplappern. Er weiß aber nicht, was Schmerz ist, weil ihn niemals etwas gequält hat, schon gar nicht sein Herz. Er war auch niemals schläfrig oder wach.

Das Problem mit der Spülmaschine

Für die Zukunft dürfte eher die Frage spannend sein, ob Menschen die Roboter in ihrer Nähe zunehmend als menschenähnlich empfinden werden oder nicht. Die Kandidaten in der erwähnten Quizshow hatten bei »Watson« laut eigener Aussage das Gefühl, gegen einen Menschen zu spielen. Allerdings wussten sie, dass dies nicht der Fall ist. Die Spielsituation war transparent.

Der legendäre Test des Mathematikers Alan Turing, ob Maschinen ein mit den Menschen vergleichbares Denkvermögen haben, ist anders aufgebaut. Ein menschlicher Fragesteller führt über Tastatur und Bildschirm, also ohne Blick- und Hörkontakt, eine Unterhaltung mit zwei unbekannten Gesprächspartnern: mit einem Menschen und einem Computer. Beide wollen ihn glauben machen, dass sie der Mensch sind. Wenn der Kandidat anschließend nicht definitiv beantworten kann, welcher von beiden die Maschine ist, hat der Computer den Turing-Test bestanden. Von diesem Moment an müssten wir dem Gerät Intelligenz zuschreiben. Turing hat im Jahr 1950 die Prognose abgegeben, dass ein Kandidat im Jahr 2000 nur noch in sieben von zehn Fällen mit seiner Entscheidung richtigliegen wird. Dies war zu optimistisch, bis heute hat kein Computer den Test bestanden. Ray Kurzweil hat seit gut zehn Jahren eine Wette über zwanzigtausend Dollar laufen, dass dies im Jahr 2029 der Fall sein wird. Ab diesem Zeitpunkt sollen wir angeblich auch mit Computern wie selbstverständlich flirten, weil wir sie nämlich nach Kurzweils Überzeugung »sexy« finden werden. Dann ginge es also nicht mehr allein um Intelligenz, sondern auch um emotionale Qualitäten von Maschinen.

Von Afghanistan-Soldaten wird heute bereits berichtet, dass sie mitunter emotionale Bindungen zu Minenräumrobotern aufgebaut hätten und Trauer empfänden, wenn eine solche Maschine zerstört wird. Das sagt wenig über die Maschine, aber viel über die menschliche Neigung, vertraute Dinge in der eigenen Umgebung zu anthropomorphisieren, also menschliche Eigenschaften in sie hineinzudeuten. Das gilt schon lange für Haustiere und demnächst vielleicht auch für Haus-Roboter.

Einer der Pioniere der künstlichen Intelligenz, der deutsch-amerikanische Informatiker Joseph Weizenbaum, hat noch darauf bestanden, dass uns auch künftig hyperintelligente Maschinen notwendigerweise vollkommen fremd sein werden, weil menschliche Intelligenz an Intuition, Körperlichkeit und Kultur gebunden sei, die keine Maschine jemals simulieren könne. Vielleicht wird man aber, wenn erst der Umgang mit Robotern zu unserem Alltag gehören wird, Weizenbaums moralische Empörung nicht mehr verstehen. »Das bloße Stellen der Frage, was weiß ein Richter oder Psychiater, das wir einem Computer nicht mitteilen können, ist eine monströse Obszönität, ein Zeichen des Wahnsinns unserer Zeiten.«

Die meisten Roboter von heute sind noch so unsensibel, dass sie hinter Gitter müssen, um Menschen nicht zu gefährden. In der Automobilindustrie arbeiten solche starken Kerle schon lange, jeder einzelne Schritt ihres Tuns ist vorprogrammiert. Das ist gewissermaßen die neue Arbeiterklasse. Von den Dienstboten, die in Zukunft für uns arbeiten werden, wird man mehr Intelligenz und Einfühlungsvermögen erwarten, schließlich sollen wir im Alltag mit ihnen eng zusammenleben. Sie werden uns im Haushalt helfen, Altenpfleger sein, vermutlich auch Sexpartner. Japanische und koreanische Wissenschaftler sind von ihren Regierungen bereits damit beauftragt worden, Konzepte für eine Mensch-Roboter-Gesellschaft zu entwerfen, die in weniger als zwanzig Jahren entstanden sein soll.

Wir dürfen darauf hoffen, dann die Spülmaschine nicht mehr selbst ausräumen zu müssen, was eine viel anspruchsvollere Aufgabe ist, als man meint. Denn jedes Mal stellt sich die Frage, ob man mit Geschirr, Besteck oder Töpfen anfangen soll, um die Anzahl der Laufwege möglichst klein zu halten. Für Mathematiker verbergen sich dahinter unzählige Rechenoperationen, die der humanoide Roboter beherrschen müsste. Seit Jahrzehnten haben sich Robotik-Ingenieure vergeblich darum bemüht, ein solches Ausräumprogramm zu kreieren, denn der künstliche Diener müsste etwas können, was Industrieroboter bislang nicht beherrschen: ein Empfinden für den eigenen Körper zu entwickeln.

Früher sind die Pioniere der künstlichen Intelligenz davon ausgegangen, dass ihre Herausforderung darin besteht, den menschlichen Geist in Programmbefehlen möglichst vollständig zu reproduzieren. Aber eine Maschine, die nur Gehirn ist und nicht Körper, wird im Alltag an haptischer Unfähigkeit scheitern, wenn sie ein zerbrechliches Glas genauso behandelt wie einen Stahlträger. Ausgerechnet die Robotik hat inzwischen die Vorstellung vom Menschen als Maschine als überholt verworfen. Anders als Descartes angenommen hat, sind wir nämlich keine Wesen, bei denen zwischen Körper und Geist strikt getrennt werden kann. Unser Denkvermögen hängt in starkem Maße von Sensorik ab. Wir denken eben auch mit der Hand.

»Ein großer Teil dessen, was beim Menschen als abstrakte Intelligenz gilt, ist aber tatsächlich in seinem Körper verankert«, schreibt der Robotiker Owen Holland. Das Lernen in einer neuen Situation sei stets an Bewegungen unseres Körpers gekoppelt. Die Künstliche-Intelligenz-Forschung verfolgt daher seit einiger Zeit den Ansatz des sogenannten »Embodiment«, um die leibliche Seite menschlicher Intelligenz in Robotern abbilden zu können. Holland leitet im englischen Sussex das EU-Forschungsprojekt ECCEROBOT. Er hat sich bei seinen Prototypen für eine Maschine mit künstlichem Skelett- und Muskelapparat entschieden, die zumindest menschenähnlich wirkt. »Watson« dagegen kann zwar Quizshows gewinnen, aber er würde eine erbärmliche Figur abgeben, wenn er eine Treppe runterlaufen müsste. Humanoide Roboter benötigen also ein Wahrnehmungsvermögen, eine räumliche Vorstellungskraft, um entscheiden zu können, wo sie ihre Manipulatoren – um das Wort Hände zu vermeiden – einsetzen sollen.

Überdies müsste ihre Aufgabe darin bestehen, auf ein menschliches Gegenüber angemessen einzugehen, also Gefühle und Stimmungen deuten zu können. So wird etwa ein künstlicher Altenpfleger, der einer Seniorin im Sessel ein Glas Wasser anbietet, einschätzen müssen, was ein »Nein« bedeutet: Hat die Dame tatsächlich bereits genug getrunken, oder droht sie zu dehydrieren und muss daher vom Roboter notfalls sanft genötigt werden, einen Schluck zu trinken? Der Roboter wird dabei auf ein Repertoire aus Wahrscheinlichkeitsalgorithmen zurückgreifen und im Idealfall immer schlauer werden, weil er die Dame besser kennenlernt. Nichts anderes tun ja heute längst Google und Amazon, die mit jeder weiteren Nutzung ein genaueres Profil unserer Persönlichkeit bekommen.

Programmierte Moral

Mit diesem Intelligenzsprung von einer Maschine, die für alle Situationen vorprogrammiert ist, zu einem künstlichen System, das eigenmächtig Entscheidungen treffen kann, tauchen ethische Probleme auf, die sich noch längst nicht herumgesprochen haben. Dabei sollten wir eigentlich schon seit Langem vorbereitet sein. Bereits im Jahr 1950 hat der Science-Fiction-Autor Isaac Asimov in seinem Roman »Robot« ethische Prinzipien für Roboter formuliert, die auch heute noch diskussionswürdig sind. Asimov kam mit drei Geboten aus, wobei sich die ersten beiden an menschlichen Schutzbedürfnissen orientierten, das dritte aber bereits den Gedanken vorwegnahm, dass in einer damals noch sehr fernen Zukunft Roboter zu Wesen werden könnten, denen bestimmte Rechte zugesprochen werden müssten.

»1. Ein Roboter darf keinen Menschen verletzen oder durch Unterlassung erlauben, dass ein Mensch geschädigt wird.
2. Ein Roboter muss den Anweisungen eines Menschen folgen, außer wenn diese Anordnungen im Widerspruch zu Gebot 1 stehen.
3. Ein Roboter muss seine eigene Existenz so weit schützen, als dieser Schutz nicht im Widerspruch zu Gebot 1 oder 2 steht.«

Asimovs erstes Prinzip wird seit Jahren permanent verletzt. 65 Länder nutzen inzwischen Militärroboter oder planen ihre Anschaffung. Der Einsatz unbemannter Flugzeuge ist längst Praxis in den Kriegen unserer Zeit. Amerikanische Drohnen haben im sogenannten »Kampf gegen den Terrorismus« in Afghanistan und Pakistan innerhalb weniger Jahre mehrere Tausend Menschen getötet. Die genaue Zahl kennt niemand. Militärroboter sind für ihre Besitzer deshalb so attraktiv, weil sie die Kriegsführung billiger und ungefährlicher machen. Die Piloten der US-Air Force haben es inzwischen mit einem völlig veränderten Berufsbild zu tun. Sie werden mehrheitlich für den Einsatz am Boden ausgebildet. Sie müssen nicht mehr selbst ihr Leben im Kampfjet riskieren, sondern steuern ihn aus der Ferne per Joystick.

Unbemannte Kampfdrohnen sind ein interessanter Fall für die noch junge Disziplin namens Roboterethik. Seit dem Jahr 2004, als in Italien das erste internationale Symposium zur Roboterethik abgehalten wurde, streiten Experten darüber, für wen diese neue Ethik eigentlich gedacht ist. Es ist eine Kontroverse über die Frage, ob die Roboterethik moralische Normen für Roboter, für ihre Konstrukteure oder für ihre Nutzer entwickeln soll.

Nach dem derzeitigen Entwicklungsstand scheint sie noch recht einfach zu beantworten zu sein. Eine automatische Waffe wie eine Drohne wird von Menschen konstruiert und von anderen Menschen zum Einsatz gebracht. Sie ist in ihrem Verhalten vorprogrammiert und kann selbst nicht moralisch reflektieren. Unter ethischen Gesichtspunkten unterscheidet sie sich prinzipiell nicht von einem raffinierten Staubsauger.

Deshalb lautet das Urteil des britischen Ethikers und Roboterforschers Noel Sharkey, dass die Roboterethik eine der vielen angewandten Ethiken unserer Zeit ist, vergleichbar etwa mit Medizinethik und Umweltethik, also allein gedacht für Menschen. Die Adressaten seines Nachdenkens sind Programmierer, Hersteller und Politiker. Sharkey ist derzeit nicht bereit, sich mit dem fiktiven Szenario zu beschäftigen, dass aus Robotern Persönlichkeiten mit Selbstbewusstsein oder Emotionen werden könnten. Tatsächlich wäre es ja auch absurd, die Drohne für den Tod von Menschen verantwortlich zu machen und nicht die Militärs, die sie losgeschickt haben.

Allerdings werden sich die Kriegsmaschinen künftig mindestens genauso schnell verändern wie unsere heimischen Computer. Die großen Fortschritte auf dem Gebiet der künstlichen Intelligenz sind häufig Forschungsgeldern aus dem Pentagon und anderen militärischen Einrichtungen zu verdanken. Amerikanische Militärs rechnen damit, dass Roboter im Kriegseinsatz in zwanzig bis dreißig Jahren selbstständig Entscheidungen treffen werden. Sie werden beispielsweise selbst einschätzen müssen, ob ein flüchtender Mensch ein Terrorist oder ein unschuldiger Zivilist ist.

Wird dann die Frage nach der Verantwortung immer noch so klar zu beantworten sein, wenn Drohnen Missionen eigenständig planen und Angriffsziele wählen? In jedem Fall stünde dann Isaac Asimovs zweites Gesetz auf dem Spiel. Wer im entscheidenden Moment wem Anweisungen gibt, ist dann Auslegungssache. Selbst wenn die letzte Entscheidung beim Menschen verbleiben sollte, wird sie künftig davon geprägt sein, ob der Wahrnehmungsfähigkeit von Robotern zu trauen ist.

Der Münchner Technikphilosoph Klaus Mainzer stellt die Frage, wie weit wir bei der Implementierung ethischer Normen in Roboter gehen sollten. Wer aber so fragt, stößt sofort auf einen Widerspruch: Einerseits soll der Roboter der Zukunft nicht mehr bloß ein raffinierter Staubsauger sein, der folgsam die von uns einprogrammierten Aufgaben abarbeitet. Er soll sich lernend an neue Situationen anpassen können und Schritt für Schritt Autonomie gewinnen. Andererseits sollen seine autonomen Entscheidungen, die zu unserer Entlastung gedacht sind, mit ethischen Grundsätzen übereinstimmen, die immer nur die unseren sind.

Noel Sharkey sieht die Ingenieure in der Pflicht, sich beizeiten Gedanken über ein »ethisches Design« zu machen. Moral soll sich also auf eine Software programmieren lassen. Es gibt erste Beispiele dafür, dass das tatsächlich funktioniert. Fußballroboter kennen nicht nur die Regeln des Spiels, sondern auch die Grundsätze des Fair Play. Sie lernen, das Risiko abzuschätzen, vom Schiedsrichter dafür bestraft zu werden, dass sie eine Fairness-Regel ignorieren. Wird ein Foul geahndet, kann das lernende System Roboter diese Sanktion in seinem »Gewissen« speichern und bei der nächsten Gelegenheit eine andere Chancenbewertung vornehmen, die dann den Fairness-Regeln entspricht.

In Japan ist ein Roboter zur Entlastung von Krankenschwestern entwickelt worden, der Patienten aus dem Bett heben kann. Er reagiert auf gesprochene Kommandos, ist also in der Lage, sein Verhalten zu verändern, wenn Patienten Schmerz empfinden und artikulieren. Was heute den meisten unter uns noch abwegig erscheinen mag, dürfte bald schon Realität in einer alternden Gesellschaft sein, der es an Pflegekräften mangelt: dass alte Leute Roboter als Mitbewohner akzeptieren werden. Das werden sie aber nur tun, wenn der helfende Automat so etwas wie Einfühlungsvermögen für ihre Bedürfnisse entwickelt.

Gelänge dies und würde er obendrein menschenähnlich aussehen, könnten intelligente Maschinen eines Tages sogar geliebt werden. Roboterethiker stünden vor der Frage, ob die Maschinen auch selbst lieben dürften und wer das zu entscheiden hat. Klaus Mainzer jedenfalls hält die Vorstellung von Robotern als künftigen Lebenspartnern, die heute noch schockierend wirkt, nicht für abwegig. Der Mensch sei auf dem Weg, mit Technik die Evolution fortzusetzen, die auch mal mit einfachsten Mikroben begonnen hat. Heute lernen Roboter noch mühsam Sensorik und gehen damit erste Schritte, empfindende Wesen zu werden. Morgen schon könnten sie Bewusstsein und Gefühle haben.

Spätestens dann aber schlüge die Stunde von Asimovs drittem Gesetz. Ein Roboter dürfte nicht mehr nur als Sache betrachtet werden, die wir instrumentell nutzen, sondern vielmehr als eine Art elektronische Person, die Trägerin von Rechten ist. Die Grenze zwischen Mensch und Maschine mag zwar unangetastet bleiben, weil wir wüssten: Sie sind nicht wie wir. Aber vielleicht müssten wir dann Roboter als eigene Spezies anerkennen und würden bei fortschreitender Technik eine ähnliche Diskussion erleben, wie wir sie aus den aktuellen Debatten um die Rechte von Tieren kennen.

Wer Schmerz empfindet, dem darf kein Leid ohne Grund zugefügt werden. Experimente im Labor wären gesetzlich zu regeln. Wir dürften künstliche Intelligenz, an der wir das Interesse verloren haben, nicht einfach verschrotten. Der Trauer um einen zerstörten Roboter läge nicht, wie heute im Falle der Afghanistan-Soldaten, eine falsche Emotion zugrunde, eine Projektion menschlicher Empfindungen auf eine Maschine, sondern möglicherweise echtes Mitleid. Vorstellbar ist sogar, dass intelligente Maschinen imstande sein könnten, eines Tages ihre Rechte selbst zu vertreten, anders als Tiere, die in ihrer Schutzbedürftigkeit auf den Menschen als moralischen Agenten angewiesen sind, also bloßes Objekt von Moral sind. Ausdrücklich ist ja in Asimovs drittem Gesetz davon die Rede, dass Roboter ihre Existenz selbst schützen, nicht von anderen geschützt werden.

Nur eine Seite blutet

Allerdings lauert hinter all diesen Gedankenspielen, die natürlich stets unter Science-Fiction-Verdacht stehen, ein Risiko: Der Blick in die wohl immer noch ferne Zukunft könnte ablenken von den gravierenden ethischen Problemen, die sich bereits heute im Verhältnis zwischen Mensch und Roboter stellen. Die ersten Drohnen hatten ihre tödlichen Missionen längst hinter sich, bevor Roboterethiker überhaupt auf das Problem aufmerksam geworden sind. Inzwischen machen sie sich Gedanken darüber, ob Kriegsmaschinen bessere Soldaten als Menschen sein könnten, weil sie auch im Kugelhagel frei von Emotionen sind. Roboter kennen weder Hass noch Rache noch Furcht. Der Informatiker Ronald Arkin von der Georgia Tech University sieht daher die Chance, dass autonome Waffensysteme in kriegerischen Konflikten ein »ethischeres« Verhalten an den Tag legen könnten als Menschen in Uniform, die bei ihren Entscheidungen immer von der Angst geprägt sind, die eigene Existenz aufs Spiel zu setzen. Im Auftrag der US-Armee arbeitet er an einem elektronischen Ethikmodul.

Die Idee dabei ist, technischen Systemen, die irgendwann selbstständig zwischen verschiedenen Verhaltensoptionen wählen sollen, die analytische Kompetenz zu einer präzisen Prognose der möglichen Folgen zu vermitteln. Die Drohne soll lernen, dass es »gut« ist, einen feindlichen Panzer im freien Feld zu beschießen, und dass es »schlecht« ist, wenn der Panzer in der Nähe eines Gotteshauses steht, weil heilige Stätten nach der Genfer Konvention geschont werden sollen. Arkin schwebt ein ethisches Design vor, das Waffensysteme so programmiert, dass sie sich im Zweifelsfall im Einklang mit dem Völkerrecht befinden.

Wenn einer Maschine Verantwortung übertragen werden soll, die bislang nur von Menschen geschultert werden konnte, benötigt sie künftig nicht allein die Fähigkeit, in Situationen zwischen verschiedenen Handlungsmöglichkeiten die günstigste zu wählen. Zusätzlich wird sie für die einmal getroffene Entscheidung über ein wie auch immer geartetes System der nachträglichen Rechtfertigung verfügen müssen. Vermutlich wird man künftig in Roboter eine Blackbox einbauen, damit rekonstruiert werden kann, warum sich das System in einer bestimmten Situation so und nicht anders entschieden hat.

Ronald Arkins Vision vom Roboter als dem weniger aggressiven Soldaten der Zukunft klingt zunächst plausibel, wenn man an den klassischen Nahkampf denkt. Ein Soldat, der ein verdächtiges Gebäude vor sich hat, hatte bislang die beiden Optionen, entweder eine Granate zu werfen und möglicherweise den Tod Unschuldiger in Kauf zu nehmen oder aber sein eigenes Leben zu riskieren. Eine Entscheidung in höchster emotionaler Erregung, im Adrenalinrausch. Der Militärroboter würde dagegen frei von Emotionen und ohne falschen Zeitdruck die Situation erkunden. Gleichwohl ist die Vorstellung gefährlich, dass künstliche Intelligenz den modernen Krieg zivilisieren könnte. Dagegen steht die Erfahrung aus den vergangenen Jahren mit dem Einsatz von Kampfdrohnen.

Die Technikphilosophin Jutta Weber, die sich mit ethischen Fragen des Einsatzes unbemannter Kriegsflugzeuge beschäftigt, hat analysiert, was mehrere Hundert Drohnenangriffe allein aus der Regierungszeit des US-Präsidenten Obama strategisch geändert haben, und kommt zu dem Ergebnis, dass sich die Kriegsführung extrem beschleunigt habe, mit hohen Opferzahlen. Zugleich gebe es in der amerikanischen Bevölkerung ein ausgeprägtes Desinteresse an dem dadurch verursachten Leid. Offenbar stellt es gerade für westliche Wohlstandsgesellschaften eine Versuchung dar, einen Krieg führen zu können, ohne die eigenen Wähler mit Soldaten konfrontieren zu müssen, die im Zinksarg heimkehren. Ein erstes Anzeichen dafür, dass sich eine Verantwortungslücke auftut, wenn das Geschäft des Tötens nicht mehr von einem Piloten in der Luft verrichtet wird, der seinen Namen auf der Uniform trägt. Stattdessen sitzt er im fernen Nevada und tötet Menschen per Joystick in Pakistan.

Jutta Weber hat im Verhalten der Bodenpiloten, die weit entfernt sind vom Kampfgebiet, beobachtet, wie sich Spiel- und Kriegskultur überlappen. Der Soldat werde zum Zocker. Das Kommando über ein Roboterflugzeug unterscheide sich in seinem subjektiven Erleben nicht prinzipiell von einem Computerspiel. Die Gefahr der Verharmlosung von menschlichem Leid liegt damit auf der Hand. Es droht die Entwicklung eines industriellen Komplexes aus Militär und Hollywood, der das Kriegsgeschehen als Entertainment inszeniert.

Inzwischen haben Philosophen und Friedensforscher, initiiert vom britischen Roboterethiker Noel Sharkey, das »International Committee for Robot Arms Control« gegründet, das sich für eine Ächtung dieser Waffengattung einsetzt, die bekanntlich auch der deutsche Verteidigungsminister anschaffen möchte. Sharkey hat seinen persönlichen Albtraum so formuliert: »Wir schlafwandeln in eine schöne neue Welt hinein, in der Roboter entscheiden, wer wo und wann gekillt wird.« Die autonomen Roboter von morgen, die ihre militärischen Missionen eigenständig planen sollen, stünden im Widerspruch zum geltenden Völkerrecht, das darauf beruht, für jeden militärischen Einsatz konkrete Verantwortung zuordnen zu können.

Pädagogik für Roboter

Verantwortungslücken werden sich künftig allerdings nicht nur bei den Aktivitäten von Tötungsmaschinen auftun. Sie klaffen vermutlich schon sehr bald auch in unserem zivilen Leben, wenn die Roboter die Fabrikhallen verlassen und Einzug in unseren Alltag halten werden. Personalroboter werden in den kommenden Jahrzehnten so selbstverständlich sein wie die Personalcomputer heute. Als Assistenten für Schmerzpatienten in der Klinik oder für Altenheimbewohner, als Helfer für die lästigen Arbeiten im Haushalt, als präzise arbeitende elektronische Chirurgen im Operationssaal. Wenn ihr Einsatz sinnvoll sein soll, werden wir ihnen erlauben müssen, mehr und mehr zu handeln, ohne direkt von uns gesteuert zu werden. Wer aber wird dann für Fehler eines automatischen Systems zur Verantwortung gezogen? Wer haftet, wenn der Putzroboter jemanden verletzt? Ist der Hersteller eines autonomen Bremssystems fürs Auto, das einen Unfall verursacht hat, aus dem Schneider, wenn beim Autokauf eine Packungsbeilage mit Risiken und Nebenwirkungen ausgehändigt wurde?

Bereits heute bemerken wir, dass unser Leben von Software wie von einer unsichtbaren Hand beeinflusst wird. Wenn es an den internationalen Börsen zum Kurssturz kommt, mit möglicherweise dramatischen Folgen für Arbeitnehmer, kann dahinter eine Kettenreaktion von automatischen Tradingsystemen stehen, die zu schnell agieren, um noch von Menschenhand gestoppt werden zu können. Die Bank gibt über den Programmierer Handlungsmacht an ein System, das nur Algorithmen kennt. Unser klassischer Verantwortungsbegriff löst sich mehr und mehr auf.

Der Rechtsphilosoph Jan C. Joerden hat vorgeschlagen, das Problem der Verantwortungslücke dadurch zu lösen, dass man den

Roboter von morgen mit Kindern vergleicht. Letztere können ja auch rechtswidrig handeln, ohne schuldfähig zu sein. Solange es Robotern an Einsicht in Recht und Unrecht fehlt, müsse für sie, ähnlich wie für Kinder, eine Aufsichtspflicht gelten. Noel Sharkey, der Roboterethiker, denkt dies verblüffend praktisch: Jede Maschine bräuchte einen großen roten Not-Aus-Knopf.

Diese Logik bewegt sich noch im Rahmen der ersten beiden Gesetze von Asimov. Die Anweisungen von Menschen sollen ausreichen, um das gewünschte Verhalten des Roboters zu sichern. Der Philosoph Andreas Matthias, der selbst jahrelange Erfahrung mit dem Programmieren hat, betrachtet es aber als eine veraltete Vorstellung, dass ein Programm dem Roboter vollständig sagt, was er tun soll. Er hält es für denkbar, dass zukünftig die Maschinen selbst für eigene Fehler haften müssen. In der Welt von morgen, in der Roboter den Status einer Person haben könnten, gäbe es eine wirksame Sanktion, die Maschinenwesen beeindrucken und davon abhalten könnte, Schäden anzurichten. Die Strafe lautet: Umprogrammierung.

Computeringenieure suchen zunehmend die Zusammenarbeit mit Philosophen, um sich Klarheit darüber zu verschaffen, ob man Ethik in Maschinen einprogrammieren kann. Michael und Susan Anderson von der Universität Connecticut bemühen sich darum sogar in ehelicher Gemeinschaft: Er ist Informatiker, sie Ethikerin. Der ganze Stolz der Andersons ist ein menschenähnliches Wesen namens »Nao«, das sie für den ersten ethischen Roboter der Welt halten.

Nao wird permanent mit moralischen Problemstellungen gefüttert und erhält dazu die Antworten, die Ethiker in entsprechenden Fällen gegeben haben. Naos Lernsoftware soll aus den Beispielen möglichst ein ethisches Regelsystem ableiten, das ihm später helfen soll, eigene Entscheidungen in Verantwortung zu treffen. Nao ist beispielsweise vertraut mit den Antworten menschlicher Ethiker auf die Frage, wann ein Arzt seinem Patienten ein Medikament notfalls auch gegen dessen Willen verabreichen sollte oder nicht. Der Roboter kann Prioritäten unterscheiden. Beispielsweise zwischen einem Medikament, das lebensnotwendig ist, und einem, das nur vorbeugend wirkt. Nao hat gelernt, dass es für die ärztliche Entscheidung eine Rolle spielt, ob das Medikament mögliche

Nebenwirkungen hat. Mit diesem einprogrammierten Wissen kann sich Nao nun auf einen Patienten zubewegen und ihn auffordern, eine Pille einzuwerfen. Wird die Einnahme verweigert, muss Nao entscheiden, wann er wieder nachfragt, was davon abhängen wird, wie lebenswichtig die Medizin für den Patienten ist. Nao muss einschätzen, wann es an der Zeit ist, die Ablehnung nicht länger zu akzeptieren und den Arzt einzuschalten.

Philosophisch reizvoll ist auch hier das Gedankenexperiment, wir hätten es im Falle von Nao nicht mit einem Roboter, sondern mit einem Kind zu tun. Würden die Andersons bei seiner moralischen Erziehung ähnlich vorgehen, also zunächst konkurrierende ethische Positionen zu allen möglichen Konfliktsituationen sammeln und sie dann dem Kind eintrichtern? Wohl kaum. Im Zweifelsfalle wäre das Kind gar nicht mehr entscheidungsfähig, weil es nicht wüsste, wo ihm philosophisch der Kopf steht. Bevor es für sich sortiert hätte, ob eine utilitaristische oder eine kantianische Herangehensweise angemessen wäre, wäre der Zeitpunkt zum Handeln längst verstrichen.

Wie moralisches Handeln zustande kommt, welche Rolle Erziehung, Intuition, Rationalität spielen, ist philosophisch hoch umstritten. Programmierer werden, wenn sie den ethischen Roboter entwickeln wollen, die Karten auf den Tisch legen müssen, welche Moral sie der künstlichen Intelligenz einschreiben wollen. Das größtmögliche Glück für die größtmögliche Zahl? Die Zehn Gebote? So wie es beim Moraldoping nicht das Hormon ist, das den Konsumenten »besser« machen könnte, sondern die Entscheidung eines Menschen, es einem anderen zu verschreiben oder selbst zu konsumieren, ist es bislang auch immer noch der Mensch, der den Roboter erzieht. Roboterethik ist Ethik für Menschen. Erst wenn dieser Satz nicht mehr gilt, werden Maschinen das Sagen haben.

11

Ende der Natur?

Philosophen waren immer gut zu Fuß. Wir besitzen zahllose Zeugnisse darüber, dass mit der Körperbewegung die Bewegung des Geistes in Gang kommt. Aristoteles hat seine Schüler auf und ab wandelnd im Garten unterrichtet. Der berühmte Wanderer Rousseau hat bewusst die Postkutsche gemieden: Er wollte den Staub der Landstraße spüren. Wer sich fahren lässt, so seine Überzeugung, erleide Wahrnehmungsverluste, verliere seine Freiheit. »Sowie man im Wagen sitzt, hat man sich sogleich einige Grade von der ursprünglichen Humanität entfernt«, schreibt der Schriftsteller Johann Gottfried Seume, den seine legendären Spaziergänge 1802 bis nach Sizilien und 1805 nach Sankt Petersburg geführt haben. Heidegger hat seine Runden im Schwarzwald gedreht, Nietzsche verdankte einer Bergwanderung im Engadin gar eine für sein Werk zentrale Inspiration. Im August 1881 durchlebte er hoch oben auf dem Gipfel eine »Entzückung, deren ungeheure Spannung sich mitunter in einem Thränenstrom auslöst, bei der der Schritt unwillkürlich bald stürmt, bald langsam wird«. Wir dürfen annehmen, dass sich diese Erfahrung nicht eingestellt hätte, wenn Nietzsche durch die Hochhausschluchten einer modernen Trabantensiedlung gelaufen wäre. Offenbar erleben wir eine Tiefenschärfe in der Wahrnehmung, wenn wir uns in dem Raum bewegen, den man »Natur« nennt.

Sie steht hier zunächst in Anführungsstrichen, weil es sie, jedenfalls nach Auffassung des Züricher Philosophen Michael Hampe, gar nicht gibt. Es gibt Steine und Schweine, Magenkrebs und Flusskrebs, aber kein großes Ganzes namens Natur, das dem Menschen gegenübersteht. Wir betreiben Naturideologie, meint Hampe, wenn wir Natur als etwas auffassen, aus dem wir Menschen irgendwann herausgetreten sind. Dann würde Natur als etwas verstanden, was wir selbst einmal waren, heute aber nicht mehr sind.

Wer sich in einen solchen Gegensatz hineindefiniert, kann Natur entweder ausbeuten oder schützen. Er wird aber sowohl das eine wie das andere in seinem eigenen Interesse tun. In diesem Zusammenhang ist unsere geläufige Verwendung des Wortes Umwelt verräterisch: Wir rücken damit den Menschen mit seinen Interessen ins Zentrum und betrachten natürliche Wesen als Arrangement oder Ressource um uns herum, als sei dies alles nur für uns gemacht.

Auch Michael Hampe gehört zu den wandernden Philosophen. Mit 16 Jahren ist er zum ersten Mal in einem schwedischen Nationalpark durch unberührte Landschaften gelaufen.»Sehr gut erinnere ich mich noch an die Wahrnehmung, es mit etwas im eminenten Sinne Wirklichem zu tun zu haben. Die nicht von menschlichen Interessen tangierten Sümpfe, Hänge und Tiere kamen mir wirklicher vor als alles, was mir bis dahin in Stadt und Park begegnet war«, schreibt Hampe in dem Essay»Die Natur gibt es nicht« von 2011. Er vergleicht diese Landschaftserfahrung mit einer zwischenmenschlichen Begegnung. Eine andere Person werde von mir auch erst dann als wirklich erlebt, wenn ich sie nicht durch die Brille meiner Bedürfnisse betrachte, also zum Beispiel als begehrenswert oder unattraktiv, sondern als Person mit eigenständigem Willen.

Ehrlicherweise wird man sagen müssen, dass wir von einer solchen Wahrnehmung von Natur weit entfernt sind. Die Erfahrungsräume, die sie ermöglichen würde, sind fast verschwunden. Wir selbst haben sie zerstört, viele vermissen sie nicht einmal mehr. Wir halten es für selbstverständlich, dass Landschaften für unsere Bedürfnisse zugerichtet werden, als seien sie Freiluftwohnzimmer, die hübsch möbliert werden müssen. Schon vor über 200 Jahren, als das industrielle Zeitalter gerade erst begonnen hatte, haben die Romantiker daher die Waldeinsamkeit als Sehnsuchtsort verstanden. Hier sollte der Fluchtpunkt sein, an dem die Trennung zwischen Mensch und Natur wenigstens vorübergehend aufgehoben wird.

Seitdem ist der Graben tiefer gezogen worden. Der Mensch des technischen Zeitalters sieht, hört, fühlt anders als der Nomade, der durch die Wüste zieht. Die wenigsten unter uns würden auch mit ihm tauschen wollen. Aber ein Gefühl für die Verlustseite der Differenzierung zwischen Mensch und Natur sollten wir schon entwickeln.

Die sokratische Spaltung

Die Frage nach der Natur ist übrigens keine spezifisch moderne. Angefangen hat alles in der Antike mit der »sokratischen Spaltung«, wie Michael Hampe es nennt. In den platonischen Dialogen gehört es zum Selbstbild von Sokrates, dass er sich als moralisches Wesen versteht, nicht mehr als natürliches. Damit entsteht eine Hierarchie, die die gesamte abendländische Geistesgeschichte prägen wird: Im Reich der Natur herrschen die Gesetze von Ursache und Wirkung, im Reich der Moral können wir frei sein und nach Gründen entscheiden. Mit Sokrates ist also der Wunsch entstanden, sich möglichst nur noch in diesem Reich der Freiheit aufzuhalten. Der Mensch sieht sich selbst als Vernunftwesen, das sich von allen natürlichen Dingen unterscheidet – und übersieht dabei die Natur, die er selbst ist. Die Transhumanisten unserer Tage treiben diese »sokratische Spaltung« auf die Spitze. Für sie ist der Mensch so lange noch ein Mängelwesen, wie er mit einem Bein im Reich der Natur steht. Frei und vollendet wird er erst dann sein, wenn er die natürlichen Grenzen der alten Spezies Mensch gesprengt hat.

Wenn man sich aber tatsächlich nur noch im Reich der Freiheit bewege, meint Hampe, dann träten Blindheiten auf. Und er hat recht: Wir zweifeln daran, ob die Heuschrecke tatsächlich Schmerz empfindet, wenn wir ihr ein Bein ausreißen. Wir übersehen systematisch, dass es für Hühner nicht gut sein kann, einen Lebensraum nur von der Größe eines DIN-A4-Blattes zur Verfügung zu haben. Wir verlernen es mehr und mehr, die Zeichen der Natur zu lesen, etwa wann es Zeit wird, den Samen in die Erde zu drücken. Ein gutes Beispiel handelt von den Bienen: Es macht einen Unterschied, ob man in der Zeitung davon liest, wie anfällig ökologische Systeme sind, wenn Insekten wegbleiben, oder ob man ihr Verschwinden vorher selbst bemerkt hat. Offenbar führt die sokratische Spaltung dazu, dass wir elementare Alltagsintuitionen verlernen.

Wobei sie ja nicht gänzlich verschwunden sind: Wir empfinden eine unbestimmte Traurigkeit, wenn wir erfahren, dass eine Tierart vom Aussterben bedroht ist, obwohl wir vielleicht nie ein Exemplar zu sehen bekommen haben. Wir haben eine Scheu davor, Leben ohne Grund zu zerstören, und tadeln Kinder, die es dennoch tun. Aber für eine Lebensform ohne sokratische Spaltung fehlt uns jede

Fantasie. Wir können sie uns allenfalls als Rückschritt vorstellen. Der Nomade mit dem Kamel erscheint uns als primitiv.

Was ihn von uns unterscheidet, hat der Naturphilosoph Gernot Böhme am Beispiel des Thermometers erläutert: Wie viele andere Geräte auch ist es entwickelt worden, um die menschlichen Sinnesempfindungen zu perfektionieren. Was wir auch ohne Thermometer im Groben wussten, sollten wir mit ihm noch genauer, verfeinerter wissen können. Inzwischen ist es umgekehrt: Was das Thermometer misst, das verstehen wir unter Wärme. Natur ist nach diesem Verständnis das, was das Gerät anzeigt. Der Wärme spürende Mensch könnte sich ja irren, wenn er sich bloß auf seine Sinneseindrücke verlassen würde. Schon bei Sokrates, spätestens aber seit der Neuzeit, wird Natur so verstanden: Sie ist all das, was Gegenstand der Naturwissenschaft ist.

Gegenstand ist hier unbedingt wörtlich zu nehmen: Natur ist in dieser Sicht ein Zusammenhang von Objekten, die Gesetzmäßigkeiten unterliegen. Selbst der Mensch wird als Objekt gesehen. Als Körper, als Ding, für dessen Reparatur, wenn es nicht funktioniert, die naturwissenschaftliche Medizin verantwortlich ist.

Es wäre borniert, die Erfolgsgeschichte dieser Sichtweise auszublenden. Galileo Galilei hat Schluss damit gemacht, allein dem bloßen Augenschein zu vertrauen. Denen, die sich bei ihren Urteilen auf Traditionen und Intuitionen berufen, hat er sein trotziges »Und sie bewegt sich doch!« entgegengeschleudert.

Seitdem haben die Naturwissenschaften eine beispiellose Entwicklung hinter sich. Innerhalb von ein paar Hundert Jahren ist mehr neues Wissen angehäuft worden als in allen Epochen der Menschheitsgeschichte zuvor. Heute gibt es keinen Gegenstandsbereich mehr, der nicht mit den Methoden der Naturwissenschaften untersucht würde. Als Folge ist unser Leben angenehmer geworden, wir werden zum Beispiel nicht mehr von der Pest dahingerafft. Menschen haben in verblüffend kurzer Zeit eine erstaunliche Handlungsmacht gewonnen. Freilich um den Preis drohender Katastrophen, die unserer Lebensform in der technischen Zivilisation geschuldet sind.

Infrage steht heute nicht, ob die naturwissenschaftliche Erforschung der Welt eine sinnvolle Angelegenheit ist. Nur Dummköpfe würden das leugnen. Infrage steht, ob der naturwissenschaftliche

Blick auf die Welt und den Menschen tatsächlich alles erschöpfend erklärt, wovon radikale Naturalisten wie der amerikanische Philosoph Daniel Dennett beispielsweise überzeugt sind. Naturalisten akzeptieren nicht, dass es etwas geben könnte, was dem wissenschaftlichen Zugriff entzogen wäre. Fragen, die sich nicht auf naturwissenschaftliche Weise beantworten lassen, sind für sie falsche Fragen. Alles, was wirklich ist, behaupten sie, muss auf eine Erscheinungsweise als Ding zurückgeführt werden können.

Die Welt, als Ding betrachtet, lässt sich berechnen und verändern. Der Naturwissenschaftler schaut von außen auf diese Welt, sein inneres Erleben spielt dabei keine Rolle. Der Blick des Forschers im Labor auf die Welt ist ein anderer als der Blick des Philosophen Hampe auf die Wildnis bei einer Wanderung. Hampe ist berührt von dieser Erfahrung, der Forscher will und muss sich die Gegenstände seiner Anschauung vom Leib halten.

Gernot Böhme ist der Überzeugung, dass uns die traditionellen Ethiken bei der Frage nach dem richtigen Verhältnis zur Natur im Stich lassen, weil sie immer nur von der Moral zwischen Menschen gehandelt haben. Für ethisches Verhalten sei die Natur bis jetzt kein Adressat gewesen. Denn wenn Natur eine Sache ist, haben wir ja gar kein moralisches Problem im Falle ihrer Zerstörung, solange wir uns damit nicht selbst zerstören. »Es ergibt sich also, dass zunächst das rein sachbezogene Denken in Bezug auf die Natur überwunden werden muss, will man Natur als Thema der Ethik anerkennen. Es ginge dann nicht mehr nur darum, Natur zu erkennen, sondern ebenso und sogar vorgängig schon darum, sie anzuerkennen.«

Zweierlei musste geschehen, bevor Natur Gegenstand der Ethik werden konnte: Sie musste als verwundet, ausgeplündert, in ihrer Existenz bedroht wahrgenommen werden. Und der Mensch musste seine tierische Herkunft wiederentdecken. Er musste sich selbst als Art unter Arten sehen lernen, als gefährliche, zerstörerische obendrein. Im Homo sapiens steckt eben auch ein Homo rapiens, ein räuberischer Mensch, ein Ausbeuter der Natur.

Es ist kein Zufall, dass die alte Grenzziehung zwischen Mensch und Tier ausgerechnet in dem Moment problematisch geworden ist, wo allenthalben die Fantasien vom Ende der Natur blühen. Im Zeitalter des Klimawandels und des Artensterbens hat der Mensch auf bedrängende Art tatsächlich Anlass, sein altes, stolzes Selbstbild als Krone der Schöpfung infrage zu stellen. Der neue Blick in den Spiegel gilt nun einem Wesen, das in seinem zerstörerischen Potenzial sogar einem Meteoriten oder Vulkan ähnelt.

Seit dreieinhalb Milliarden Jahren gibt es biologisches Leben auf der Erde. Wissenschaftler, die sich mit der Naturgeschichte unseres Planeten befassen, haben für diese gewaltige Zeitspanne mindestens fünf Massenauslöschungen von Arten identifiziert, die die Lebensbedingungen auf der Erde anschließend völlig verändert haben. Die Natur benötigte jeweils Millionen von Jahren, um sich von diesen Katastrophen zu erholen. Erst danach konnte sich wieder eine neue Vielfalt von Arten entwickeln. Die bekannteste unter diesen Apokalypsen wird 65 Millionen Jahre zurückdatiert. Ein Meteoriteneinschlag gilt als wahrscheinliche Ursache für die Vernichtung nicht nur der Dinosaurier, sondern auch unzähliger anderer Arten.

Nun droht die nächste Massenauslöschung auf der Erde, und zum ersten Mal hat der Mensch das destruktive Potenzial, sie selbst zu verursachen. Biologen befürchten, dass bis zum Ende des 21. Jahrhunderts bis zu fünfzig Prozent aller Arten verschwunden sein werden. Denn es gibt keinen Flecken auf der Erde mehr, der vom Menschen unberührt geblieben wäre. Die Umweltzerstörung wirkt selbst in entlegenen Gegenden, in die noch kein Mensch seinen Fuß gesetzt hat. Unser ökologischer Fußabdruck ist eben größer als unser physischer, unser Handeln wirkt auch dort, wo wir noch niemals waren. Daher der Vergleich des Menschen mit einem gewaltigen Meteoriten: Der Mensch habe sich seit Beginn des industriellen Zeitalters von einer biologischen in eine geologische Handlungsmacht verwandelt, meint der niederländische Chemie-Nobelpreisträger Paul Crutzen und nennt unser Zeitalter aus diesem Grund »Anthropozän«. Folgt man seiner Epocheneinteilung, dann endet um 1800 mit dem Holozän die stabilste Klimaphase seit mindestens 400000 Jahren. Geringe Temperaturschwankungen waren aber eine wesentliche Grundlage für die Entwicklung der menschlichen Zivilisation. Ausgerechnet zu einem Zeitpunkt, da der Mensch sich der Natur nicht mehr bloß ausgeliefert sieht wie in früheren Zeiten, sondern Natur zu einem wesentlichen Teil unser Produkt geworden ist, schlägt sie auf uns selbst zurück.

Der Anthropologe Jared Diamond hat in seinem Buch »Kollaps« analysiert, wie frühere Gesellschaften unabsichtlich die Ressourcen zerstört haben, auf die sie angewiesen waren. Ein eindrucksvolles Beispiel ist der dramatische Bevölkerungszusammenbruch auf der Osterinsel im Pazifik im 17. Jahrhundert. Ihre Bewohner haben eine artenreiche Waldlandschaft mit üppigen Nahrungsquellen in eine karge Wüste verwandelt. Als dort der letzte Baum gefällt war, begann der Krieg aller gegen alle. Diamond spricht vom »Ökozid«, vom unbeabsichtigten ökologischen Selbstmord, und stellt die naheliegende Frage, ob dieser regionale Niedergang eine Blaupause für die globale Zivilisation unserer Zeit darstellt. »Wir haben es heute mit den gleichen Umweltproblemen zu tun, die auch frühere Gesellschaften zu Fall brachten, und zusätzlich kommen vier neue hinzu: von Menschen verursachter Klimawandel, Anhäufung von Umweltgiften, Energieknappheit und die vollständige Nutzung der weltweiten Fotosynthese-Kapazität durch den Menschen.«

Optimisten sei gesagt, dass sich Diamond nicht an Weltuntergangs-Szenarien orientiert, in denen die Menschen aussterben könnten. Für wahrscheinlicher hält er eine Zukunft mit erheblich geringerem Lebensstandard und dem Verfall moralischer Werte. Es gibt im Übrigen einen wesentlichen Unterschied zwischen uns und den Bewohnern der Osterinsel: Sie konnten damals noch nicht so genau wissen, welche verheerenden Folgen ihre Waldzerstörung haben würde. Wir heute sind dagegen bestens informiert über die schädlichen Folgen unseres Tuns, die Weltöffentlichkeit weiß seit Jahrzehnten Bescheid. Von den kommenden ökologischen Selbstmorden kann also niemand mehr sagen, sie seien unabsehbar gewesen.

Die Apokalypse denken

Rein biologisch gesehen wäre gegen den Totalverlust unserer Gattung nichts einzuwenden. Die Erde kommt zweifellos auch ohne Menschen aus, höchstwahrscheinlich sogar besser.

Philosophische Misanthropen halten den Menschen ohnehin für eine missratene Schöpfung. Der deutsche Schriftsteller und Literaturwissenschaftler Ulrich Horstmann hat ihn das »Untier« genannt. Seine gleichnamige Abhandlung war 1983 Teil eines apokalyptischen Diskurses, der seinen Höhepunkt allerdings bereits überschritten hatte. Die Überzeugung, dass wir mit unseren Atomwaffen den Blauen Planeten schon sehr bald vermonden werden, wich allmählich einer neuen Lust am Leben. Die konsumfreudige »Generation Golf« hatte den apokalyptischen Diskurs erfolgreich abgespalten. Die Atomkatastrophe im japanischen Fukushima hat dies als Selbstbetrug entlarvt. Sie sollte Anlass genug sein, das selbst auferlegte Verbot, die Apokalypse zu denken, zu verabschieden. Günther Anders, der berühmte österreichische Philosoph und Schriftsteller, hatte bereits 1956 geschrieben: »Nicht unser Verschwinden wäre ein Wunder, sondern unser Fortbestand.« Auch für ihn war damals Japan der Ausgangspunkt, die Bomben auf Hiroshima und Nagasaki, die erste Nutzung der Atomenergie für den Massenmord. Seit Fukushima wird Anders' Hauptwerk »Die Antiquiertheit des Menschen« wieder eifriger gelesen.

Anders meinte mit Antiquiertheit, dass unsere Lebensformen und unsere ganze seelische Verfassung hinter der technologischen Entwicklung her hinken würden. Wir kämen nicht mehr mit. Die vom Menschen geschaffene Technik sei zum eigentlichen Subjekt der Geschichte geworden. Das grandiose Universum aus lauter hoch entwickelten Geräten, in dem wir leben, übersteige den psychischen und moralischen Horizont des Menschen. Die Produkte seien besser als ihre Produzenten, denen nichts anderes bleibe, so seine berühmte Formulierung, als »wie verstörte Saurier zwischen den Geräten herumzulungern«.

Was wir heute bürokratisch »Technikfolgenabschätzung« nennen, beschreibt Anders als Prozess permanenten Scheiterns. Wir stellten mehr her, als wir verantworten könnten, weil unsere Vorstellungskraft überfordert sei, wenn es um Fernwirkungen unseres Handelns gehe, die Generationen später eintreten könnten. Dinosaurier sind wir also in einem moralischen Sinne. »Wir glauben, das, was wir können, auch zu dürfen, nein: zu sollen, nein: zu müssen«, so Anders.

Prometheus steht in der griechischen Mythologie für das Ideal der Naturbeherrschung durch Technik. Er hat für die Menschen das Feuer gestohlen, er repräsentiert den autonomen Menschen, der sich seine neue Welt selbst schafft, anstatt die alte Herrschaft der Götterwelt einfach nur ohnmächtig zu ertragen. Im 21. Jahrhundert wäre Prometheus Transhumanist. Sein Kampf gälte nicht mehr den Göttern, sondern den Fesseln der menschlichen Natur. Er würde um Unsterblichkeit kämpfen und alles tun, um sein Gehirn zu tunen. Prometheus ist der Prototyp des Stolzen. Bei Günther Anders versinkt Prometheus aber vor Scham über sein Tun im Boden.

Denn sein Prometheus registriert, dass es eine Diskrepanz gibt zwischen seinen herstellerischen Fähigkeiten, die so beeindruckend sind, dass sie die ganze Welt verändert haben, und seiner Antiquiertheit im Denken, Fühlen und Handeln, in der Wahrnehmung, der Fantasie, der Sprache. Der Mensch versagt vor seinen eigenen Geschöpfen. Wenn der Techniker in einem Hochsicherheitsbereich aus Liebeskummer den falschen Knopf drückt, sprechen wir inzwischen fast wie selbstverständlich von menschlichem Versagen, nicht von zutiefst menschlichem Handeln.

In den ersten Wochen nach Fukushima hat eine globale Öffentlichkeit vielleicht zum ersten Mal am eigenen Leib verspürt, was Anders mit seiner prometheischen Scham meinte. Die Apparatur läuft einfach weiter, sie benötigt ihren Schöpfer nicht länger. Dem antiquierten Menschen hilft keine Gebrauchsanleitung mehr, also pumpt er verzweifelt Meerwasser ins Atomkraftwerk, das sich selbstständig gemacht hat. Die Weltöffentlichkeit sitzt derweil konsterniert und peinlich berührt vor dem Fernseher. Für sie ist die Schwelle des Fassbaren längst überschritten. »Alles Wirkliche wird phantomhaft, alles Fiktive wirklich«, hatte lange vorher Anders über den Fernsehzuschauer geschrieben.

Günther Anders hat sein Werk mit dem Wunsch beschlossen, dass er mit keiner seiner Prognosen recht behalten möge. Er hat eine Neuformulierung des kategorischen Imperativs versucht: »Habe Mut, Angst zu haben, und ängstige deinen Nächsten wie dich selbst, damit du und er Mut zum Widerstand gewinnen.« Müssen wir also im Risiko-Zeitalter gegen das Sprichwort denken und die Angst doch als guten Ratgeber betrachten? Der Philosoph Hans Jonas hat 1979 in seinem bis heute einflussreichen Werk »Prinzip Verantwortung« vorgeschlagen, bei der Beurteilung von technologischen Risiken der Unheilsprognose jeweils den Vorrang vor irgendwelchen Heilserwartungen zu geben. Folglich müssten wir auf alle Techniken verzichten, deren Fernwirkungen wir nicht kennen und die auch mit nur geringer Wahrscheinlichkeit die Menschheit gefährden könnten.

Jonas hat selbst gesehen, dass dieser Grundsatz in Gesellschaften, die auf permanente Innovation setzen, deren Forscher auf das Prinzip Versuch und Irrtum angewiesen sind, praktisch kaum einzulösen ist. Finden und Erfinden leben ja gerade vom Wagnis, von der Bereitschaft, eingetretene Pfade zu verlassen. Auch in unserem Alltag ist jeder Einzelne bereit, permanent Risiken einzugehen, manchmal sogar das eigene Leben aufs Spiel zu setzen. Wer sich in ein Auto setzt, weiß und nimmt jedenfalls in Kauf, dass die Wahrscheinlichkeit eines Unfalls nicht gleich null ist.

Der Unterschied im Falle der Atomenergie besteht darin, dass Nutznießer und potenziell Geschädigte eines bewusst eingegangenen Wagnisses nicht mehr identisch sind. Wir verschaffen uns in der Gegenwart Vorteile auf Kosten zukünftiger Menschen, die überhaupt nicht gefragt worden sind, ob sie diese Risiken einzugehen bereit sind. Unsere Entscheidungsfreiheit heute bedeutet Unfreiheit morgen, weil wir kommende Generationen durch unseren technologischen Pfad schon in ihrem Handeln festgelegt haben.

Hans Jonas wünscht, dass wir eine »Heuristik der Furcht« entwickeln, also die Furcht als Quelle möglicher Erkenntnis nutzen. Sie soll uns antreiben, misstrauisch in die Zukunft zu blicken. Die Furcht soll erzwingen, was die Vernunft bislang nicht erreicht hat, nämlich den Menschen zu mäßigen. Er nennt das Ziel seiner Ethik ein »Vermeidungsziel«. Vermeiden, dass ein großes Unglück geschieht, und zu diesem Zweck auf größere, utopische Ziele verzichten: die Glückseligkeit, das goldene Zeitalter, den idealen Menschen in einer idealen Gesellschaft. Und so lautet die berühmte Neuformulierung des kategorischen Imperativs von Hans Jonas: »Handle so, dass die Wirkungen deiner Handlung verträglich sind mit der Permanenz echten menschlichen Lebens auf Erden.« Es ist ein Imperativ, der ethisches Neuland betritt, für das uns bislang jede Landkarte fehlt. Platon kannte noch kein Plutonium. In der Antike hätte man gar nicht verstanden, dass Handeln in der Gegenwart viel später verheerende Wirkung entfalten kann. Plutonium hat eine Halbwertszeit von 24 000 Jahren.

Der Imperativ von Hans Jonas soll die Beschränkung der traditionellen Ethik auf das Miteinander in der Gegenwart, auf den zeitlichen Nahbereich überwinden, hin zu einer Fernethik, die Zukunftsverantwortung zu übernehmen bereit ist. Wohlgemerkt spricht Jonas von »echtem menschlichem Leben«, nicht bloß von Überleben, von der Sicherung der physischen Existenz. Was für ihn im Zeitalter der Kernschmelze mit auf dem Spiel steht, ist nicht weniger als die »Idee der Menschheit«, die Überzeugung, dass ein Wesensmerkmal des Menschen seine Freiheit sei, über gut und schlecht befinden und verantwortlich handeln zu können. Wer diese Freiheit besitze, sei auch zur Übernahme von Pflichten fähig, die nicht nur gegenüber Menschen gelten, sondern auch gegenüber allem nicht menschlichen Sein.

Mit dieser Erweiterung des Pflichtenbegriffs vom Bereich des Zwischenmenschlichen hin zu Pflichten gegenüber der Natur hat Jonas die ethischen Diskussionen im Anschluss an »Prinzip Verantwortung« entscheidend geprägt. Seitdem erst ist der Weg frei gewesen zur Herausarbeitung von zahlreichen angewandten Ethiken, wie wir sie heute im Bereich von Umwelt- und Naturschutz haben.

Jonas geht sogar so weit, von einer »unbedingten Pflicht der Menschheit zum Dasein« zu sprechen. Spätestens an dieser Stelle offenbart sich der religiöse Charakter seines philosophischen Unternehmens, auch wenn Jonas eigentlich vorhatte, eine Ethik ohne Rückgriff auf Glaubensüberzeugungen zu begründen. Der Philosoph Hans Blumenberg hat daraufhin kritisch zurückgefragt, warum der Mensch denn nicht so leichtsinnig sein dürfe, seine eigene Existenz und die des Planeten zu verspielen. »Müsste der Mensch nicht seinem Urheber mit Gelassenheit, vielleicht sogar mit Schadenfreude die Verantwortung dafür zurückgeben, dass er mit ihm experimentieren wollte?«

Das sind philosophisch-theologische Sprachspiele. Aber einen inneren Zusammenhang zwischen Religion und dem Anliegen, die Natur zu schützen, gibt es gewiss. Der Philosoph und Theologe Ludger Honnefelder hat darauf hingewiesen, dass die Metapher von der »Bewahrung der Schöpfung« Überzeugungskraft auch bei denen besitzt, die diesen Schöpfungsglauben gar nicht teilen. »Man muss nicht an einen Schöpfer glauben, um sich als Mitgeschöpf zu empfinden. Offensichtlich greift die säkulare Gesellschaft auf diese Metapher zurück, um eine Wertüberzeugung zum Ausdruck zu bringen, die sie für überaus wichtig hält, die allen einleuchtet, für die ihr aber die rechten Begründungen fehlen.« Ob gläubig oder nicht – die wenigsten könnten wohl tatsächlich mit der Auffassung im Frieden leben, dass dieser Planet auch ohne Menschen gut auskomme, dass es nicht lohne, an der erwähnten Idee der Menschheit festzuhalten.

Die Hybris des Menschen im atomaren Zeitalter, das hat der Philosoph und Atomkraft-Gegner der ersten Stunde Robert Spaemann schon lange vor Fukushima kritisiert, besteht allerdings eher darin, dass wir so leben, als ob unsere Zivilisation, unser sehr spezieller Lebensstil, ewig existieren würde. Uns fehlt die Fantasie für die Vorstellung, dass eine künftige Zivilisation vor den hochgefährlichen Hinterlassenschaften aus dem Atomzeitalter genauso ratlos stehen könnte wie wir vor den gewaltigen Steinen in Stonehenge. Ohne jede Ahnung, wie die seinerzeit aufeinandergetürmt werden konnten, und vor allem, warum das geschah, weil der Faden der Überlieferung zwischen den Zivilisationen abgerissen war.»Vermutlich wird es schon in 10000 Jahren keine Menschen mehr geben«, schreibt Spaemann,»jedenfalls aber keine wissenschaftlich-technische Zivilisation mehr, in der überhaupt noch bekannt ist, worum es sich bei diesen Gefahrenquellen handelt.« Für unsere Nachfahren aus einer kommenden Zivilisation wäre dann der Müll im Endlager inklusive aller Warnhinweise ein Buch mit sieben Siegeln.

Nach Fukushima haben Befürworter der Kernenergie mit Wahrscheinlichkeitsrechnungen argumentiert. So etwas könne in Deutschland nicht passieren, weil wir ja keine Tsunamis haben. Spaemann weist das Wahrscheinlichkeitskalkül entschieden zurück, er nennt es eine Wette. Sein Beispiel: Der Vater, der bereit ist, das Leben seines Kindes zu verwetten, handelt auch dann unverantwortlich, wenn seine Gewinnchancen 99 zu 1 stehen. Sein eigenes Leben mag man verwetten dürfen, aber niemals das Leben eines anderen.

Auch wenn die glasklare Diagnose peinlich ist: Unser Wohlstand für ein paar Jahrzehnte ist erkauft mit dem Jahrtausende wirksamen Zwang für kommende Generationen, ihr Gesellschaftssystem danach auszurichten, welche Gefahrenquellen wir hinterlassen haben. Inzwischen wächst bei vielen ein Bewusstsein dafür, dass die Umwelt- und die Finanzkrise eine gemeinsame geistige Wurzel haben, nämlich die Hybris, man könne ohne schädliche Folgen ein Leben auf Pump führen.

Robert Spaemann, der es heute eine kümmerliche Befriedigung

nennt, recht behalten zu haben, hat schon 1979 in seinem Aufsatz »Technische Eingriffe in die Natur als Problem der politischen Ethik« die natürlichen Ressourcen auf der Erde als eine Form von Vermögen bezeichnet, das man zusammenhalten muss. »Angesichts der Endlichkeit der Welt müssen deshalb diese Lebensmöglichkeiten wie ein Kapital betrachtet werden, von dessen Zinsen wir leben, das wir jedoch selbst nicht angreifen dürfen, ohne eine Pflicht gegen unsere Nachkommen zu verletzen, da ja das Grundkapital prinzipiell nicht wieder aufgefüllt werden kann.«

Spaemann hat von vornherein gesehen, dass diese Argumentation noch rein anthropozentrisch ist und auf Dauer nicht reichen wird. Sie betrachtet Natur funktional als Kapital für den Menschen. Sie bewegt sich noch in der Logik der sokratischen Spaltung, die Michael Hampe dreißig Jahre später kritisiert hat. Durch Umweltzerstörung schadet der Mensch sich selbst, also sollte er die Natur aus wohlverstandenem Eigeninteresse lieber pfleglich behandeln. Auf lange Sicht aber, meinte Spaemann schon damals, werde dieser anthropozentrische Blick auf die Welt den Menschen selbst zerstören. Seine Würde sichere der Mensch erst dann, wenn er diese Perspektive überschreite und »den Reichtum des Lebendigen als einen Wert an sich« zu respektieren lerne. Wir sehen, wie unterschiedlich menschliche Würde aufgefasst werden kann: Was den einen ein stolzes, autonomes Ich ist, das seine individuellen Freiheitsrechte nach vorne rückt, ist den anderen das glatte Gegenteil. Ein Wesen, das seine besondere Würde gerade dadurch beweist, dass es von eigenen Interessen auch absehen kann.

Was schützt der Naturschützer?

Von Charles Darwin haben wir gelernt, dass das Aussterben von Arten zum Prozess der Evolution gehört. In der Natur herrscht keine Harmonie. Dem Wunsch nach stabilen Ökosystemen im harmonischen Gleichgewicht liegen häufig unausgesprochene Paradiesvorstellungen zugrunde. Wir neigen heute dazu, nur noch die »gute« Natur sehen zu wollen, die Idylle, nicht mehr die Logik des Fressens und Gefressenwerdens. Ohne Sterben des Alten hat das Neue aber keine Chance. Wer sich nicht an veränderte Bedingungen anzupassen vermag, geht zugrunde. So der Lauf der Dinge in darwinistischer

Sicht, jedenfalls, bevor der Mensch seine technologisch begründete Herrschaft begann. Warum rührt uns dann das Schicksal des Eisbären, dem der Lebensraum wegzuschmilzen droht? Wie ist Hans Blumenbergs Bemerkung zu verstehen, dass eine Welt ohne Löwen trostlos wäre? Nüchtern betrachtet würde sich durch das Verschwinden von Eisbär und Löwe fast nichts verändern, schon gar nicht für den Menschen. Unsere Gattung ist, um überleben zu können, auf zahlreiche Dienstleistungen angewiesen, die die Natur bietet. Dass etwa das Artensterben wild lebender Insekten ein Problem ist, weiß jeder Gärtner. Eisbär und Löwe liefern aber dem Menschen keine einzige lebensnotwendige Dienstleistung.

Ethische Begründungen von Naturschutz versuchen, eine Antwort auf die Frage zu geben, welche Lebewesen außer den Menschen als Selbstzweck zu betrachten sind und nicht bloß als Mittel für andere Zwecke. Das hieße, dass es nicht nur Pflichten zwischen Menschen geben würde, sondern auch gegenüber Tieren, Pflanzen und Landschaften.

Der Philosoph und Biologe Martin Gorke von der Universität Greifswald, der viele Jahre als Naturschützer auf einer Vogelwarte gearbeitet hat, unterscheidet vier verschiedene Grundtypen der Umweltethik: Die geringste Reichweite besitzt die bereits problematisierte anthropozentrische Ethik. Sie rückt den Menschen mit seinen Interessen in den Mittelpunkt, sie bewertet Eingriffe in die Natur danach, ob Menschen dadurch beeinträchtigt werden oder nicht, weil für sie nur der Mensch als moralisches Wesen einen Eigenwert besitzt. Wir erinnern uns an Kants Aussage, dass Tierquälerei nicht etwa zu verurteilen sei, weil Tiere leiden, sondern weil Menschen abstumpfen. Dies ist das klassische Modell für eine anthropozentrische Argumentation. In vielen umweltpolitischen Konfliktfällen unserer Zeit wird so argumentiert. Der nächtliche Fluglärm im Menschenohr ist dann ein Grund, die neue Landebahn abzulehnen, die Zerstörung des Lebensraums für eine seltene Krötenart jedoch nicht. »Nach der bloßen Vernunft zu urteilen«, schrieb Kant, »hat der Mensch sonst keine Pflicht als bloß gegen den Menschen, sich selbst oder einen anderen«. Dem Königsberger kann man natürlich nicht vorhalten, dass er die ökologische Krise nicht vorhergesehen hat. Aber ob er seinen Standpunkt auch unter heutigen Bedingungen aufrechterhalten hätte, ist doch sehr zweifelhaft.

Die zweite Fraktion in der Umweltethik, die derzeit in der Philosophie wohl die meisten Anhänger hat, argumentiert in der Tradition von Arthur Schopenhauers Mitleidsethik: Wer leidensfähig ist, wer bewusst etwas erleben kann, besitzt einen moralischen Status. Wir haben im Kapitel über Tiere gesehen, wie umstritten eine solche Grenzziehung philosophisch ist. Immer ist es der Mensch, der aus der Perspektive der dritten Person ein Urteil darüber fällen muss, ob ein Tier leidet oder nicht. In der Konsequenz läuft dieser sogenannte pathozentrische Ansatz darauf hinaus, höheren Tieren einen Status als Person einzuräumen, niederen Tieren aber nicht. Das ist eine gute Nachricht für Eisbär und Löwe, aber eine schlechte für Käfer, Würmer und Pflanzen. Nur etwa drei Prozent aller Arten kämen damit in den Genuss, moralisch ähnlich privilegiert zu sein wie der Mensch.

Die biozentrische Umweltethik will von einer solchen Empfindungsgrenze nichts wissen. Sie verwirft das Kriterium der Leidensfähigkeit und räumt allen Lebewesen einen Eigenwert ein. Auch wenn Pflanzen nicht denken können: Sie besitzen einen unbewussten Lebensdrang, und das allein genügt, um sie für schützenswert zu halten.

Die holistische Umweltethik schließlich radikalisiert diesen Standpunkt noch einmal. Sie hält Natur als Ganzes für einen Eigenwert, auch Steine etwa gehören dazu. Folglich endet menschliche Verantwortung nicht beim Schutz von Lebewesen, sondern erstreckt sich ebenso auf unbelebte Materie, auf Ökosysteme und den ganzen Planeten Erde. Was auf den ersten Blick wie eine absonderliche, ökoradikale Position aussieht, verdient eine nähere Betrachtung.»Alles existiert um seiner selbst willen und ist damit potenziell moralisches Objekt«, schreibt Gorke, der für diese holistische Sicht auf Natur wirbt, um ein anthropozentrisches Weltbild zu überwinden, das Natur immer bloß funktional betrachtet hat, als Reservoir für die Interessen des Menschen.

Was die holistische Ethik von den anderen Konzeptionen unterscheidet, ist vor allem dies: Sie fordert nicht bloß Respekt vor den Interessen von Individuen, sondern auch den Schutz von »Ganzheiten«. Gorke erklärt dies am Beispiel eines Vorfalls auf der kalifornischen Insel Santa Barbara. Dort drohte eine Plage von eingeschleppten Kaninchen, ein Gewächs komplett zu vernichten, das nur auf dieser Insel heimisch ist. Die Nationalparkverwaltung scheiterte zunächst bei dem Versuch, die Kaninchen einzufangen, und entschloss sich dann dazu, sie zu töten. Pathozentrisch oder biozentrisch denkende Ethiker hätten sich vermutlich darüber empört, dass man Wirbeltiere tötet, bloß um eine Pflanzenart vor dem Aussterben zu bewahren. Im Rahmen einer holistischen Ethik ist es aber möglich, wenn auch nicht zwingend, dem Schutz eines Ökosystems einen Vorrang gegenüber dem Wohl von Individuen einzuräumen.

Das Beispiel zeigt, dass vielen Maßnahmen im Naturschutz von heute Werturteile zugrunde liegen, die selten öffentlich reflektiert werden. Aufgabe der Umweltethik wäre es folglich, die Frage zu beantworten, welche Natur das genau ist, die wir schützen wollen. Nun steht eine solch weit ausgreifende Ethik wie die holistische gewiss unter dem Verdacht, besonders rigoristisch und weltfremd zu sein. Die Pflicht, Tieren und Pflanzen nicht zu schaden, kollidiert allzu offensichtlich mit dem legitimen menschlichen Streben, die eigene Existenz zu sichern.

Holistiker wissen und bedenken das. Sie wären schnell am Ende, wenn sie das edle Selbstopfer aus moralischer Zerknirschung verlangen würden. Das wollen sie ausdrücklich nicht. Es geht nicht um die Rettung des Salatkopfs im eigenen Garten, sondern darum, ein Bewusstsein dafür zu entwickeln, dass wir es in unserem Alltag ständig mit Zielkonflikten zu tun haben. Wenn wir den folgenden Grundsatz verinnerlichen würden, wäre das das Ende vieler Gedankenlosigkeiten im Umgang mit der Natur: Meine Interessen kollidieren mit den Interessen von nichtmenschlichem Leben, folglich ist jeder Eingriff in die Natur prinzipiell begründungspflichtig. Unser Verhältnis zu ihr dürfte niemals leichtsinnig, müsste stets skrupulös oder »ehrfürchtig« sein, um noch einmal die Wortwahl von Albert Schweitzer ins Spiel zu bringen.

Mit Tieren halbe-halbe machen

Die spannende Frage ist, nach welchem Regelwerk diese permanenten Konflikte zwischen Mensch und Natur gelöst werden können. Der biozentrisch argumentierende Ethiker Paul Taylor hat versucht, sogenannte Vorrangprinzipien für eine faire Lösung aufzustellen. Das erste dürfte das unstrittigste sein: das Prinzip der Selbstverteidigung. So wie im zwischenmenschlichen Bereich die Notwehr in lebensbedrohlicher Situation erlaubt ist, darf ich mich auch gegen Kampfhunde oder Aidsviren verteidigen.

Die zweite Vorrangregel, das Prinzip der Verhältnismäßigkeit, ist schon schwieriger auszulegen. Hier geht es um den Vergleich, was für beide Seiten auf dem Spiel steht, wenn aus menschlichem Interesse die Belange nicht menschlicher Wesen verletzt werden. Der Sportangler, der den Fisch am Haken gar nicht essen will, sondern ihn verletzt ins Wasser zurückwirft, wird zweifellos unverhältnismäßig handeln. Aber wer darf wann für sich ein existenzielles Recht reklamieren, das den Eingriff zulasten eines anderen Lebewesens erlaubt? Taylor hält all das für gerechtfertigt,»was rationale und von den Tatsachen aufgeklärte Individuen als wesentlichen Teil ihrer Existenz als Personen wertschätzen«.

Es ist also laut Taylor jeder Einzelne, der entscheiden muss, was für ihn wesentlich ist. Da wir höchst unterschiedliche Lebensstile pflegen, werden dabei entsprechend subjektive Werturteile herauskommen. Immerhin wäre es nach dieser Definition erlaubt, kulturelle Unterschiede zwischen uns und beispielsweise Ureinwohnern aus dem Amazonas zu berücksichtigen. Es wird hier nicht die ganze Menschheit auf einen verbindlichen, möglicherweise äußerst kargen Lebenswandel verpflichtet.

Hier kommt das dritte Prinzip ins Spiel, das der Tatsache Rechnung tragen soll, dass sich unser Leben wahrlich nicht permanent nur um die Befriedigung existenzieller Interessen dreht. Denn all das, was für uns zumindest auch ein gutes Leben ausmacht (der Latte macchiato, das Handy, die gut geheizte Sauna), lässt sich schwerlich über das Prinzip der Verhältnismäßigkeit rechtfertigen. Hier soll stattdessen das Prinzip des kleinsten moralischen Übels greifen. Leichtsinniges Verhalten bleibt weiterhin verboten. Wer aber aus einer grundsätzlichen Haltung der Ehrfurcht vor der Natur trotzdem zu dem Ergebnis kommt, dass er auf ein bestimmtes Bedürfnis nicht verzichten kann, soll dieses Interesse auf eine Art verfolgen, die den Schaden möglichst klein hält.

Dies ist wohlgemerkt kein Siegel für ethische Unbedenklichkeit. Auch ein kleines moralisches Übel bleibt ein Übel. Die Entlastung ist lediglich relativ. Wir erinnern uns an Schweitzers Auffassung, dass Menschen als bedürftige Wesen sich unweigerlich schuldig machen. Das Prinzip des kleinsten moralischen Übels soll helfen, den Schaden zu minimieren, den menschliche Kultur nicht menschlicher Natur zwangsläufig zufügt.

Richtig ungemütlich wird es, wenn man als Viertes das Prinzip der Verteilungsgerechtigkeit ernst zu nehmen versucht. Es läuft darauf hinaus, die Nutzung von Lebensräumen und Ressourcen am einen Ort durch Verzicht darauf am anderen Ort zu kompensieren. Aber was könnte ein Maßstab sein für Gerechtigkeit zwischen den Arten? Dass der Mensch sich die Erde fast vollends untertan gemacht hat, drückt sich folgendermaßen in Zahlen aus: 85 Prozent der globalen Landfläche wird vom Menschen dominiert, in Deutschland sind es sogar 97 Prozent. Vor dem Hintergrund von Bevölkerungswachstum und ständig steigendem Naturverbrauch klingt der Vorschlag des Biologen Edward Wilson geradezu utopisch: »Die Hälfte der Erde für die Menschheit, die andere Hälfte für die übrigen Lebensformen.«

Wer diesen Grundsatz für umsetzbar hält, sollte die in Deutschland verbissen geführten regionalen Debatten um die Ausweisung von Nationalparks verfolgen. Da wird um jeden Hektar Wald gerungen, der sich selbst überlassen bleiben soll. Wenn wir Menschen uns zurückziehen würden, so das beliebte Argument der Wildnis-Gegner, dann überließen wir das Feld dem Borkenkäfer, der alles kahl fressen würde. Realistischer scheint also die friedliche Koexistenz, ein faires Miteinander-Teilen auf gleicher Fläche zu sein.

Es ist offenkundig, dass das Ideal einer biosphärischen Gerechtigkeit an unserem Alltag in den entwickelten Ländern zerschellt. Im Zweifelsfall denken wir eben doch anthropozentrisch, rücken unsere eigenen Interessen in den Mittelpunkt. Was die nicht anthropozentrischen Ethiken vorschlagen, ist daher eher der Versuch, den Blickwinkel zu ändern. Der Gärtner ist aufgefordert, mindestens für einen Moment die Perspektive des Reihers einzunehmen, der sich über die Fische im Gartenteich hermacht – statt ihn einfach abzuknallen.

Fraglich ist aber, ob wir unseren anthropozentrischen Standpunkt überhaupt verlassen können. Wir erinnern uns an Thomas Nagels Frage, wie es sich anfühlt, eine Fledermaus zu sein. Nagels Antwort lautete ja, dass wir das niemals wissen werden. Selbst wenn alle physikalischen Tatsachen darüber bekannt wären, wie man statt mit den Augen mit den Ohren navigiert, wenn das Gehirn der Fledermaus in allen Details erforscht wäre, dann bliebe uns die Perspektive des inneren Erlebens des Tiers doch weiterhin verschlossen. Thomas Nagel wollte mit seiner Fledermausgeschichte eine Erkenntnisschranke für die Naturwissenschaften aufzeigen. Hat dieses erkenntnistheoretische Problem auch ethische Konsequenzen?

Schließlich fordern ja die Kritiker einer anthropozentrischen Ethik, sich so gut es geht in nicht menschliche Wesen hineinzuversetzen. Was dies betrifft, haben wir uns in einer merkwürdigen Spaltung eingerichtet. Beim guten Reiter nehmen wir an, dass er die Gabe besitzt, sich in sein Pferd hineinzudenken. Er betrachtet es als Persönlichkeit mit eigenem Charakter. Dieses eine Pferd ist für ihn unverwechselbar und unterscheidet sich von anderen Charakteren. Das Gleiche gilt für den Hundebesitzer, der trauert, wenn sein geliebtes Tier stirbt, und es abwegig fände, am gleichen Tag ein neues anzuschaffen. Das tierische Gegenüber wird im Alltag wie selbstverständlich als Subjekt mit einer Lebensgeschichte angesehen.

Aber diese alltägliche Wahrnehmung hat bislang keine Entsprechung in den Naturwissenschaften gefunden. Wissenschaftler weisen diese Erfahrung als rein persönlich und nicht objektivierbar zurück. Aus diesem Grund hat der norwegische Philosoph Arne Næss versucht, alltägliche Naturerfahrungen gegenüber den Vorstellungen einer präparierten und messbaren Natur im Labor aufzuwerten. Sein Projekt einer »Tiefenökologie« ist ein Plädoyer dafür, gegenüber anderen Lebensformen ein Verständnis von innen zu entwickeln und die Perspektive der dritten Person zu verlassen. Nichts anderes erhoffen wir uns ja von erfolgreicher Erziehung. Wenn es Streit gibt, erwarten wir von Kindern, sich in ihr Gegenüber hineinzuversetzen. Kleinen Kindern gelingt das noch nicht, größeren immer besser.

Næss betrachtet anthropozentrische Haltungen als kollektive Unreife, die mithilfe einer neuen Theorie der Wahrnehmung schrittweise überwunden werden soll. Diesen zivilisatorischen Prozess der Reifung sieht Næss gar als Weg zur Selbstverwirklichung des Menschen. Wenn ich imstande bin, so die Idee, in einem nicht menschlichen Wesen etwas zu erkennen, was ich auch selbst bin, dann erst verstehe ich, wer ich eigentlich bin, dann erst vermag ich es, von dem Gedanken abzurücken, meine Lebensform sei wertvoller als die anderer.

Michael Hampe teilt, wie wir gesehen haben, mit Arne Næss die Diagnose, dass sich Blindheiten in unserer Wahrnehmung von Natur eingestellt haben. Und langsam macht sich ja tatsächlich ein Unbehagen breit, dass wir mit unserem Lebensstil in eine Sackgasse geraten sein könnten. Wobei gleich hinzugefügt werden muss, dass es dieses kollektive »Wir« im Sinne der ganzen Menschheit natürlich nicht gibt. Zu kritisieren ist vielmehr der Lebensstil einer exklusiven Minderheit (der wir nun mal angehören), die in ihrem Naturverbrauch maßlos ist.

Was Hampe von Næss trennt, ist die Frage, ob mit philosophischen Konzepten zivilisatorische Prozesse steuerbar sind. Hier ist Hampe skeptisch. Die richtige Theorie scheitere im Zweifelsfall an Gewohnheiten, Lebensstilen und Weltanschauungen, die sich hartnäckig halten, auch wenn ihr destruktiver Charakter längst offenbar geworden ist. Lebensformen seien keine Vereine, aus denen man einfach austreten kann, meint Hampe. »Wo sollten die, denen es dämmert, hingehen, wenn sie mit ihrer Lebensform nicht mehr übereinstimmen? Es gibt ja keinen Raum außerhalb von ihr, sondern höchstens eine Zeit nach ihr. Doch in dieser Zeit leben wir so lange noch nicht, wie wir uns unbehaglich, entfremdet in der Art und Weise, wie wir leben, fühlen.«

Klimaethik

Seit über 2000 Jahren liegen Philosophen miteinander im Clinch, nach welchen Prinzipien ethische Regeln entwickelt werden sollten. Tugendethiker, Kantianer, Utilitaristen und einige andere Denkschulen streiten mit großer Routine um den rechten Weg. Ausgerechnet der Klimawandel ist geeignet, aus den konkurrierenden Lagern eine Koalition der Willigen zu schmieden. Egal, wie die Begründungen im Einzelnen jeweils ausfallen, stimmen derzeit alle relevanten ethischen Theorien darin überein, dass es die Aufgabe der Weltbevölkerung sein muss, die Kohlendioxid-Emissionen zu stabilisieren, um eine globale Temperaturerhöhung um mehr als zwei Grad Celsius zu verhindern. Die Position der sogenannten Klimaskeptiker hat keinerlei Rückhalt unter Ethikern.

Jahr um Jahr produziert die Weltbevölkerung neue Rekordemissionen, alle paar Jahre scheitert stets aufs Neue ein UN-Klimagipfel daran, für alle verbindliche Reduktionsziele festzulegen. Wir sind längst im roten Bereich, auch wenn Klimaskeptiker weiterhin gegen den Sachverstand einer überwältigenden Mehrheit der Forscher entweder bezweifeln, dass der Klimawandel von Menschen gemacht ist, oder aber, dass er gefährlich werden wird, was er längst ist. Die kommenden Katastrophen, die bei fortgesetzter Tatenlosigkeit drohen, sind hinlänglich beschrieben worden. Sie lassen sich allenfalls verdrängen, aber nicht mehr ernsthaft leugnen: zunehmend extreme Wetterereignisse wie Dürre, Überschwemmungen und Stürme, der Anstieg des Meeresspiegels, ein beschleunigtes Artensterben, Wasserknappheit und Ernteausfälle.

Als besonders bedrohlich wird das Risiko beschrieben, dass zu einem bestimmten Zeitpunkt sogenannte Kipp-Punkte erreicht werden könnten, die aus einem allmählichen einen plötzlichen Wandel machen und das System Erde grundlegend verändern. Die Worst-Case-Szenarien der Klimaforscher haben apokalyptische Dimensionen, wenngleich wir hoffen dürfen, dass sie nicht eintreten. So schreibt etwa der US-Klimaforscher James Hansen: »Die erschreckende Schlussfolgerung ist, dass eine fortdauernde Ausbeutung aller fossilen Brennstoffe der Erde nicht nur die anderen Millionen von Spezies auf dem Planeten bedroht, sondern auch die Menschheit selbst.«

Was wäre angesichts solcher Szenarien die Aufgabe der Philosophie? Wollten wir dem Prinzip Verantwortung von Hans Jonas folgen, müssten wir unserem Handeln ja stets die Möglichkeit zugrunde legen, dass dieser schlimmstmögliche Fall tatsächlich eintreten könnte. Der Grazer Philosoph Lukas Meyer hat sich mit der Frage beschäftigt, wie die Prognose-Unsicherheit angesichts der großen Bandbreite möglicher Schäden ethisch beurteilt werden kann. Seine Prämisse lautet, dass Menschen risikoscheu sind und Unsicherheit nicht mögen. Deshalb schlägt er vor, Klimaschutz als eine Art Versicherung gegen das Eintreffen der schlimmsten Szenarien zu begreifen. So wie wir eine Haftpflichtversicherung nicht für Bagatellen, sondern für den äußerst unwahrscheinlichen Fall abschließen, einen verheerenden Unfall mit einem Tanklaster zu verursachen, sollte in der Klimafrage das Augenmerk nicht darauf gelegt werden, durchschnittliche Schäden zu verringern, sondern »die kleine Möglichkeit eines höher als erwarteten Schadens und die sehr kleine Möglichkeit eines katastrophalen Schadens auszuschließen«.

Praktisch würde dies bedeuten, Entwicklungsländer, in denen weit höhere Klimaschäden als bei uns zu erwarten sind, bei Hilfeleistungen zu privilegieren. Hier wird bereits deutlich, warum die junge Disziplin der Klimaethik philosophisch so reizvoll ist: Sie ist nicht bloß eine unter vielen angewandten Ethiken, sondern sie berührt gleich mehrere Zukunftsfragen der Menschheit. Der Klimawandel selbst ist ein Querschnittsfeld, auf dem es zugleich um Armutsbekämpfung, Verteilung von Leistungen und die Nutzung natürlicher Ressourcen geht. Hier werden zentrale Fragen globaler Gerechtigkeit ausgetragen. Denn das Klimaproblem zwingt uns, das eigene Handeln in Verbindung zu bringen mit Schäden, die ganz woanders entstehen, weil es ja irrelevant ist für das Ausmaß dieser Schäden, auf welchem Flecken auf dem Globus die ursächlichen Emissionen angefallen sind. Das Problem ist von Menschen gemacht, aber in seiner Wirkung global.

Folglich enthält es eine bislang nicht gekannte moralische Herausforderung. Besonders verzwickt ist die Frage, welche Pflichten wir gegenwärtig Lebenden gegenüber zukünftig Lebenden haben. Ein Problem, das ja bereits bei den Hinterlassenschaften des Atomzeitalters aufgetaucht ist. Die Frage ist deshalb nicht so leicht zu beantworten, wie man vielleicht denken könnte, weil es auch um Nichtzeitgenossen geht. Üblicherweise funktioniert wechselseitige Verantwortung füreinander über drei Generationen hinweg: Großeltern kümmern sich noch um ihre Enkel, danach lösen sich moralische Bindungen, jedenfalls im Nahbereich, auf, schlicht schon deshalb, weil es keine oder kaum miteinander geteilte Lebenszeit gibt. Urenkel oder noch später Geborene können uns nicht für heutiges Fehlverhalten zur Verantwortung ziehen. Unter Nichtzeitgenossen gibt es keine moralische Interaktion, folglich herrscht zwischen uns und der Generation 2100 ein asymmetrisches Machtverhältnis: Sie werden damit zu leben haben, wie wir heute gelebt haben werden, denn unsere Emissionen entfalten eine Wirkung über mehrere Hundert Jahre. Dies ist ein weiteres Mal der bereits erwähnte Schritt hinein in ethisches Niemandsland. Denn Verantwortung für unser Handeln über solch lange Zeiträume hinweg zu übernehmen, übersteigt vermutlich unser Vorstellungsvermögen. Klimaethiker müssen aufpassen, dass sie nicht an einer Moral für Erzengel basteln.

Gerechtigkeitstheoretiker bewegt die Frage, in welchem Ausmaß es uns erlaubt ist, die Umweltbedingungen der Zukunft zu beeinflussen, was wir zukünftigen Generationen aus Gerechtigkeitsgründen schulden. Ökonomisch gesprochen: wie die Kosten des Klimaschutzes unter uns heute Lebenden verteilt werden sollen. Betrachten wir einige der konkurrierenden Gerechtigkeitsprinzipien etwas näher. Das Gleichheitsprinzip, in Deutschland zum Beispiel von dem Berliner Philosophen Stefan Gosepath vertreten, beruht auf der Grundidee, dass dann Gerechtigkeit zwischen gegenwärtigen und künftigen Generationen herrscht, wenn morgen und übermorgen genauso gut gelebt werden kann wie heute. Wer heute einen größeren Wohlstand für sich beansprucht, als er von Nachgeborenen realisiert werden kann, handelt folglich ungerecht.

Nach diesem Prinzip könnte man versuchen, Verschmutzungsrechte zu verteilen, wobei die praktische Umsetzung schwierig werden dürfte. Sollen künftige Generationen einen Anspruch auf den Wohlstand haben, wie er heute von uns in den reichen Ländern gelebt wird, oder reicht der deutlich niedrigere globale Pro-Kopf-Wohlstand von heute?

Das Gleichheitsprinzip stützt auch die Vorstellung von der Natur als Kapital, von dessen Zinsen wir zwar leben dürfen, dessen Substanz aber nicht angerührt werden darf, sondern treuhänderisch der nächsten Generation überlassen werden soll. Wir nennen dies heute Nachhaltigkeit. Egalitaristen, die die Gleichheit für einen Wert an sich halten, wenden ihr Prinzip natürlich nicht nur beim Klimaschutz an, sondern bei allen Fragen der gerechten Verteilung knapper Güter. Wenn eine Mutter ihren drei Kindern eine Torte anschneidet, dann wird sie darauf achten, dass die Stücke gleich groß sind, es sei denn, es sprechen gravierende Gründe gegen das Gleichheitsprinzip. Die Ungleichbehandlung muss explizit begründet werden, die Gleichbehandlung nicht.

So kann es sein, dass ein Kind besonders hungrig ist, ein anderes eine Belohnung für besonderen Fleiß verdient und das dritte Kind gestern bereits das Versprechen auf ein extragroßes Stück bekommen hat. Fallen uns triftige Gründe dafür ein, warum wir heute besser leben sollen als unsere Ururenkel im Jahr 2100? Es dürfte schwer sein, mit stärkeren Bedürfnissen, höheren Leistungen oder erworbenen Ansprüchen zu argumentieren wie im Falle der Torte. Wichtig ist jedenfalls, dass Egalitaristen die Gleichverteilung als natürliche Ausgangsverteilung betrachten. Wer davon abweichen möchte, trägt die Beweislast, warum dies nötig und gerecht sein soll.

Aber noch einmal: Das Gleichheitsprinzip mag theoretisch einleuchtend sein, die Übertragung in die Praxis ist schwierig. Wir wissen zwar, dass Kohle, Öl und Gas endliche Güter sind. Wir wissen aber nicht, wann diese Naturgüter aufhören werden, über unseren Lebensstandard zu entscheiden, weil wir durch technische Neuerungen möglicherweise Ersatz geschaffen haben und auf andere Art unseren Wohlstand sichern werden. Wie viele Generationen müssten dann diese knappen Güter miteinander teilen? Auf welchen Bruchteil davon haben wir heute einen gerechtfertigten Anspruch?

Gut möglich, dass es schon deshalb zu ehrgeizig gedacht ist, mit dem Gleichheitsprinzip auf die Frage der Verantwortung für künftige Generationen antworten zu wollen, weil wir doch heute schon von egalitären Verhältnissen extrem entfernt sind. In den reichen Ländern kreisen Gedanken darum, ob der Zweitwagen und die jährliche Flugreise in Ordnung sind, während gleichzeitig 1,5 Milliarden Menschen keinen Zugang zu Elektrizität haben. Ihnen einen Konsumverzicht zugunsten kommender Generationen abzuverlangen, wäre absurd. Das Existenzminimum darf auch der gegenwärtigen Generation nicht genommen werden. Manche Ethiker unterscheiden daher zwischen unvermeidlichen Emissionen, die bei der Sicherung unserer Existenz anfallen, und Luxusemissionen, die vermeidbar sind.

Vermutlich ist es nicht sinnvoll, das gegenwärtige Konsumniveau zum Maßstab des Wohlbefindens auch morgen zu machen. Wir kennen nicht die Wünsche und Lebensziele kommender Generationen, wissen nicht, ob sie ihr Wohlergehen in gleich starkem Maße wie wir von materiellem Standard und Messgrößen wie dem Bruttosozialprodukt abhängig machen werden. Auch in dieser Hinsicht ist ja unsere Lebensform historisch bedingt und zugleich vergänglich. Will man also bestimmen, welche Rechte zukünftig lebende Nichtzeitgenossen, die wir nicht nach ihren Wünschen und Lebenszielen befragen können, gegen uns haben, dann bietet es sich an, die Ebene des Vergleichs zwischen heute und morgen zu verlassen und stattdessen absolute Rechte zu definieren, die keinesfalls verletzt werden dürfen.

Die Verfechter des sogenannten Schwellenwertprinzips sehen unsere heutige Pflicht darin, dafür zu sorgen, dass künftige Generationen genug haben, aber nicht unbedingt genauso viel wie wir. Entscheidend ist nicht die Relation zwischen Opa und Urenkel, sondern die Bedürfnisse heute und in der Zukunft. Bestimmte Grundbedürfnisse müssen unbedingt erfüllt werden, die Gleichheit aller ist in dieser Sichtweise dagegen zweitrangig. Zwischen Bedürfnissen und Wünschen soll strikt unterschieden werden. »Wenn A etwas benötigt, das B haben will«, schreibt der israelische Rechtsphilosoph Yitzhak Benbaji, »dann ist die Befriedigung des Bedürfnisses von A dem Erfüllen des Wunsches von B moralisch vorzuziehen.«

Natürlich wissen auch die Schwellenwert-Theoretiker, dass es schwierig ist, ein konkretes Schutzniveau festzulegen. Wer vermag zu sagen, was ein »hinreichend gutes Wohlergehen« ist, wie Lukas Meyer formuliert, der sich auch für das Schwellenwertprinzip starkmacht. Damit könnte theoretisch die Garantie des Allernötigsten genauso gemeint sein wie ein saturiertes Leben im Einfamilienhaus. Wichtig ist, dass die Vertreter dieser Philosophenschule den Klimaschutz nicht zugleich als große Umverteilungsmaschine nutzen wollen, um egalitäre Zustände auf dem Globus herzustellen.

Sie plädieren dafür, dem jeweils Schlechtestgestellten bei Hilfeleistungen strikte Priorität einzuräumen. Lukas Meyer definiert drei menschliche Interessen als absolut schutzwürdig: die hinreichende Versorgung mit Nahrungsmitteln, Gesundheit und die Möglichkeit, sich selbst zu versorgen. Alle drei Interessen sind durch den Klimawandel bedroht, weshalb gegenwärtig lebende Menschen in der Pflicht stehen, gefährlichen Klimawandel durch Konsumverzicht zu verhindern. Wir müssen alles tun, was wir können, meint Meyer, um das Wohlergehen derer zu steigern, die vom Klimawandel am härtesten getroffen sein werden. Alle anderen, die den Schwellenwert schon erreicht haben, müssten warten.

Fraglich ist allerdings, ob jeder Mensch auf dieser Erde in der gleichen Pflicht steht, schließlich haben nicht alle in gleichem Maße zu dem bereits angerichteten Desaster beigetragen. Als weiteres Gerechtigkeitsprinzip bietet sich daher das Verursacherprinzip an, das zum Beispiel der amerikanische Umweltethiker Stephen Gardiner verficht: Wer den Gedanken akzeptiert, dass jeder das gleiche Recht haben sollte, auf die Güter dieser Erde zuzugreifen (oder besser: die Erdatmosphäre zu belasten), wird es zunächst nicht abwegig finden, diejenigen büßen zu lassen, die ihre Rechte schon in der Vergangenheit voll ausgeschöpft haben. Hier wird versucht, das Gleichheitsprinzip auf historische Emissionen anzuwenden. Der Dreck aus der Vergangenheit soll damit kompensiert werden, dass künftige Emissionsrechte bevorzugt an südliche Länder vergeben werden.

Das Land Brasilien hat sich dieses Prinzip politisch zu eigen gemacht und ist vor einigen Jahren mit einer entsprechenden Forderung in die Klimaverhandlungen gegangen. Allerdings hat diese sogenannte »Brasilian Proposal« wenig Zustimmung gefunden, wofür nicht allein egoistische Gründe der Industrieländer verantwortlich waren. Tatsächlich gibt es gravierende Einwände gegen das Verursacherprinzip. Es wird ja in der Regel auf ganze Staaten angewandt. Damit würde aber jeder Bürger eines Landes in Kollektivhaftung genommen, unabhängig von seinem konkreten Lebensstil. Wer ein Leben lang Porsche gefahren ist, würde genauso behandelt wie ein Fahrradfahrer.

Wenn Emissionen aus der Vergangenheit eine Rolle für zukünftige Rechte spielen sollen, könnten die Bürger eines reichen Landes zudem mit einem gewissen Recht beklagen, dass sie für ein Verhalten nachträglich bestraft werden sollen, von dessen Schädlichkeit sie seinerzeit gar nichts wussten. Erst seit 1990, der Veröffentlichung des ersten Berichts des Weltklimarats der Vereinten Nationen IPCC, ist es unglaubwürdig geworden, sich auf Unwissenheit zurückzuziehen.

Noch schwerer ist es zu begründen, warum etwa wir in Deutschland für die Emissionen von Toten haften sollten. Das würde unsere üblichen Kriterien für die Zurechnung von Verantwortung außer Kraft setzen. Schließlich qualmen die Schlote schon seit 200 Jahren, wenngleich mehr als die Hälfte aller Emissionen aus den vergangenen 40 Jahren stammen.

Aufgrund all dieser Einwände erweitern die Befürworter des Verursacherprinzips ihre Argumentation um ein Nutznießerprinzip. Dann ist es nicht mehr wichtig, ob die Sünden der Vergangenheit willentlich oder in Unwissenheit begangen wurden oder von früheren Generationen. Was allein zählt, ist in dieser Sichtweise die

Tatsache, dass heutiger Wohlstand zu einem guten Teil auf Kohlenstoffverbrennungen in der Vergangenheit beruht. Wir haben es uns nicht ausgesucht, in ein Land mit technologischer Infrastruktur hineingeboren zu werden, aber wir profitieren zweifellos davon.

Lukas Meyer schlägt vor, nur solche früheren Emissionen zu berücksichtigen, die innerhalb der Lebenszeit von heute lebenden Personen angefallen sind. Aber selbst diese Einschränkung hieße für viele Menschen in der nördlichen Hemisphäre, dass sie schon ein beträchtliches Stück des Kuchens verspeist haben. »Dass sie das getan haben, ohne wissen zu können, dass ihnen nur eine bestimmte Menge des Kuchens zusteht, bedeutet aber nicht, dass ihnen heute auf Kosten anderer eine größere Menge des Kuchens zusteht.« Meyer verlangt daher, dass aus Gerechtigkeitsgründen künftige Emissionsrechte ungleich verteilt werden müssten, zugunsten von Menschen in Entwicklungsländern.

Damit sind wir bei einem weiteren Gerechtigkeitsmodell, das inzwischen in der Klimaethik eine herausragende Rolle spielt: das Prinzip, gleiche Pro-Kopf-Rechte einzuräumen. Unabhängig vom Wohnort hätte jeder Mensch auf diesem Globus ein CO_2-Budget zur Verfügung, das entweder pro Jahr oder auf ein ganzes Leben berechnet wäre. Die Definition dieser Obergrenze wäre an dem Ziel orientiert, die Erderwärmung auf maximal zwei Grad zu begrenzen. Der Vorteil dieses Ansatzes liegt auf der Hand: Neben die kollektive Pflicht von Staaten, Maßnahmen zum Klimaschutz zu ergreifen, würde eine individuelle Pflicht rücken, den eigenen ökologischen Fußabdruck zu verkleinern. Üblicherweise werden ja in der Klimadebatte nur Länder miteinander verglichen, mit dem Konzept der Pro-Kopf-Rechte lassen sich auch Individuen vergleichen.

So werden etwa in Deutschland pro Jahr im Schnitt zehn Tonnen CO_2 pro Kopf in die Luft geblasen, in Indien bloß eine. Aber natürlich sind innerhalb jedes Landes die Unterschiede beträchtlich. Wer häufig in ein Flugzeug steigt und auf einen CO_2-Ausstoß von beispielsweise fünfzig Tonnen pro Jahr kommt, beansprucht für sich ein Vielfaches von dem, was als erlaubte Menge im Rahmen des Pro-Kopf-Konzepts diskutiert wird. Peter Singer nennt als Richtwert eine Menge von einer Tonne pro Jahr, der Greifswalder Klimaethiker Konrad Ott immerhin zwei Tonnen.

Jeder von uns sollte sich klarmachen, dass hier kein philosophischer Wettbewerb ausgetragen wird, wer den anderen in seiner Radikalität übertrifft. Radikal ist unser derzeitiger Lebensstil, und zwar radikal zerstörerisch. Etwa sieben Milliarden Menschen leben derzeit auf der Erde, aber die Hälfte der globalen Emissionen geht auf das Konto von einer Milliarde Menschen. Damit dürfte klar sein, wer bei konsequentem Klimaschutz etwas zu verlieren hätte.

Aber so bestechend die einzelnen Gerechtigkeitsprinzipien auf dem Papier auch wirken mögen: Den Praxistest haben sie bislang alle nicht bestanden. Was natürlich nicht bedeutet, dass sie damit hinfällig oder widerlegt wären. Auf Klimakonferenzen ist regelmäßig zu beobachten, wie sich nationalstaatliche Schläue, nämlich möglichst das Beste für das eigene Land herauszuholen, am Ende zu kollektiver Dummheit aufaddiert. Die globale Öffentlichkeit kriegt die Problemlösung nicht hin, weil es die eine Welt in einem politischen Sinne nicht gibt. Auch nicht in einem emotionalen Sinne, und schon gar nicht in einem moralischen.

Drohende Überschwemmungen in fernen Weltgegenden sind offenbar nicht dazu geeignet, dass wir unser eigenes Verhalten auf den Prüfstand stellen. Anscheinend funktioniert Moralität im Nahbereich viel müheloser, was ja die beeindruckende Hilfsbereitschaft beim Hochwasser im eigenen Land noch jüngst belegt hat. Vielleicht wäre es auch eine moralische Überforderung, allein auf Einsicht und Empathie zu setzen und nicht auf Sanktionen für klimaschädigendes Verhalten. Übrigens hat der Weltklimarat IPCC selbst Zweifel geäußert, ob klimaethische Prinzipien von universeller Geltung entwickelt werden könnten, die allgemein anerkannt und dann auch praktisch gelebt werden. Der IPCC hat sich, was Konrad Ott kritisiert hat, auf die kulturrelativistische Position festgelegt: Unter Gerechtigkeit versteht man in unterschiedlichen Kulturen und Kontinenten sehr Verschiedenes. Folglich könne es in Klimaverhandlungen nur darum gehen, den kleinsten gemeinsamen Nenner zu finden.

Klimaschutz kann glücklich machen

Womöglich ist ja Gerechtigkeit tatsächlich die falsche Kategorie für das Klimaproblem. Es gibt eine philosophische Schule, die Gerechtigkeit nicht als Wert an sich betrachtet, sondern lieber auf den kollektiven Nutzen und Schaden schaut, um Handlungen ethisch zu bewerten: den Utilitarismus. International ist ihr bekanntester Vertreter der Australier Peter Singer, von dem bereits im Zusammenhang mit Tierrechten, dem Hirntod-Konzept und der Sterbehilfe die Rede war. In Deutschland sind dieser Schule Dieter Birnbacher und Bernward Gesang zuzurechnen. Utilitaristen würden Klimapolitik daraufhin überprüfen, ob mit ihrer Hilfe die Summe menschlichen Glücks auf der Welt gesteigert wird oder nicht. Befördert Klimapolitik das Glück, ist sie gut, behindert sie es, ist sie schlecht. Dieses Nutzenprinzip klingt zunächst seltsam. Denn wie soll dieses flüchtige Gut, das wir Glück nennen, gemessen werden können? Utilitaristen, das muss man dazu wissen, ist es egal, wer genau auf welche Art glücklich wird – Hauptsache, es sind möglichst viele. Ziel ist das größtmögliche Glück der größtmöglichen Zahl. Die Leitwährungen, um das Glück zu messen, sind seit Jeremy Bentham aus dem 18. Jahrhundert »pleasure and pain«, also die Gefühle Freude und Leid. Peter Singer hat vor der Aufgabe kapituliert, eine detaillierte, utilitaristische Nutzenanalyse des Klimaschutzes durchzuführen. Er hält sie für zu kompliziert. Singer hat sich gleichwohl für das Prinzip entschieden, gleiche Pro-Kopf-Ansprüche für jeden einzuräumen, weil er sich von ihnen den größten Nutzen verspricht.

Aber sein Kollege Bernward Gesang hat die Nutzenrechnung probiert. Er analysiert nüchtern, in welchen Fällen sich Klimaschutz nicht lohnen würde, ein freiwilliger Verzicht auf Wohlstand also eine Fehlkalkulation wäre. Dann etwa, wenn einige Länder sparen, andere aber nicht, also das Reduktionsziel insgesamt verfehlt würde. Oder aber, wenn das Ende der Menschheit aus anderen Gründen als dem Klimawandel besiegelt wäre, etwa durch einen Atomkrieg. Sinnlos wäre ein Konsumverzicht in der Gegenwart auch dann, wenn die Klimakatastrophe ohnehin inzwischen unabwendbar wäre. Wir wissen ja nicht, ob es reichen wird, das Zwei-Grad-Ziel einzuhalten. Umgekehrt könnten die Klimaskeptiker gegen alle Wahrscheinlichkeit doch recht behalten. Auch dann hätten wir uns vergeblich eingeschränkt. Schließlich würde sich CO_2-Vermeidung dann nicht rechnen, wenn in naher Zukunft Großtechnologien zur Verfügung stünden, die das Klimaproblem einfacher und billiger lösen würden.

Aber bei der Abwägung von Maßnahmen des Verzichts (die ja,

in utilitaristischer Logik gedacht, unser heutiges Glück mindern) gegen den angestrebten Zukunftsnutzen schlägt bei Gesang die in einem komplizierten Gedankenexperiment mit vielen Zahlen beladene Nutzenwaage eindeutig zugunsten des Klimaschutzes aus. Unsere Einschränkung heute rechnet sich demnach zehnfach. Jedenfalls dann, wenn die Menschheit noch mindestens 500 Jahre fortexistiert, was ja hoffentlich zu schaffen sein sollte. Über zehn Generationen hinweg betrachtet würde eine energische Klimapolitik den Nutzen oder eben das Glück maximieren.

Das utilitaristische Dilemma besteht darin, dass Klimaschutz die heute lebenden Menschen mehr kostet, als er ihnen nützen wird. In den nächsten fünfzig Jahren zahlen wir drauf. Das ist für Gesang der simple Grund für den herrschenden Egoismus. Die Einwohner des reichen Nordens könnten mit gutem Grund auf die Hoffnung setzen, von den Folgen der Erderwärmung weitgehend unberührt zu bleiben, und wollten daher so weiterleben wie bisher. Schaden anrichten und gleichzeitig profitieren – für gewöhnlich nennen Ethiker ein solches Handeln Trittbrettfahren. »Dennoch reicht eine Form von Egoismus, die mittelfristig auf das Wohl der eigenen Kinder ausgerichtet ist, aus, um ein Umdenken anzustoßen. Sollte das die Menschheit schon überfordern, stellt sie sich selbst ein verheerendes moralisches Zeugnis aus«, schreibt Gesang.

Jenseits von Gut und Böse

Noch ein Wort zu den erwähnten Fantasien, das CO_2-Problem mithilfe von Großtechnologien lösen zu können: Was nach Utopie riecht und ähnlich verstiegen wirkt wie die Visionen vom neuen Menschen, wird längst vorbereitet. Unter dem Label »Geo-Engineering« treten Klima-Ingenieure als mögliche Weltretter auf den Plan. Jede fehlgeschlagene Klimakonferenz gibt ihrer Position Nahrung, dass das Ziel Emissionsvermeidung illusorisch sei. Inzwischen sei zu viel Zeit durch Tatenlosigkeit verstrichen. Nun müsse man versuchen, das schädliche CO_2 technisch zu entsorgen, beispielsweise in Deponien tief unter der Erde oder durch Düngung der Ozeane mit Eisenspänen.

Als eigentliche Versuchung betrachtet der Klimaethiker Konrad Ott die Fantasie, das globale Wetter durch die Produktion künstlicher Wolken zu manipulieren. In den Vereinigten Staaten und in China wird mit solchen Visionen hantiert. Dabei weiß kein Mensch, was bei einem Großversuch von der Dimension eines Vulkanausbruchs geschehen würde, wenn Sulfatverbindungen in die Stratosphäre gejagt würden. Ein solches Experiment wäre irreversibel und in seinen Risiken unabsehbar, aber für technologisch entwickelte Länder ohne großen Kostenaufwand zu realisieren. Für die Weltgemeinschaft wird sich womöglich eines Tages die Frage stellen, wie weit hinauf die Lufthoheit eines Landes reicht, ob eine Nation berechtigt ist, im Alleingang Maßnahmen zum Klimaschutz zu ergreifen.

Der Heidelberger Meteorologe und Klimaforscher Thomas Leisner gehört zu den wenigen Forschern, die in Deutschland mit Geo-Engineering experimentieren. Allerdings betrachtet er die Verheißungen, die damit vor allem in den USA verbunden werden, sehr skeptisch. Seine Aufgabe sieht er eher darin, Indizien zu sammeln, warum auf diese Wunderwaffe im Klimakampf lieber verzichtet werden sollte. Eines Tages, sagt Leisner, wenn extreme Wetterereignisse Panik und politischen Handlungsdruck erzeugen werden und die Versuchung wächst, auf die schnelle Lösung zu setzen, müssten die Skeptiker der Großtechnologie mit guten Argumenten gerüstet sein. Dann mag das gescheiterte Experiment eindrucksvoller wirken als ein hilfloser moralischer Appell.

In unserem alltäglichen Zeitempfinden scheint ein solcher Tag noch weit entfernt zu sein. Die oft gehörte Mahnung, uns stünde nur ein bestimmtes Zeitfenster zur Verfügung, um noch handlungsfähig zu sein, wirkt abstrakt. »Unser Selbstbild und unser Habitus sind, nach 250 Jahren überlegener Macht, Ökonomie und Technik, noch an Verhältnisse gebunden, die es so gar nicht mehr gibt«, schreiben Claus Leggewie und Harald Welzer in ihrem Buch über den Klimawandel als Kulturwandel. Eine rasende Gesellschaft, die niemals stillsteht, lebt in der Illusion, ausgerechnet beim Klimaproblem weiterhin Zeit kaufen zu können.

Jeder Klimaethiker muss sich Gedanken darüber machen, warum seine ethisch überzeugend scheinenden Handlungsregeln den Sprung in die Praxis bislang nicht geschafft haben, wie die lähmende Kluft zwischen Einsicht und tatsächlichem Handeln zu erklären ist. Der Berliner Philosoph und Umweltaktivist Hartwig Berger hat darauf hingewiesen, dass die Situation, in der sich die Weltgemeinschaft derzeit befindet, Ähnlichkeiten mit dem sogenannten Gefangenendilemma aufweist, das wir schon kennengelernt haben. Mit ihm hatte der Spieltheoretiker Albert William Tucker zu erklären versucht, warum lauter individuelle Entscheidungen, die für jeden Einzelnen rational scheinen, in der Summe zu schlechteren Ergebnissen führen können.

Ganz ähnlich das Verhalten der Delegierten auf UN-Klimakonferenzen: Kooperation würde zum besten Ergebnis führen. Aber mit anderen nicht zu kooperieren, so das Kalkül, kann sich für einzelne Länder lohnen. Allerdings nur dann, wenn die anderen bereit sind, Lasten auf sich zu nehmen und damit den Schaden für alle zu begrenzen. Klassisches Trittbrettfahren also. Selbst die in Deutschland beliebte Argumentation, wir würden uns als Vorreiter bei erneuerbaren Energien einen Vorteil im globalen Wettbewerb verschaffen, ist noch von diesem Nutzenkalkül geprägt. Denn dieser Vorteil würde sich ja nur dann einstellen, wenn die anderen Länder ihre Energiewende verschleppen. Deutschland genießt sein gutes Gewissen, aber der Gesamtnutzen bleibt gering.

Immer wieder beißt sich die Katze in den Schwanz, wenn das ethisch Gebotene mit Nützlichkeitserwägungen verbunden wird. Dann mag die Weltöffentlichkeit zwar kurzfristig staunen, wenn der Ökonom Nicholas Stern vorrechnet, dass es viel günstiger wäre, ab sofort ein Prozent des Bruttosozialprodukts für den Klimaschutz zu investieren, als später die Schäden zu begleichen. Aber nach kurzem, zustimmendem Nicken werden die Kosten dann doch lieber verschoben. Diskontierung nennt sich dieses Prinzip der gekauften Zeit in der Finanzwelt, die darin, wie wir inzwischen wissen, eine wahre Meisterschaft entwickelt hat.

Solche Zukunftsverschiebungen wirken entlastend, meint Hartwig Berger und verweist zur Erklärung auf unser Wissen um die eigene Sterblichkeit. Der Tod steht uns sicher bevor, das weiß jeder. Aber der Gedanke, dass wir Tag und Stunde nicht kennen, wirkt im Alltag kaum bedrohlich. Wäre es anders, würden die Bewohner von Neapel oder Istanbul, die von Erdbeben bedroht sind, sofort ihre Sachen packen.

Wenn Klimakonferenzen einberufen werden, dann sind das keine Gipfeltreffen zwischen Gut und Böse. Die Bremser beim Klimaschutz verhalten sich nicht amoralisch, sie hängen lediglich einer anderen Art von Moral an, oft mit Rückendeckung ihrer Wähler, die ihre Interessen vertreten sehen wollen. Was derzeit einfach nicht zueinander passen will, sind die widerstreitenden Grundsätze zwischen einer universalistischen und einer partikularen Moral, die lediglich das Wohl einer bestimmten Gruppe im Auge hat. Den universalistischen Prinzipien der Klimaethiker fehlt gewissermaßen der Unterbau in der alltäglichen Praxis. Das erklärt ihre Handlungsunwirksamkeit.

Wir alle sind eingebunden in Formen von kommunitärer Moral. Gemeinschaften um uns herum, denen wir uns zugehörig fühlen, signalisieren uns durch viele kleine Zeichen, ob wir im Alltag in der richtigen Spur sind. Sie beeinflussen uns in unserem Handeln, weil wir auf Formen von Anerkennung angewiesen sind. Wer einer religiösen Gemeinschaft angehört, wird zum Beispiel sozialen Druck zu spüren bekommen, wenn etwa Fastenregeln nicht eingehalten werden. Wer Zeuge eines Einbruchs wird, von dem wird erwartet, dass er nicht gleichgültig wegschaut, sondern die Polizei ruft. Aus diesen vielen moralischen Erwartungen im Alltag ist ein feines Netz gesponnen, dessen Teil wir sind. Dies alles funktioniert unabhängig von irgendwelchen staatlichen Gesetzen.

Dieser Community-Bezug, meint Hartwig Berger, fehlt aber der Klimaethik bislang noch. Wer häufig fliegt oder Auto fährt, muss nicht mit dem kritischen Blick des anderen rechnen. Deshalb bleibt unser Selbstbild auch dann unangekratzt, wenn wir an schädlichen Gewohnheiten festhalten. Gewohnheiten besitzen aber bekanntlich eine ungeheure Schwerkraft. Nichts ist so mühsam wie der Abschied von erlernten Verhaltensweisen.

Womöglich wird Klimapolitik nur mit einem augenzwinkernden Selbstbetrug funktionieren: Wenn der Abschied vom Gewohnten zunächst als Verlust gedeutet wird (was er in einem materiellen Sinne zweifellos auch ist, denn ein Alltag mit weniger Ressourcenverbrauch ist mühsamer und erlaubt weniger Gedankenlosigkeiten), dann muss dieser Abschied in einem zweiten Schritt zum Gewinn umgedeutet werden. Meister der Selbsttäuschung sind Menschen ohnehin.

Nachwort

So viele ethische Großbaustellen, so viel zu tun. Nach dem Lesen dieses Buches mag einem der Kopf schwirren. Dabei berichtet es bloß von einem Ausschnitt der Probleme, die sich uns täglich in der Leistungssteigerungsgesellschaft stellen. Wer einmal angefangen hat, darauf zu achten, wird feststellen, dass sich die Steigerungslogik tief in unsere Sprache eingenistet hat. Der Komparativ ist die grammatikalische Form unserer Zeit. Wir sind permanent umstellt von Appellen, doch bitteschön etwas dafür zu tun, damit wir flexibler, erfolgreicher, begehrenswerter werden. Selbst beim Einkauf im Supermarkt tönt der Slogan aus dem Lautsprecher: »Jeden Tag ein bisschen besser«. Gut zu sein, reicht nicht mehr. Auch wir selbst genügen uns häufig nicht mehr, deshalb sind wir so empfänglich für diese Appelle.

Seitdem Philosophen über den Menschen nachdenken, haben sie sich dafür interessiert, was den Menschen von anderen Existenzformen unterscheidet. Der Vergleich mit Tieren, Göttern oder Maschinen diente dazu, sich der eigenen Identität zu versichern. Mal standen die Mängel im Vordergrund, mal die Vorzüge. Philosophische Anthropologen, die eine Antwort auf die Frage »Was ist der Mensch?« gegeben haben, waren traditionell Platzanweiser. Wenn etwa Thomas von Aquin im 13. Jahrhundert gesagt hat, der Mensch sei ein Vernunftwesen zwischen Tier und Engel, dann war dies nicht nur für den Moment gesprochen, sondern sollte für immer gelten.

Heute dagegen gibt es keinen festen Platz für den Menschen mehr, weil das, was früher als seine Natur galt, inzwischen technologisch veränderbar ist. Wer heute den Menschen als Mängelwesen beschreibt, sinnt gleichzeitig immer auch darüber nach, wie diese Mängel zum Verschwinden gebracht werden können. Es vergeht keine Woche mehr, ohne dass wir von neuen Angeboten zur Selbst-Optimierung erfahren. Zu Risiken und Nebenwirkungen befragen wir unsere Ethik-Profis, denn für Laien ist dieser Prozess der technischen Evolution unheimlich und faszinierend zugleich, in jedem Falle aber undurchschaubar.

Die Stunde der Ethik schlägt dann, wenn sich nichts mehr von selbst versteht. Wenn sich angesichts der Vielzahl von Optionen ein Gefühl der Überforderung einstellt. Dann werden Philosophen danach gefragt, wie man richtig und falsch unterscheiden kann. Allerdings lauert hier eine klassische Falle, in der sich Ethiker in zweieinhalbtausend Jahren schon häufig verfangen haben. Dann nämlich, wenn sie ihrerseits überfordert haben. Wenn ihre Grundsätze zu weit entfernt waren von den moralischen Kapazitäten jedes Einzelnen, also eher für Engel gedacht waren. Dann hatten sie ihren Platz hinterher in der Bibliothek, aber nicht im wirklichen Leben.

Vielleicht könnte es in der heutigen Situation hilfreich sein, sich klarzumachen, dass auch das Nicht-Tun eine kluge Entscheidung sein kann. Optimierungsangebote kann man auch ausschlagen. Das könnte der Ethik einen Teil ihrer Schwere nehmen. Aber eine Last ist niemandem von uns mehr zu nehmen: Wir müssen es immer selbst tun. Die Zeiten sind vorbei, in denen man die Antwort auf die Frage nach dem guten Leben an moralische Autoritäten delegieren konnte. Wer ethisch mündig werden will, steht nun vor der folgenden Aufgabe: Verwandele die Frage »Dürfen wir so bleiben, wie wir sind?« in die Ich-Form.